高速列车轴承动态监测系统研究

汤武初　何卫东　韩　蕾　徐四宁　著

科学出版社

北　京

内 容 简 介

本书总结了近年来作者团队对高速列车轴承的动态监测系统的研究成果。首先对高速列车轴承的损伤类型及原因进行了调研和分析。其次根据高速列车轴承的运行环境，对轴承进行动态性能分析，并对轴承温度场进行分析和验证。再次根据高速列车轴承的结构及动态特性，研制开发了分析软件和试验平台，进行不同工况的试验。最后从检测参数、检测方法、检测仪器的实现等方面对高速列车轴承动态质量检测方法进行探索研究。本书从理论到实践阐述轴承动态质量对高速列车运行可靠性的影响，为提高高速列车轴承运行的可靠性以及为国产高速列车轴承动态质量检测方法的制定提供理论和实践依据。

本书可供从事轨道交通行业和列车轴承故障诊断的科研人员参考，也可作为轨道交通车辆安全工程、高速列车轴承研究、安全故障诊断领域的研究生的参考书。

图书在版编目(CIP)数据

高速列车轴承动态监测系统研究 / 汤武初等著. —北京：科学出版社，2022.10

ISBN 978-7-03-066947-6

Ⅰ. ①高… Ⅱ. ①汤… Ⅲ. ①高速列车－轴承－动态监测－研究 Ⅳ. ①U292.91

中国版本图书馆 CIP 数据核字（2020）第 226722 号

责任编辑：杨慎欣 张培静 / 责任校对：王萌萌
责任印制：苏铁锁 / 封面设计：无极书装

科学出版社出版
北京东黄城根北街 16 号
邮政编码：100717
http://www.sciencep.com

北京凌奇印刷有限责任公司印刷

科学出版社发行 各地新华书店经销

*

2022 年 10 月第 一 版 开本：720×1000 1/16
2022 年 10 月第一次印刷 印张：14 1/4
字数：287 000

POD定价： 99.00元
（如有印装质量问题，我社负责调换）

本书由
大连市人民政府资助出版
The published book is sponsored
by the Dalian Municipal Government

前 言

高速列车轴承是高速列车重要的行走支撑部件，也是列车上较容易发生故障的零部件之一。其精度、寿命、可靠性等指标对高速列车的性能和安全性起着重要的作用。在高速运行中受突发载荷的影响，或使用条件不佳时，轴承在承载运行一段时间后会产生各种各样的缺陷，并且在继续运行中进一步扩展，使自身运行状态发生变化。在高速状态下运行的高速列车轴承，一旦出现故障，其故障往往会迅速扩大，在短时间内会造成热轴、燃轴、切轴，甚至会导致列车倾覆等重大事故，造成生命财产损失。

我国近年来引进了国外高速列车的设计与制造技术。其中，作为关键走行部的高速列车轴承也积极进行国产化。高速列车轴承需要动态监测系统来实时监测并判断其性能状态，一则提高行车安全性能，二则减少高速列车轴承无谓的报废。

在高速列车不断提速和高速列车国产化率不断提高的两大背景下，本书总结了作者最近几年的研究成果。作者所研究的高速列车轴承动态监测系统为高速列车轴承实时在线故障诊断提供理论依据。高速列车轴承实时在线故障诊断系统如能投入实际应用，可避免出现重大安全隐患，将会产生巨大的经济效益和社会效益。

本书共 9 章。第 1 章阐述研究对象及研究应用背景、目的和意义，以及国内外的研究现状，主要涉及国内外高速列车轴承故障类型的调研和高速列车轴承动态监测系统的情况。第 2 章针对高速列车轴承的损伤类型及原因进行调研和分析，并根据分析统计的故障类型，建立高速列车轴承故障模型。第 3 章分析高速列车轴承的结构及动态特性，建立动力学微分方程，对其动态特性进行仿真分析；根据高速列车轴承故障模型，对故障轴承和正常轴承分别在不同载荷不同转速下进行仿真结果对比分析。第 4 章为了完善现有的轴温监测，更准确有效地预判轴承故障，根据建立的高速列车轴承模型进行温度场分析，并进行试验验证；为高速列车轴承在线故障检测提供理论及试验依据，并且为研究轴承散热提供一定的技术支撑。第 5 章研究几种针对高速列车轴承的动态监测方法，对比各种方法的有效性，设计并制造试验平台对分析结果进行验证。第 6 章针对高速列车轴承动态监测进行试验研究，搭建试验的硬件平台和开发软件平台，研制高速列车轴承故障诊断系统，对理论研究进行试验验证，为后续开发设计奠定理论和试验基础；在此基础上，研究设计一种用于测试时速 550km 的超高速列车轴承综合性能的试验装置。第 7 章针对高速列车轴箱轴承研究设计动态监测系统，该系统可以扩展应用于整个高速列车走行部的在线监测。第 8 章和第 9 章从理论到实践阐述高速列车轴承动态质量对高速列车运行可靠性的影响，为提高高速列车轴承运行的可靠性提供理论依据。国内对高速列车轴承动态质量基本上还没有一套统一的、行之有效的检测方法，这两章尝试性地对高速列车轴承动态检测方法进行探索，从检测参数、检测方法、检测仪器的实现等方面进行系统的阐述，为国产高速列车轴承动态质量检测方法的制定提供依据。

本书由何卫东统稿，第 1～7 章由汤武初、韩蕾撰写，第 8、9 章由徐四宁撰写。

在本书写作过程中，作者得到了大连交通大学赵亮教授、许立教授、施志辉教授、魏延刚教授、崔云先教授的支持，也得到了大连圣力来监测技术有限公司张作谦、伉大俪两位教授级高工和瓦房店轴承股份有限公司张雅娜和徐巍高级工程师的支持，大连理工大学王敏杰教授在本书总体构架和具体内容方面给予了细致入微的指导，感谢以上良师益友的无私帮助！特别感谢中车长春轨道客车股份有限公司侯昆仑部长，在科研调研工作中给予的大力支持！大连交通大学机械学院各位同仁给予了大力支持，也感谢博士研究生高鹏飞，硕士研究生郜乐滨、于淼、符剑松、张宇、张火车、钟祥鸣、董哲、王志杰、高长笛、葛洪胜、赵健鹏、王依等同学在课题组所做的工作！

本书引用了国内外相关文献，已列于文后。本书参考了铁路轴承行业研究学者的智慧和成果，在此谨向这些文献的作者致以深深的谢意！

由于作者水平有限，书中不妥之处在所难免，恳请读者不吝指教。

作　者
2021 年 10 月

目　录

第1章 绪论

1.1 研究背景

中国南北跨度5200km，东西跨度5400km。各大中型城市、省会之间平均距离在300～1000km，且人口居世界第一，城乡人口流动量大。两列高速列车前后间隔的最短时间有时仅为3min，列车密度为20列/h，且运输成本远低于航空与公路[1]。根据国家铁路局2018年6月发布的信息，5月份旅客发送量就高达26827万人。因此，高速列车是适合中国国情的交通方式。随着我国高速列车不断大幅度提速，铁路交通安全成了不可忽视的头等大事。

国家铁路局官网的铁路安全情况公告指出：机车车辆的主要行车设备的生产制造、在线运行监测维护是需要重点研究的内容之一[2]。国家铁路局于2019年底批准发布《高速铁路安全防护设计规范》（TB 10671—2019），该规范从高速铁路工程设计源头入手制定安全防护措施，规范指出需要综合运用安全监测技术，加强重大危险源和隐患监控预警，着力提高高速铁路安全监测工作信息化、数字化、智能化水平，加快构建全方位立体化综合安全防护体系。该规范自2020年2月1日起实施[3]。

国家铁路局在2018年着重强调该年铁路安全监管工作重点是全力维护高速列车运营安全。国家铁路局始终将高速列车安全作为履职监管的重中之重。严格实施高速列车源头质量责任追究，开展新开通高速列车项目竣工验收和安全评估的监督检查，加强对高速列车运营安全监督检查，研究把握高速列车运营安全规律，加大按时速350km运营动车组的检查力度，推进高速列车安全防护工程[4]。

洛阳轴研科技股份有限公司等单位承担的“十二五”国家科技支撑计划“高速铁路和城市轨道交通车辆轴承关键技术研究与应用”课题研制的高速列车轴承产品最高性能试验转速420km/h，耐久性试验达到80万km，样品已通过国家轴承质量监督检验中心、中车青岛四方机车车辆股份有限公司车辆研究所等机构检测。国内还开发了时速 550km/h 的高速列车轴承动态性能试验机，完成了高速列车轴承的性能试验和耐久性对比试验，以及智能轴承匹配性能试验[5]。但该轴承还未应用于中国任何一款高速列车，至今未实现高速列车轴承国产化。

1.2 目的和意义

我国是轴承的生产大国，但作为高速列车走行部关键零部件的轴承还依赖进口。国外对高速列车轴承实行技术垄断，甚至对高速列车轴承试验台也进行技术保密。

国产高速列车轴承虽然单个性能试验中最高性能试验转速已达到 420km/h，耐久性试验达到 80 万 km，且样品已通过国家轴承质量监督检验中心的检验，但目前国内所生产的高速列车轴承一致性不好，寿命离散性很大，性能不稳定，即用同样的加工设备、同样的材料和同样的加工工艺加工出来的轴承，其寿命也会相差甚远。目前高速列车上所用的轴承均为国外进口轴承。

高速列车轴承状态的好坏直接关系到高速列车运行的可靠与否，为了彻底排除因高速列车轴承故障引起的行车事故，高速列车轴承的应用厂家一方面是在列车运行中对轴承进行动态监测，及时发现并解决问题，另一方面是对轴承的安装检修保养进行严格的控制以保证运行安全质量。

国外轴承生产厂家从安全角度和经济角度考虑，规定了 120 万 km 大修，240 万 km 直接报废，而实际使用过程中高速列车轴承有可能远远超过了 240 万 km 的设计寿命，依然能在高速列车上工作，将超过设计寿命但仍能正常工作的轴承拆卸下来做报废处理会造成浪费。

目前现有针对高速列车的动态监测技术主要是轴温监测，该方法只能在故障达到一定的严重程度时才能监测到。本书对高速列车轴承动态特性及故障进行研究，目的是在高速列车轴承故障的各个阶段都能监测到其故障状态，包括初期微弱故障信号、中晚期的严重故障状态，以判断是否需要立刻停车。根据高速列车轴承结构和运行环境的特征，通过动态监测系统提炼出所需要的信号成分并判断提出预警信息。使监测结果更及时准确，为运行维护人员提供参考，进一步提高高速列车行驶的安全性。

目前高速列车没有一套完善的轴承动态在线监测系统来预测和防范轴承故障的发生。因此，高效准确的故障动态监测系统将有广泛的市场前景，会带来巨大的经济效益。如果国内高速列车上有高速列车轴承的动态监测系统来实时监测并判断其性能状态，一则大大提高了行车安全性能，二则可能很大幅度减少高速列车轴承无谓的报废。

综上所述，本书以高速列车轴承为研究对象，展开动态监测的方法研究，对提高我国高速列车既有的技术水平和可靠性，确保高速行车安全，有十分重要的意义。

1.3 国内外研究现状

本节对国内外高速列车轴承的故障情况以及高速列车轴承动态分析与监测的研究现状进行概述。

1.3.1 高速列车轴承故障

高速列车是由普通列车发展而来，随着速度的提高，其车体和轨道的结构都有大幅度的变化，普通列车轴承所发生的故障情况与高速列车有所不同，但是仍具有一定的共性。对普通列车轴承故障有所知悉，方能进一步对发展中的高速列车轴承的故障情况分析其内在原因和外在表现。

高速列车的轴承作为列车走行部的关键零部件，其损伤故障与高速列车安全运行息息相关，因此分析轴承损伤原因至关重要。之所以要研究高速列车轴承的故障，是因为对高速列车轴承与一般铁路轴承的失效分析来说，其特点主要在于高速列车轴承的结构和运行工况条件的特殊性。高速列车的蛇形运动，作用于轴承的动载荷与其他固定设备的轴承是有很大不同的。随着高速列车速度大幅度提高，车辆的蛇形运动加剧，运行品质恶化，作用于车辆的动载荷增大，冲击增加。因此，高速列车轴承的故障与其高转速、大载荷、强冲击的特点是息息相关的。

由于高速列车在国内的普及也是近几年才开始，而国外的高速列车的普及程度也不及国内。高速列车轴承的更换寿命为 240 万 km，以每天跑 2000km、每年跑 300 天计算，3 年左右才能达到轴承的使用寿命。国外文献对高速列车轴承的故障统计比较罕见，故本书主要从普通列车轴承故障着手进行分析，辅助以实际现场调研。本书的高速列车轴承故障案例主要通过作者于高速列车生产厂家实际调研所得。

美国铁路协会（American Railway Association，ARA）等相关机构利用长期运用经验和积累的数据建立了铁路货车轴承的专用数据库。从轴承制造到轴承失效都有详细记录可以查询，同时他们还总结各种典型故障，编著成《现场指导手册》，兼具图谱和评价标准的作用，该手册可供铁路维修技术人员和管理部门使用。但是从实际情况来看，也存在着不足之处，轴承专用数据库中对失效的轴承没有进行具体分类，粗略地分为运用故障、制造质量问题、装配问题、润滑问题等几类，未针对具体问题类型进行更进一步的机理性研究。美国铁姆肯公司对出现的铁路轴承故障案例进行了归纳总结[6]。

欧洲对于铁路轴承的研究重点放在客车和高速列车方面，而且在轴承设计和选型方面也有丰富的经验，SKF集团和舍弗勒集团均依据长期积累的设计和研发成果建立了轴承产品数据库，可以根据输入的使用条件自动选择合适的轴承型号。对于高速列车轴承故障统计和失效分析方面，欧洲积累的数据相对较少，也没有形成系统的研究成果。但对轴承监测技术研究较深，如南安普敦大学Symonds教授等[7]研究了一种新型的状态监测系统，首次能够在轴承出现严重破坏之前，从故障的铁路轴承中提取出可靠的特征并进行详细的检测。SKF集团研发的Axletronic传感器可以实现对高速列车轴承的振动监测[8]。

根据《铁路客车轮轴组装检修及管理规则》，我国铁路客车轴承损伤分为18类，且该规则对每一类形态特征、出现故障的部位、损伤出现的原因及损伤程度都进行了分类。为从事轴承质量检测和维修保养等工作的技术人员提供直观、规范的判断，帮助他们理解、把握轴承缺陷形态和性质。

杜永明等[9]对海量的铁路货车轴承故障数据和缺陷实例进行了收集整理，经详细分析、归纳整理为7大类和20小类铁路货车轴承损伤类型，对每一类损伤缺陷的定义、形态特征、发生部位以及损伤轴承的信息、故障情况、形成机理都做了详尽的阐述。

我国铁路高速列车轴承要承受巨大的轴重和一定的轴向载荷，高速列车经常横贯东西、跨越南北，气候温度变化大，还要经常遭受风沙雨雪的侵袭，对轴承都会有影响。高速列车在高速运行中，滚动体与内外圈滚道的滚动摩擦，滚动体与保持架、滚动体端面与内外挡边的滑动摩擦，使轴承发热，形成轴温。高速列车运行速度、轴承润滑脂的质量和数量、轴承组装时的轴向及径向间隙、轴承内部零部件的材质、加工精度、轴箱密封情况等对高速列车轴承影响较大。

高速列车采用无缝钢轨，虽然避免了一些通过钢轨接头、道岔时的冲击力，但是轮对与钢轨间的接触，使轴承在高速运转时依然承受来自机车的牵引力、车辆的自重、钢轨的不平顺导致的冲击载荷等的综合作用。这些外力一旦与零部件上的缺陷结合，反复作用就会使零部件出现裂纹，导致零部件破损，造成热轴[10]。

客车在施行段修、辅修和临修时，施行电焊作业，利用钢轨作为地线，又不避开轮对和轴承，电流通过轴承时打火，使轴承点蚀，破坏了轴承的正常组织，点蚀点变成了轴承的疲劳源，逐渐形成斑状剥离。带有剥离的轴承，运用中相关部位同时受损，形成恶性循环[10]。

张关震等[11]介绍了铁路机车车辆轴承因受力状况和工作环境发生失效的现状，总结轴承损伤失效的类型。针对轴承损伤中较典型的剥离损伤、磨削烧伤、电蚀三种形式，结合形貌分析损伤发生的机理，说明引起轴承失效的主要影响因素，为改善轴承使用状况提供理论依据。

朱爱华等[12]对提速铁路货车轴承的失效影响因素进行分析并给出改进措施，从而降低轮对轴承的故障率，保证铁路货车提速后运行的安全性。据统计，在货车提速后，铁路货车轮对轴承的失效形式主要有内外圈及滚动体的剥落、密封故障、保持架故障、辗皮及热变色，分别占轴承故障的 66.29%、9.15%、8.26%、5.58% 和 3.79%，上述 5 大故障共占轴承故障的 93.07%。

国际标准化组织（International Organization for Standardization，ISO）制定了一套将轴承损伤和故障分类的方法（BS ISO 15243:2017）。该标准确定了六种主要的损伤类型，大部分轴承损伤都与这六种主要形态及其子形态有关。高速列车轴承虽然有其特殊性，但是其轴承损伤分类也符合 BS ISO 15243:2017 的分类。

相对于国外的高速列车轴承研究和我国国内铁路货车轴承损伤的研究而言，我国高速列车轴承损伤的研究不足，第一手资料也比较欠缺，高速列车轴承损伤与普通客车、货车相比，有一定的共性问题，也有一定的个性问题，因其结构和运行的环境都有所不同。

研究高速列车轴承动态监测系统前，需对高速列车轴承发生的故障进行深入了解，才能做到有的放矢。因此，第 2 章将对我国高速列车轴承的故障案例进行统计分析。

1.3.2　高速列车轴承动态分析与监测

对高速列车轴承进行动态监测的目的是对高速列车轴承进行状态监测及故障分析预警。随着信息技术、电子技术及数字信号处理技术的飞速发展，高速列车轴承在线监测及故障诊断也有了突飞猛进的改变，国内外均取得了一定的成果。

国内针对高速列车轴承的动态分析与监测所采用的技术手段主要有三种：①轴温监测；②声学监测；③振动监测。从形式上可分为地面（道旁）探测与车载监测。

道旁探测系统包含了热轴探测器、热轮探测器、轴承声学探测器、车轮冲击载荷探测器、货车性能探测器等。地面的检测系统只针对轮对或车轴故障，而且只限于局部固定区域，不具备列车运行过程中的实时预警功能，而实时预警功能正是故障监测系统的重要要求。技术最成熟的车载机械故障诊断系统是轴温监测，已得到大量应用。西方国家还有应用声呐探测系统进行轴承振动噪声监测的情况。对列车走行部故障诊断影响最大的是监测环境千变万化，不同的线路、不同的运行速度、不同的工况使得故障信息极易被掩盖。国内高速列车轴承故障监控几乎都采用的是随车轴温监控报警系统。温度监测适合轴承故障的晚期症状，而不适用于点蚀、局部剥落等局部损伤类故障，即目前高速列车采用轴温监控报警系统预防事故存在一定的风险性。

最早铁路滚动轴承故障是通过听音棒来进行探伤，这种方法效率很低，并且很依赖操作工人的经验，所以通过这种方法诊断的准确率很低[13]。

我国铁路系统进行“5T”系统[14]推广应用后，大量铁路故障轴承在运用过程中被及时发现，极大地提升了铁路列车运行的可靠性。所谓“5T”系统，即车辆轴温智能探测系统（trace hotbox detection system，THDS）、车辆滚动轴承故障轨边声学诊断系统（trackside acoustic detection system，TADS）、车辆运行品质轨边动态监测系统（truck performance detection system，TPDS）、货车故障轨边图像监测系统（trouble of moving freight car detection system，TFDS）、客车运行安全监控系统（train coach detection system，TCDS）。在高速列车运行过程中，THDS 和 TADS 起到了发现轴承故障的作用，本书实际调研的高速列车轴承故障案例就是该系统发现的。

高速列车轴承故障冲击的冲击能量远远小于背景振动、噪声能量（列车运行时的摩擦等），而且对于高速列车这个庞大的运动整体，轴承故障的冲击能量很快就会衰减。因此，如要从中发现轴承的故障必须采用新的传感器形式和新方法。

早期的损伤只能通过轴承的振动信号辨别出来，所以铁路部门与各高校及研究院等部门联合，开展研发新的列车轴承故障诊断系统。经过不断的探索，对列车车辆故障诊断有了不少的研究成果，例如：中国铁道科学研究院研发的“JSC-206 机车车辆轴承诊断仪”“JL-601 机车走行部检测系统”均能对新轴承、大修及中修解体后的轴承进行检测，但是由于这两种监测系统的抗干扰能力不足及采样模式单一，无法满足在列车行驶过程中对轴承进行实时信号的采集及分析[15,16]；故障智能诊断系统 JK99429A 能对机车驱动电机轴承、轴上齿轮的温度和振动同时监测，通过自动诊断便能及时、全面无漏地发现机车走行部关键部件的各种意外故障，避免铁路恶性事件的发生[17]；由北京唐智科技发展有限公司与北京铁路局联合研制的“JK00430 机车走行部车载监测装置”于 2004 年通过铁道部运输局装备部的技术评审，将该装置安装在铁路机车上，在线对机车走行部轴承、传动齿轮和车轮踏面进行早期故障的全面监测，实现了振动冲击、温度的双重监测及诊断[18]。

在铁路机车车辆走行部故障诊断与预警中广泛使用的“JK00430 机车走行部车载监测装置”是基于微冲击共振解调检测技术的产品。已装备的 5000 多台该产品在数年的应用中，发现了走行部轴承、齿轮、踏面、轴系故障数千起，其中重大故障 400 多起，防止了可能的事故，保障了行车安全，取得了重大的社会、经济效益。该装置具有即装即用，自动识别故障类型、程度和自动发出预警的实用性、先进性[19]。王绪滨等[20]介绍了北京唐智科技发展有限公司 JK00430 装置对各类机车轴承的监控效果，并结合实际应用情况对监测装置的可靠性进行了客观的评价，从运用角度对空心轴驱动轴承故障的原因进行分析并提出应对措施。对可能造成轴承故障的因素，比如润滑脂不足、轴承室进水、油脂使用错误、组装调整同心度不合格等进行分析。

曹贤文等[21]在 2012 年设计了 KW0021 列车轴承监测仪。该监测仪能在列车运行中实时监测轴承的状态，实现轴承故障的早期报警。2013 年，中车唐山机车车辆有限公司郭涛等[22]设计了高速动车组列车转向架轴承故障监测方法、装置及系统。

周玉勤等[23]设计了一种列车转向架轴承服役过程监测与故障诊断系统及方法。

黄采伦等[24]针对机车走行部故障在线监测过程中存在的信号分析与处理问题，运用整周期等角度采样方法将时域振动信号转换为角域信号，采用快速傅里叶变换（fast Fourier transform，FFT）将角域信号变换为对应的特征频谱，通过谱估计、谱图分析得到机车走行部各零部件的故障特征谱值，再根据该特征谱值识别机车走行部各零部件的故障。根据机车走行部故障诊断的实际需要，设计了一套基于特征分析方法的机车走行部故障在线诊断系统。

张兵[25]提出并建立了基于模块化监测设备的列车关键零部件安全监测预警系统，详细分析了该系统的监测理论、模型与结构，通过 LonWorks 网络管理器，将整个列车中众多的车厢和繁多的监测设备组建成一个网络化监测系统，进行集中显示、分析与报警，改变了过去单项监测和各车厢分离监测的模式，从而能对整车的运行状态进行综合分析判断。从车辆-轨道耦合动力学入手，张兵建立了完整的列车走行部在线监测模型，提出了一种基于特征向量和自学习的走行部故障识别新方法，与传统的故障识别相比，该方法不仅能实现走行部的故障判断，而且与实际的车速、线路、车况等信息结合，还能进行实时故障判断，实现了走行部的在线监测，有效地将现代信号分析理论、模式识别方法和故障诊断技术与 LonWorks 现场总线技术、无线通信技术等结合起来，研制了一套全新的特征检测、信号分析和故障诊断的实时监测和地面专家分析软件，并与所研制的硬件相结合，能够较好地对运行列车的安全状态进实时监测，实现了通过专家分析系统查找设备故障原因，对设备状态进行趋势分析和制定科学的维修方案。

王靖[26]分析了列车轮对关键零部件的机械结构和特点，分别对其振动特性和故障机理等进行了研究，归纳了列车轮对常见故障的频谱特性，并通过故障信号的仿真分析和实验验证了特征域分析方法的准确性和实用性。文中针对列车轮对监测与故障诊断所提出的各种方法经过了严格的理论分析、模拟实验或实际运行实验，具有较强的实际工程应用性。

姚德臣等[27]应用了多方法融合的诊断法对铁路轴承进行故障诊断，并对基于多方法融合的反向传播（back propagation，BP）神经网络和径向基函数（radial basis function，RBF）神经网络这两种网络进行了比较。其提出的方法能很好地诊断出轴承故障类型，实验证明了多方法融合的 RBF 的泛化能力优于 BP 神经网络，同时，在训练时间上，RBF 神经网络也要优于 BP 神经网络。

吴德华等[28]所研究的基于 DSP+MCU［数字信号处理器（digital signal processor，DSP）+多点控制器（multipoint control unit，MCU）］的列车滚动轴承故障诊断系统，通过希尔伯特变换法提取出包络信号，利用小波奇异性检测进行滚动轴承的故障诊断，取得了很好的效果。

赵转哲等[29]研究了基于声发射技术的铁路货车滚动轴承故障诊断，传统的振动分析中的无量纲诊断参数峭度和裕度无法区分铁路货车滚动轴承的运行状态。采用小波变换的滤波手段，提高信噪比，突出故障特征信息，抑制了背景噪声，从而有效地诊断出轴承运行状态。发现不同运行状态的声发射信号（弹性波）的频率范围和强弱有明显差别，进一步研究可为实现智能诊断奠定良好的基础。

唐秋杭等[30]基于 DSP 和 ARM 设计了滚动轴承自动监测和故障诊断系统，该系统采用了轴承振动信号的时域参数法来判断轴承故障，使用共振解调的诊断方法来判断故障的类型。

郭福平等[31]采用声发射法对滚动体缺陷滚动轴承进行检测，采集宽频的声发射信号，利用小波分析方法将信号分解在不同频带，对低频信号进行重构，重构后的包络谱特征频带与滚动体故障理论特征频率相比较，在包络谱上可找到理论的故障特征频率范围，说明包络谱分析对滚动轴承滚动体故障声发射诊断是有效的。

柳亦兵等[32]认为滚动轴承的振动响应信号包含确定成分和随机成分，两者都能反映轴承发生故障的信息。利用随机成分进行故障定性诊断，可以只使用较少的振动信号数据，计算效率高，有利于工程实际应用。针对轴承振动信号中随机成分能量较低、分布频率范围较宽的特点，采用对数谱相关函数灰值图反映信号中随机成分对循环平稳特性的影响，定性判断故障引起的谱相关函数中随机成分的变化，然后通过共振区切片进行故障解调分析，提取特征信息。实测正常轴承和内圈点蚀故障轴承振动信号的对比分析表明，即使在较低频率分辨率条件下，谱相关密度也能实现故障信息的解调，并可以提高计算效率。

徐亚军等[33]针对变转速下滚动轴承的故障诊断问题，提出滚动轴承故障诊断的阶比多尺度形态学解调方法。该方法先采用线调频小波路径追踪算法获得轴承的故障特征频率，再对非平稳转速下时域振动信号的包络进行等角度重采样得到平稳信号，并用基于信号局部峰值的方法确定多尺度形态学分析的结构元素，用各结构元素对重采样信号进行形态学操作，最后对操作结果的平均值做频谱分析，以完成阶比多尺度形态学的解调过程。线调频小波路径追踪算法能很好地提取轴承非平稳振动信号的故障特征频率，而多尺度形态学解调是对各尺度形态学分析结果的平均值进行频谱分析，能有效地抑制噪声，从而使得该方法具有很好的抗噪性能，适用于工程实际中变转速轴承振动信号的分析。仿真分析和应用实例证明了该方法的有效性和优越性。

李刚[34]提出在轴箱上吸装新开发的复合传感器，由复合传感器、振动与共振解调检测仪、计算机软件系统和货车轮对磨合试验台共同组成“铁路货车轮对磨合试验质量诊断系统”，在轴承安装前，得出轮对轴承工作状况，将轮对分出优、中、差质量等级，保证质量较差的轮对不装配到检修货车上。

刘建强等[35]对地铁车辆转向架轴承故障模型进行推导，提出一种地铁车辆转向架轴承故障智能诊断方法。该方法根据转向架轴承径向振动加速度信号，采用小波包包络分析和故障识别搜索算法，诊断轴承故障及故障类型。为了验证所提出方法的有效性，设计并搭建了轴承故障诊断试验台，基于此试验台对广州地铁车辆转向架故障轴承进行了测试。

唐英等[36]以铁路货车双列圆锥滚动体轴承为研究对象，利用所提出的判别域界面几何法进行故障诊断。主要过程是：利用振动加速度传感器拾取轴承工作状态信号；在信号的时域和频域进行统计分析，将得到的特征参数组成特征向量，并利用 BP 神经网络非线性映射至二维判别域空间；采用判别域界面几何法，在二维判别域空间生成决策边界，并利用此决策边界进行模式识别。映射至二维判别域空间进行模式识别可为操作者直观判断轴承故障模式类别提供条件。

李先武等[37]设计了基于货运列车状态监控的无线传感器网络应用软件，利用盲源分离和支持向量机技术，开发了铁路货车的轴承故障智能在线监测系统，实现故障诊断与预测。

颜家森等[38]基于高速列车轴箱用双列圆锥滚动体轴承的实际工况，建立拟动力学模型，分析工作状态下轴承的载荷分布及外部载荷和列车运行速度等对轴承载荷分布的影响。

李长健等[39]建立了高速列车双列圆锥滚动体轴承内圈剥离故障模型，经过对模型各部件转速、故障特征频率与理论值的对比，验证了模型的有效性。通过分析轴承的动力学行为得出：内圈故障侧滚动体经过故障部位时转速急剧下降，产生打滑现象；故障侧保持架也受到滚动体冲击的影响，稳定性大大降低。

郝烨江等[40]以列车轴承为研究对象，在给定的使用工况下推导出其所承受的径向载荷，针对不同等级轮轴转速，利用 Newton-Raphson 法求解出轴承内部的载荷分布规律，并根据 Hertz 接触理论给出了内外圈滚道接触应力的理论解，讨论了转速变化对接触应力的影响，最后利用 ABAQUS/Explicit 对简化轴承模型的动力学特性进行了求解，相关结果与实际工况基本吻合。

张乐乐等[41]对机车滚动轴承的故障分类及成因进行了分析和介绍。在实现了基于显式动力学的滚动轴承运动过程的有限元仿真基础上，建立了滚动体故障和麻点故障的轴承故障状态模型，并在仿真软件ANSYS/LS-DYNA中实现了仿真。同时，对比了有、无故障轴承的不同特性。结果表明，仿真与分析是进一步研究轴承故障机理与特征提取的有效方法之一。

汤武初等[42]针对高速列车轴承施加了吻合实际工况的合理边界条件和载荷条件，在 ANSYS/LS-DYNA 中建立了高速列车轴承的动力学模型，并且仿真分析了高速列车轴承的动力学特性。

Ding[43]提出了一种基于冲击响应卷积稀疏编码技术的高速列车轮对轴承故障检测技术。该技术不仅能有效地检测轮对轴承的故障，而且能准确地表征轴承缺陷的故障动态行为。他们还利用轮对轴承试验台采集的模拟信号和实际振动信号，验证了该方法的有效性。

Wei 等[44]对高速列车轴承内部载荷分布采用连续函数模型（常规方法）、离散函数模型和有限元法三种方法进行了研究。结果表明，内部载荷分布的模式是相同的，但精度不相同。用有限元法计算的轴承径向载荷精度最高，用离散模型法计算的精度最低。通过二分法数值计算程序，离散函数模型不仅具有较高的精度，而且便于实际应用。

Su 等[45]研究了各种载荷作用下有缺陷圆锥滚动体轴承振动的频率特性。将振动模型推广到描述轴承在不同载荷下单个缺陷或位于任意位置的多个缺陷引起的轴承振动。

Zhang 等[46]基于热网法建立了高速列车轴承温度分析模型。

侯有忠等[47]基于 Herz 接触理论建立了内圈单一点蚀故障的滚动轴承的动力学模型。模型考虑了内圈变形量的影响；同时基于变形量渐变释放的客观事实，给出了滚动体进入和离开故障区时释放形变量变化规律及计算方法，使模型更符合滚动轴承内圈故障的实际运行状态。

张中民等[48]建立了滚动轴承外环、内环和滚动体存在局部故障的振动模型，模型综合考虑了滚动轴承的几何尺寸、轴的转速、轴承静态载荷分布、振动传递函数和故障点位置的影响。通过试验结果验证了滚动轴承故障振动模型的有效性。

易彩[49]依据经验模态分解（empirical mode decomposition，EMD）本征属性及特征参数，研究了高速列车轮对轴承状态表征与故障诊断方法，可提取轮对轴承健康状态恶化的早期阶段或早期故障信息，有效判断故障类型。

葛慧敏[50]以滚动轴承振动喜好为分析对象，以自适应形态差值滤波作为信号预处理方法，提取振动信号的形态熵作为故障模型特征向量，以多分类支持向量机模型作为故障诊断模型，采用搜索者优化算法对模型的参数进行优选，从而确立最优的分类模型，实现不同故障模式的识别。

国外最早开展状态监测及故障分析研究的是美国，欧洲国家、日本、美国都有相应的远程监控与诊断系统。但是美国的状态监测一开始用在军用及航空航天上，这些技术一开始没有运用到铁路上[51]。Adtranz 公司开发了 Mitral CC Remote 远程检测、故障诊断与维护支持系统，并已装车应用，德国 ICE 高速列车已经成功实现了对整个列车的全面诊断[52]。三菱公司最新一代的列车信息管理系统（train information management system，TIMS），具有对动车组各车辆及车内关键设备甚至某些线路全面监视与诊断功能[53]。美国 GE 公司的远程监控与诊断系统（remote monitoring and diagnosis system，RMD）远程监控与诊断系统，现已在全球铁路系统广泛应用。随后欧洲国家的故障监测与诊断也有较大突破，比如瑞典 SPM 公司研制的轴承监测诊断技术[54]。最早将状态监测及故障诊断运用到铁路上的是日本设备工程师协会。日本的新干线高速列车通过滚动测试实验台对转向架进行振动测试，确定在无缺陷的情况下才能使用。日本设备工程师协会最新研制的耐久性试验装置能够在相同的高速条件下对四个轴承同时进行超过 320km/h 的测试。此外，还可以在实际情况下提供轴向/径向载荷和振动。该设备的一个显著特点是，它能够同时对四个轴承进行评价试验，而不需要轨道和车轮，即不需要车轮滚动。

加拿大 Ultra Tech 公司采用振动加速度及温度传感器对转向架及列车轴箱进行信号采集及故障诊断[55]；法国 Banbadi 公司也是利用故障诊断对列车的蛇形失稳进行监测[56]；英国 AEA 公司利用振动及温度传感器对运行的列车进行状态监测；瑞典 SKF 在集团列车轴承的研发过程中，也研发了列车轴承的在线监测诊断系统[57]；早在 1984 年，对于高速列车上的监测诊断系统，美国通用电气公司的研发部将专家系统技术应用于铁路上内燃机车的故障检修，该公司研发的内燃机车故障排除辅助设备（diesel electric locomotive trouble shooting aid，DELTA），通过使用生产规则和推理引擎，可以诊断机车的多个问题，并可以向维修人员提供修理建议[58]。

国外技术在国内也有应用，青藏线引进的美国 GE 公司内燃机车具有较先进的机车车载检测和诊断系统，结合青藏线铁路综合数字移动通信系统（global system for mobile communications-railway，GSM-R）和无线网络技术及计算机技术，构筑车地无线网络，实现对进口机车设备的远程访问，以便对机车进行监测、诊断和维护，对现有国产机车进行局部升级改造，扩展国产机车车载信息平台，通过采集机车各类车载设备的数据信息，综合诊断分析车载设备的历史数据和在线检测数据，实现对机车设备状态信息的集中监测，对机车设备故障进行预警，并提供机车运行状态和检修维护决策支持，提高机车的可靠性、耐用性和可维修性，保障青藏线机车长交路安全运行、少维修、少布点[59,60]。

国外对双列圆锥滚动体轴承的故障分析做了大量的研究。

Kaewkongka[61]针对高速列车圆锥滚动体轴承单元进行车载在线监测。利用从压电换能器捕获的声发射信号，经过傅里叶变换处理后，根据其特征判别不同类型的轴承故障。他研究了不同工况下的试验结果，并将正常轴承和外圈缺陷轴承进行了对比。结果表明能识别和区分不同条件的轴承故障。

SKF 集团[57]于 2009 年推出了名为“SKF Insight”的新技术，在轴承核心集成了一个微型自供电智能无线传感器。 该技术可实时监测机器内的轴承运行状态，从而实现了轴承磨损的监测和失效预防。如果在不使用外部检测设备的情况下，高速列车轴承就能够探测到影响其直接运行环境的关键参数，那么完全可以在高速列车运行时就采取措施，预防和确认潜在危险，避免事故的发生。SKF 集团已开发的 SKF Insight 技术使用的是内置在轴承内的微型传感器和智能无线部件，可从轴承旋转等应用环境中获取电能。整个组件实现了自给自足，无须电源线或传感器输出线，安装后即可自主运行[57]。轴承内部的智能无线通信技术不同于传统 Wi-Fi，可使轴承配置在通过无线网关进行通信的智能网络。SKF Insight 技术使轴承能够监测所施加的载荷、润滑质量、运行速度、温度和振动，并且探测到轴承钢微型结构中的变化，在损坏达到宏观结构级别前发出警告信号。之后，该数据可通过云服务器发送至安装有专用应用程序（application，APP）的智能手机或平板电脑供操作人员使用，或者传输到远程监测中心。智能 APP 和远程监测中心的诊断工具都会对该数据进行分析诊断，确定该状态与最佳运行状态的差距，包括过度载荷、工作周期偏离和润滑剂污染，这样就能通过添加润滑剂、减轻瞬时过载等立刻对运行状态进行更改。这样就实现了基于实际运行状态而非预测运行状态来精确确定轴承使用寿命以及更换间隔时间。智能轴承技术为状态监测以及机械设计、运行和延长使用寿命开辟了新的道路[8]。

SKF 集团的 SKF Insight 技术是在大量高技术实验基础上研发出来的，本书后续所研发的试验技术也参考了 SKF 集团的试验。SKF 集团在铁道试验中心（Railway Test Centre，RTC）和荷兰中央技术研究所进行了耐久性试验，确认了高速列车轴承用于铁道车辆的可靠性与综合性能，并按照当时的欧洲标准 BS EN 12080:2007 和美国铁路协会（American Railway Association，ARA）的标准实施了轴承的寿命试验。除准静态试验外，还在接近实际列车运行条件下，评价了紧凑型双列圆锥滚动体轴承单元（compact tapered roller bearing unit，CTBU）的动态运行[8]。该公司研发的高速列车轴承复合试验机（test rig for high speed train bearings，THISBE），在动态载荷条件下，能进行仿真运转。该试验机使用现行的弹簧和减振器，将轴颈轴承组件（待评价的轴承）内置到带支撑装置的转向架构架上（接近于实际装车使用状态）进行试验。试验机记录、分析了作用在轴颈轴撑本体上的实际车辆载荷（包括运行振动）、加速度、滑移，可通过所得到的信号用计算机进行控制[62]。

Goodman 等[63]将三轴加速度计模块安装在车轮轮毂上的微机电系统（micro-electromechanical system，MEMS），通过无线传输到数据采集网关，用来检测铁路轨道和机车车辆中的异常以及轴承的异常。经过实验证明是有效的。

Alvarado[64]探讨了利用振动信号技术监测铁路圆锥滚动体轴承故障。

Aye 等[65]采用集成方法，针对轴承故障探测提出了一种新的基于退化评估指数的模型，可检测低速轴承故障。他们提出了多项式核主元分析、高斯混合模型和指数加权移动平均相结合的模型，用于检测变速工况下的低速轴承故障。数据是从一个低速轴承试验台在可变的运行速度和负载条件下获得的。在变化工况的情况下，探测到轴承的初始损伤。

Israel 等[66]在 1993 年提出了用神经网络监测和诊断轴承滚动体故障，但是没有应用到高速列车轴承。

Corni 等[67]提出了一种新的针对客运列车轴承的车载状态监测系统，该系统由 Perpetuum 公司提供。该系统可以让运维人员对轴承健康进行实时监测，这项新技术能够对早期轴承故障进行探测。

Hemmati 等[68]利用模拟缺陷和实验测量研究了滚动轴承缺陷产生的声发射信号，基于声发射技术和先进信号处理的滚动轴承故障诊断，针对滚动轴承零件在不同运行速度、载荷和缺陷尺寸下的局部缺陷诊断问题，设计了一种改进有效的信号处理算法。

Cockerill 等[69]用声发射法确定滚动轴承的状态，研究了转速和载荷的增加对圆柱滚动体轴承内声发射的影响，发现均方根信号电平随转速的增加而显著增加，而载荷的增加对声发射的影响要弱得多。

目前许多轴承故障诊断都是基于单机系统或者面向定设备的轴承，面向货车、地铁、客车的轴承故障检测系统主要有三种形式：①定期巡检系统；②在线检测和离线分析系统；③在线自动检测系统。第三种形式是未来高速列车轴承在线安全监测的必然趋势，本书研究高速列车轴承动态系统的目的是根据高速列车轴承的动态特性，将一些先进的数据信号处理方法引入振动信号分析，为后续研发实用可靠的高速列车轴承在线监测系统奠定理论和实验基础。

第 2 章

高速列车轴承故障案例统计分析及故障模型建立

国际标准化组织制定了一套将轴承损伤分类的方法（BS ISO 15243:2017），如图 2.1 所示。该标准确定了六种主要的损伤类型，大部分轴承损伤都与这六种主要形态及其子形态有关[70]。铁路普通列车轴承和高速列车轴承的损伤分类也在此范围内，但是列车轴承并非固定在某个静止旋转设备上，而是工作时候一直处

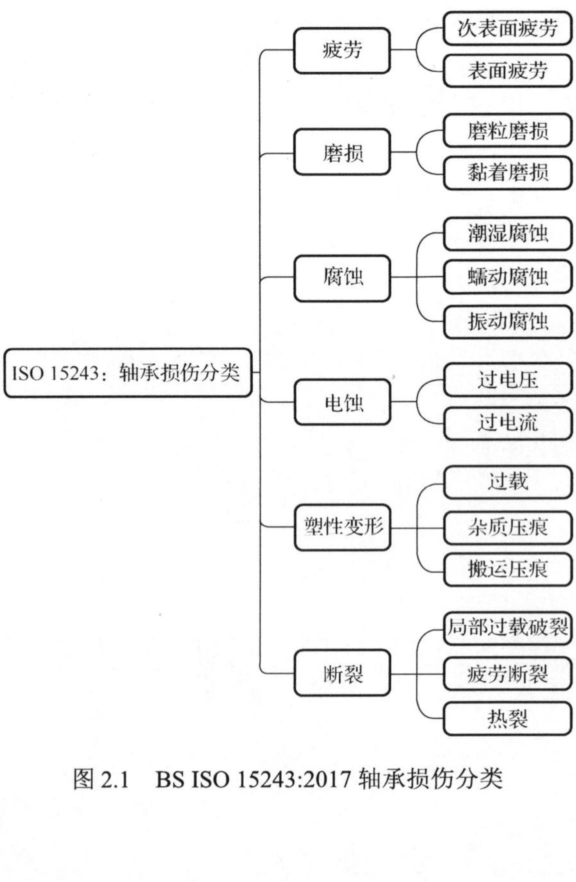

图 2.1　BS ISO 15243:2017 轴承损伤分类

于钢轨上面的运动状态。高速列车所运行的钢轨属于无缝钢轨，其所受的钢轨不平顺力与普通列车还有所不同，其速度更是对高速列车轴承的工作状态有所影响。

某铁路局在检修普通列车轴承时，统计了从 2010 年至 2015 年出现的损伤故障类型，如图 2.2 所示[71]，可以清晰地看出，常见的轴承损伤是锈蚀、麻点和变色，而剥落和电蚀损伤占的比例较少。本章通过借鉴铁路货车、普通客车轴承损伤原因分析与 BS ISO 15243:2017 轴承损伤分类，结合高速列车轴承的使用因素和制造因素，探究以上这些损伤类型产生的原因及应对措施。

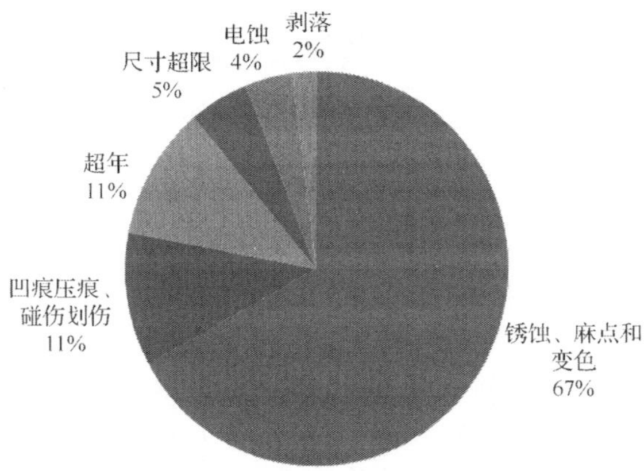

图 2.2　高速列车轴承损伤类型

本章通过实地调研采集了一段时间内高速列车在运行过程中轴承出现的主要故障，统计了高速列车轴承的故障类型。因我国高速列车采用进口高速列车轴承，其精度和可靠性极高，出现故障的概率很小，故所调研统计的故障案例样本不多，但是一叶知秋，可通过有限的样本分析研究高速列车轴承的故障损伤类型和原因。根据统计的故障类型，在前人研究的滚动轴承故障振动模型的基础上，进一步完善高速列车双列圆锥滚动体轴承的故障模型，其目的是更好地预判和诊断高速列车轴承。

2.1　高速列车轴承故障案例统计分析

从 2015 年 2 月至 2016 年 2 月，国内某厂家生产的高速列车在运行中出现了 7 起关于的轴承故障。其中，轴温监测系统诊断出 4 起，TADS 诊断出 2 起，地面 LM 技术跟踪设备诊断出 1 起。

对 7 起轴承故障案例进行分析，发现主要存在两类故障：润滑脂失效（案例一、二、三、四、五、六、七）和轴承剥落、麻点损伤（案例二、三、四）。

2.1.1 典型故障案例一

2015 年 2 月 26 日，配属 B 铁路局的某型高速列车运行中，转向架 3 轴左轴承温度升高，出现此故障没有导致车辆晚点，没有影响车组后续的运行。检修技术人员对故障轴承运用状态进行检查，对远程数据进行了下载，远程数据显示，8:58 时 11 车报故障代码 68B4（转向架 3 轴左轴承温度升高）。HMI（人机界面）轴温报警显示：11 车 3 轴左轴温为 32℃。轴承三级修后运行 42938km。该故障案例主要是润滑油出现异常，及时处理后未出现其他异常。该高速列车运营里程为 1260003km，2014 年 12 月在 B 铁路局动车段进行了高速列车三级修，三级修时运营里程为 1217065km。

2.1.2 典型故障案例二

2015 年 3 月 21 日，配属 J 铁路局某型高速列车在运行中，01 车为主控端，9:30 高速列车运行至某站进站前，地面 LM 技术跟踪设备检测到 10 车 2 轴三级外圈报警。为保证高速列车的安全运行，更换 10 车 2 轴轮对，运行里程 1906956km。

维修技术人员对该高速列车 10 车 2 轴编号为 3906 的轴承外观状态检查，发现 A 侧保持架和密封罩处的润滑脂呈现棕黄色（正常润滑脂的颜色为浅褐色），润滑脂中没有看到金属粉末，B 侧滚动体表面及内滑道有麻点存在，B 侧外圈内侧存在一处 30mm×50mm 剥落损伤，如图 2.3 所示。

（a）密封罩的油脂情况　（b）麻点　（c）剥落

图 2.3　轴承损伤案例二（外圈和滚动体故障）

2.1.3 典型故障案例三

2015 年 3 月 28 日，配属 B 铁路局某型号高速列车 16 车 3 轴被某站附近的“车辆滚动轴承故障轨边声学诊断系统”（简称 TADS）累计监测到两次二级报警。2015 年 3 月 31 日，该高速列车 16 车 3 轴被 B 铁路局动车段 TADS 累计监测到两次三级报警，两次二级报警，此类故障未影响车组运行。高速列车回库检查 16 车 3 轴左侧轴箱内轴承甩脂现象如图 2.4 所示，甩出的润滑脂呈现黑色。仔细研磨后未发现颗粒状物质，及时对 16 车 3 轴故障轮对进行更换，然后车组试运行，转向架状态正常。该高速列车运营里程为 2465450km，轴承累计运行 1172663km。

图 2.4　轴承损伤案例三（轴承甩脂故障）

维修技术人员对该高速列车 16 车 3 轴左侧轴承进行了分解检查，故障轴承 A 侧外圈存在剥落、麻点损伤，滚动体存在麻点损伤，如图 2.5 所示。

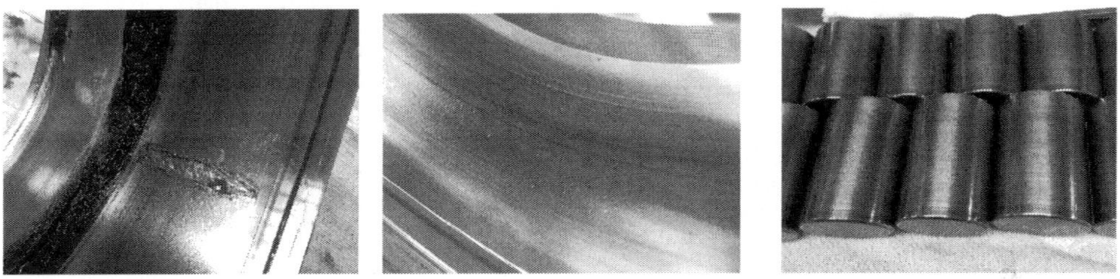

（a）外圈剥落　（b）外圈麻点　（c）滚动体麻点

图 2.5　轴承损伤案例三（外圈和滚动体故障）

2.1.4　典型故障案例四

2015 年 4 月 5 日，B 铁路局配属的某型号高速列车，车组运行至某车站时，该车站的 TADS 监控到 6 车 3 轴轴承有异音，但是不能确定具体轴端，初步判断为轴承内部原因，待进一步检查分析，已更换轮对。该高速列车高运营里程为 2107487km，轴承累计运行 938198km。

检修技术人员对该轴的轴承进行分解检查，分解后情况：1 号和 2 号故障轴承润滑脂已经失效；1 号故障轴承 A 侧存在外圈剥落现象，滚动体存在麻点现象，表面光泽度差，手感强烈；轴承 B 侧状态正常；2 号故障轴承外圈存在划痕现象，如图 2.6 所示。

（a）剥落　　（b）麻点　　（c）划痕

图 2.6　轴承损伤故障案例四

2.1.5　典型故障案例五

2016 年 2 月 13 日，经远程反馈 CRH380B-5552 动车组 4 车 2 轴右轴温异常，当日 19:22 时温度为 64.63℃，温差达到 50.8℃。开盖检查摩擦盘已磨耗到根部，按照要求，该故障轮对已达到更换标准，及时进行了轮对更换。该高速列车运行总里程为 1984925km。检修技术人员对故障轴承进行分解检查，故障轴承号：19835。轴承详细分解检查 19835A 侧：轴承外圈正常；轴承内圈正常；轴承滚动体表面光泽度好，无异常摩擦痕迹；轴承保持架、密封圈状态正常；润滑脂发黑变干。具体轴承零件状态如图 2.7 所示。轴承 19835B 侧零件一切正常。

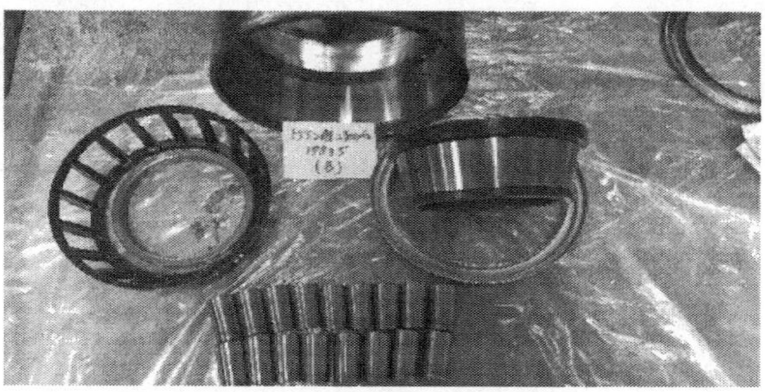

图 2.7　轴承损伤故障案例五

2.1.6　典型故障案例六

2016 年 2 月 13 日，经远程反馈 CRH380BG-5595 动车组 4 车 2 轴右轴温异常，当日 18:00 时温度为 61.22℃，温差达到 46.63℃。当晚入库 H 铁路局动车所，作业组开盖检查摩擦盘磨耗已超过 1.5mm，按照检修要求，该故障轮对已达到更换标准，及时进行了轮对更换。该高速列车运行总里程为 1278413km。检修技术人员对故障轴承进行分解检查，故障轴承号：8785。轴承详细分解检查 8785A 侧：轴承外圈正常；轴承内圈正常；轴承滚动体表面光泽度好，无异常摩擦痕迹；轴承保持架、密封圈状态正常；润滑脂发黑变干。具体轴承零件状态如图 2.8 所示。轴承 8785B 侧零件一切正常。

图 2.8　轴承损伤案例六

2.1.7　典型故障案例七

2016 年 2 月 14 日，经远程反馈高速列车 2 车 2 轴左轴温异常，当日 21:54 时温度为 76℃，温差达到 56.11℃。当晚入库 S 铁路局动车所，检修技术人员开盖检查摩擦盘磨耗已达到 5mm，按照规定该故障轮对已达到更换标准，及时对轮对进行更换。该高速列车运行总里程为 382770km。检修技术人员对故障轴承进行分解检查，故障轴承号：24547。轴承详细分解检查 24547A 侧：轴承外圈正常；轴承内圈正常；轴承滚动体表面光泽度好，无异常摩擦痕迹；轴承保持架、密封圈状态正常；油脂发黑变干。具体轴承零件状态如图 2.9 所示。轴承 24547B 侧零件一切正常。

图 2.9　轴承损伤案例七

根据上述的故障案例可知，润滑脂失效将直接导致轴承表面疲劳损伤，产生微裂纹继续扩展会形成麻点、剥落等损伤，严重威胁高速列车的安全运行。出现的故障主要是外圈剥落故障、内圈划痕故障、滚动体麻点故障，保持架未出现故障。但从研究角度出发，本章除了针对轴承内外圈剥落和滚动体故障建立轴承故障模型，对保持架故障也建立了相应的模型。本章的重点是根据实际故障案例建立故障轴承模型，通过对故障轴承模型进行仿真，找出其振动特点，为后续动态监测奠定理论和实践基础。

2.2 高速列车轴承故障模型建立

本章在总结前人工作的基础上，在建立模型时，要考虑双列圆锥滚动体轴承的结构。根据其结构首先建立几何模型，其次建立数学模型，并综合考虑动态载荷分布及其故障类型和故障点位置，可先考虑高速列车轴承局部故障的随机振动模型。

建立高速列车故障模型，首先要参考实际出现的故障特征；其次要考虑如何有效简化模型，减少后续动态仿真的计算量；最后还不能过于简单，失去特征。

因此，本节对所建立的模型做了如下假设：①Hertzian 接触理论适用；②外圈固定，内圈随转轴定速旋转；③忽略轴承质量的惯性；④安装到位，无轴向内部游隙，无角游隙，存在微量径向内部游隙；⑤载荷作用下无变形；⑥阻尼特性和刚度特性是线性的；⑦只考虑局部缺陷故障，不考虑接触面故障。

本书利用三维实体建模软件 Creo 建立正常无故障的 SKF 高速列车轴箱轴承模型。该轴承为双列圆锥滚动体轴承，每列有圆锥滚动体 21 个，两列之间有垫圈相隔，主要结构如图 2.10 所示。高速列车轴承主要由滚动体、内圈、外圈及保持架组成，高速列车轴承在运行过程中，这几个部件均容易破损导致轴承失效。该轴承主要尺寸参数如表 2.1 所示。

（a）内圈 （b）保持架 （c）挡圈 （d）滚动体 （e）外圈 （f）保持架 （g）内圈

（h）整体图

图 2.10 无故障 SKF 双列圆锥滚动体轴承结构

表 2.1　SKF 轴承主要参数

参数	数值
内径/mm	130
外径/mm	230
质量/kg	25.579
滚动体个数	21
滚动体小端直径/mm	21.8
滚动体大端直径/mm	23.1
圆锥滚动体锥角/(°)	1.64
接触角/(°)	10
保持架锥角/(°)	13.82
挡圈厚度/mm	18.04

根据现场故障统计，高速列车轴承故障主要是剥落与麻点故障，这些剥落与麻点故障导致内外圈故障和滚动体故障。本书共建立四种故障模型并进行分析，这四种故障模型分别是轴承内圈划痕、轴承外圈划痕、保持架断裂及滚动体破损。

根据实际故障案例，利用三维软件可对高速列车双列圆锥滚动体轴承进行故障建模。图 2.11 分别为拟合内圈故障、外圈故障、滚动体故障和保持架故障的三维轴承模型。

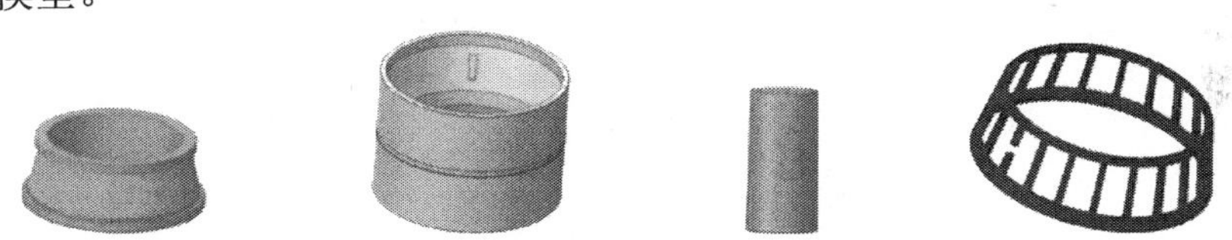

（a）内圈故障　（b）外圈故障　（c）滚动体故障　（d）保持架故障

图 2.11　拟合实际故障的轴承模型

为了简化计算，各个故障点模型如图 2.12 所示。在后续动态特性分析中，对故障轴承模型与正常轴承模型进行振动分析。四种故障模型参数如表 2.2 所示。

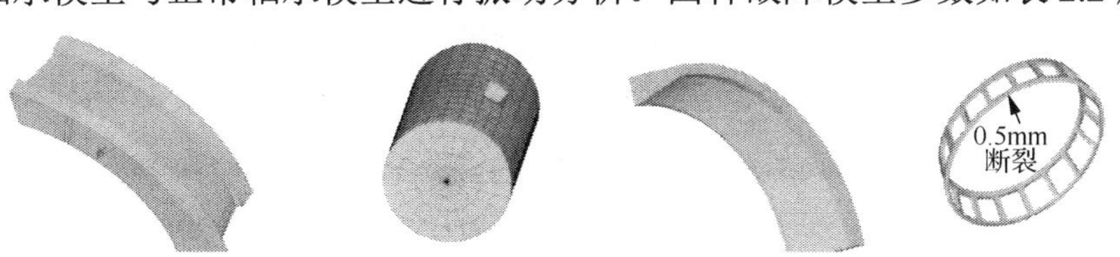

（a）内圈滚道表面损伤　（b）滚动体损伤　（c）外圈滚道损伤　（d）保持架损伤

图 2.12　轴承不同故障点模型

表 2.2　故障点尺寸参数　　单位：mm

故障部位	宽度	深度	长度
内圈故障	3	0.1	5
外圈故障	0.25	0.1	5
滚动体故障	0.25	0.1	5
保持架断裂			0.5（裂口）

轴承故障模型建立的时候需要考虑故障频率特性。因为高速列车轴承在不同元件上出现故障时，接触点经过该区域的通过频率也不同。

2.3　本章小结

本章通过实际调研归纳统计了部分高速列车运行中出现的轴承故障案例。对高速列车运行中出现的轴承故障案例进行了归类和原因分析。根据轴承故障统计分析在不同的位置建立了四种故障模型，这四种故障模型分别是轴承内圈划痕、轴承外圈划痕、保持架断裂及滚动体破损。本章主要通过对某高速列车厂家调研，建立高速列车轴承故障模型。只有深入了解了高速列车在运行中出现的轴承故障，才能更好地对其进行动态监测，做到有的放矢。

本章统计的高速列车轴承故障数据，亦可作为可靠性试验评估参考依据，分析和评价新研发的高速列车轴承产品是否满足规定的可靠性要求。

第3章

高速列车轴承的结构及动态特性研究

高速列车轴承属于转向架的一部分，其他部件还有构架、轮对、弹簧悬挂装置、牵引电机与齿轮传动装置、牵引电机悬挂装置和基础制动装置等。各部件相互之间都存在关联关系，高速列车轴承的受力载荷、振动信号与行车速度、线路状况具有非线性耦合关系。因此，不能脱离总体去单独研究轴承。

高速列车上采用的轴承为圆锥滚动体轴承。圆锥滚动体轴承的技术特点：具有与圆柱滚动体轴承相当的高径向载荷能力，又能像深沟球轴承一样同时承受径向、轴向载荷；滚动体可实现纯滚动，摩擦系数低，适用于高速运转工况。

我国高速列车动车组轴承结构型式均为双列圆锥滚动体轴承，且全部为进口。CRH1、CRH3、CRH5 型动车组所采用的轴承都为瑞典 SKF 的密封双列圆锥滚动体轴承。CRH2 型动车组采用日本 NTN 轴承和 NSK 轴承。

本书主要以 CRH5 型动车组所采用的 SKF 的高速列车圆锥滚动体轴承为对象，对其进行结构分析、动力学分析、温度场分析、动态特性分析。

3.1 高速列车圆锥滚动体轴承的结构

轴箱是直接连接轮对装置和转向架构架的装置，它包括轴端轴承装置。轴箱装置连接其他子系统和部件，例如一系弹簧装置、轴箱导向装置、减振器、轮对导向机构、接地回流装置以及传感器和转向架监测系统。转向架是列车车辆上较为复杂的子系统，包括制动系统、驱动系统、构架（带二系悬挂）和轮对装置，如图 3.1 所示。其中驱动系统在动力轮对上，由齿轮箱、联轴器和牵引电机组成。构架带有中央悬挂装置。轮对装置由两个车轮和车轴组成。高速列车轴承在列车运行过程中，不仅承受车厢及走行部的重量，还需承受由钢轨不平顺、道岔等外界因素引起的非平稳的动态冲击载荷，车辆转弯时，需承受由向心力产生的轴向载荷。因此，不能孤立地研究高速列车轴承的动态特性，而是要考虑多方面因素去研究。图 3.2 为转向架的受力模型。图 3.3 为钢轨不平顺导致的冲击现象示意图。图 3.4 为轮对与转向架模型[72]。

图 3.1 转向架实物图

转向架是通过由轴箱支撑的两个对角拉杆悬挂。两个钢制螺旋弹簧安装在两侧。

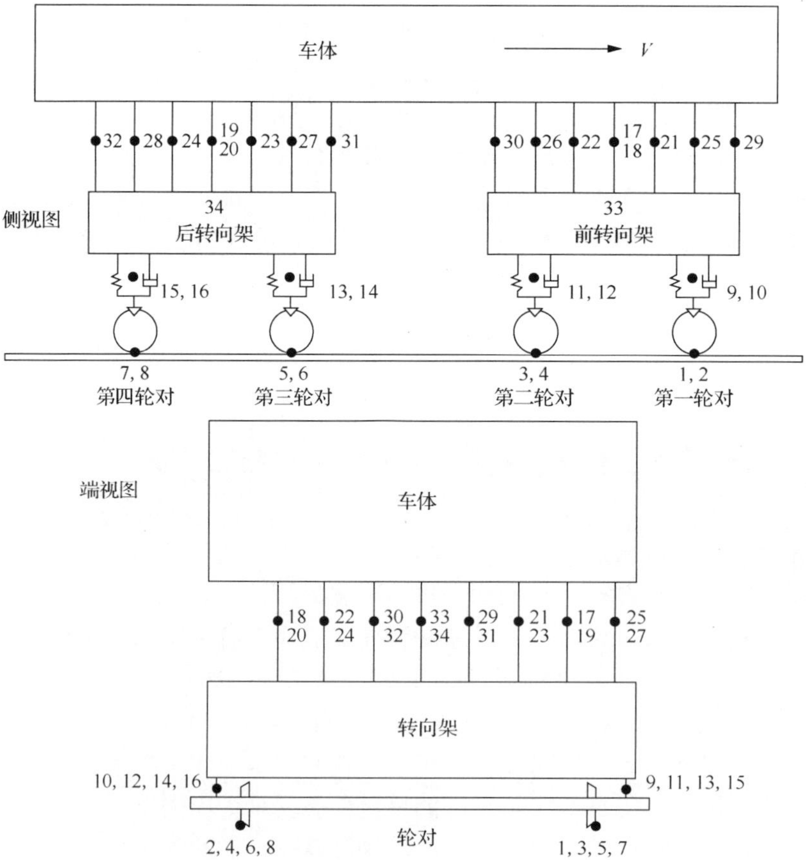

图 3.2 转向架受力模型

图 3.2 中，小黑点代表作用力，数字代表编号，1～8 为轮轨力，9～16 为一系悬挂力，17～20 为二系弹簧力，21～24 为横向减振器阻尼力，25～28 为抗蛇形减振器阻尼力，29～32 为横向止挡力，33～34 为抗侧滚力矩。

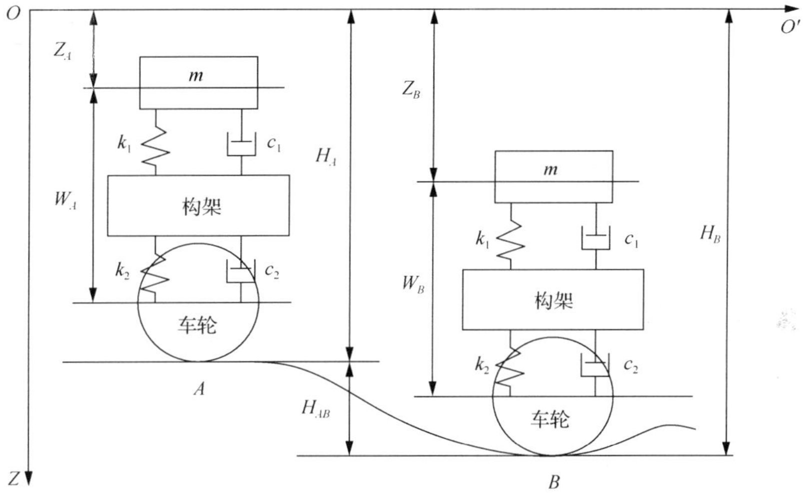

图 3.3　轨道不平顺导致的冲击现象示意图

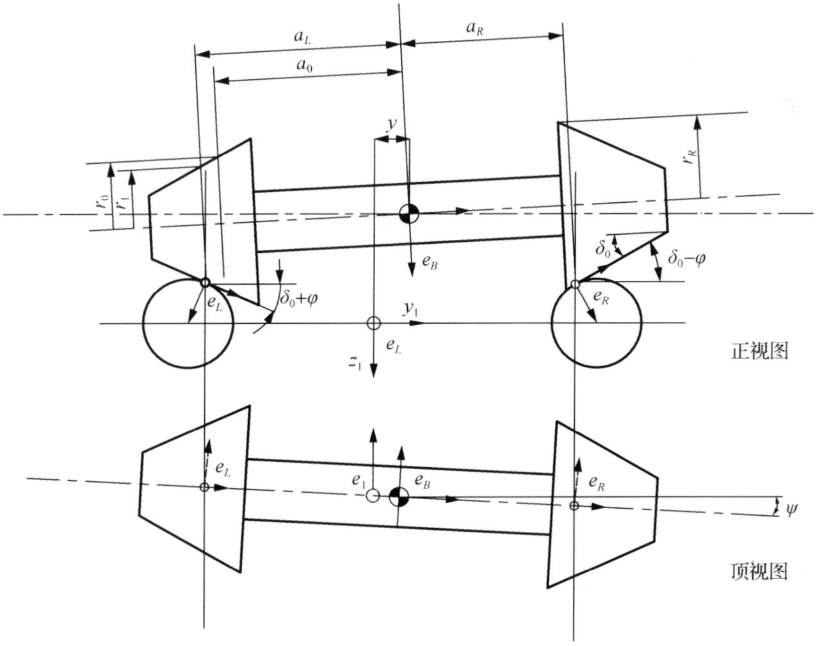

（a）轮对模型

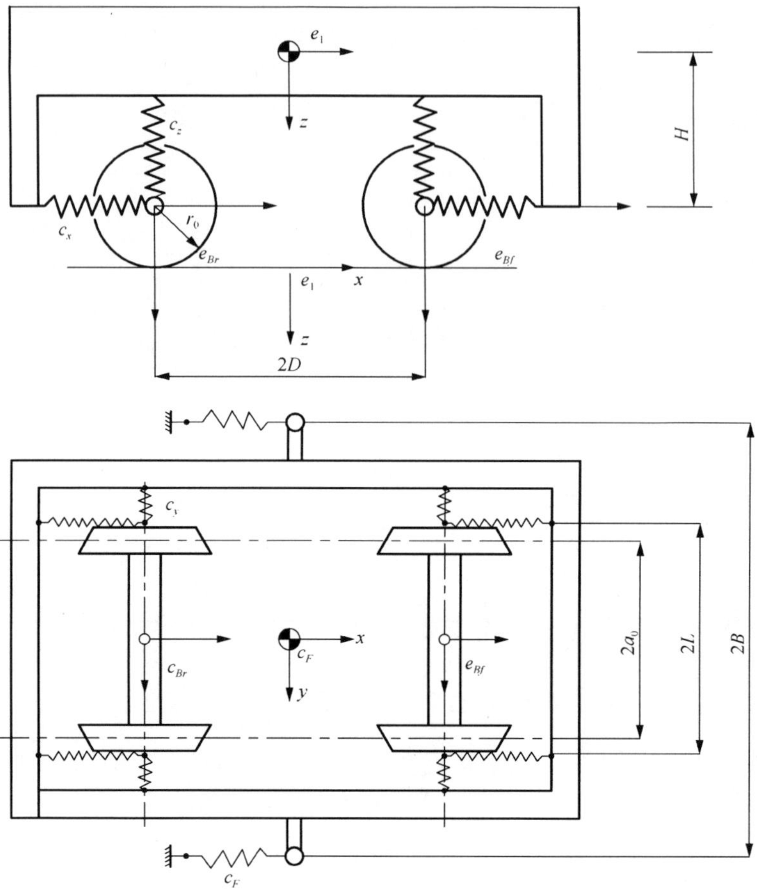

（b）转向架模型

图 3.4　轮对及转向架模型

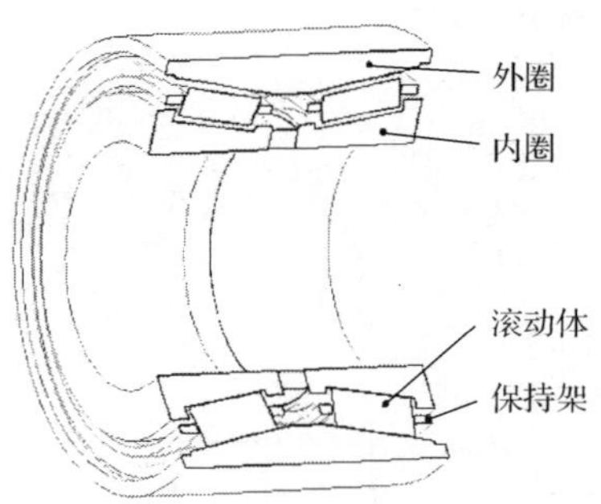

图 3.5　高速列车双列圆锥滚动体轴承典型结构

本书以 CRH5 型动车组所采用的轴承 SKF 双列圆锥滚动体轴承单元（tapered roller bearing unit，TBU）为研究对象。双列圆锥滚动体轴承的典型结构如图 3.5 所示，主要由内圈、外圈、保持架、滚动体组成，除此之外还有挡环、润滑脂、密封装置。圆锥滚动体由内圈的挡边引导，可同时承受一定的径向载荷及轴向载荷。该轴承的外圈和内圈各是一个整体。两个内圈（或外圈）小端面相近，中间有隔圈，游隙是靠隔圈的厚薄来调整的，也可用隔圈的厚薄来调整双列圆锥滚动体轴承的预过盈。

图 3.6 为高速列车双列圆锥滚动体轴承单元的装配图。后面的动力学模型及分析便是基于该类型轴承展开研究。

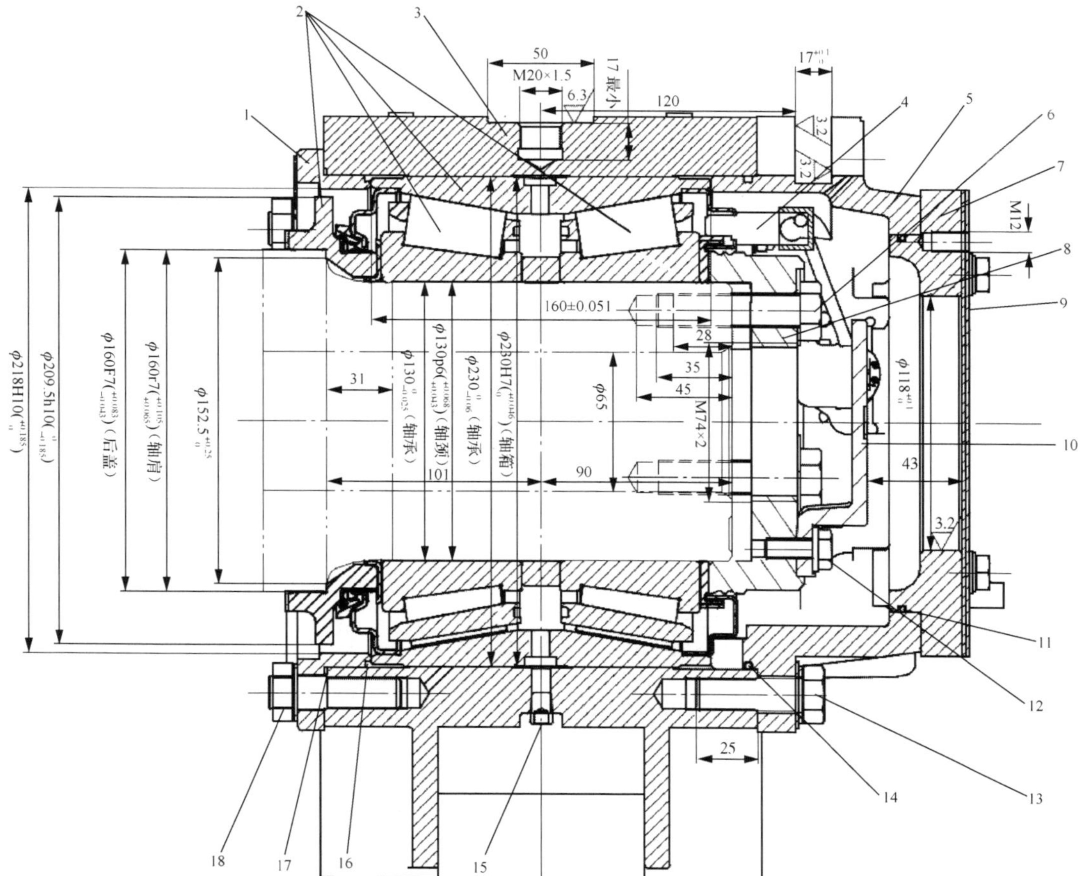

1. 后盖；2. 圆锥滚动体轴承组；3. 轴箱体；4. 集成传感器；5. 中间前盖；6. 螺栓；7. 端前盖；8. 压板；9. 平板密封环及保护板；10. 接地板；11、14、16、17. O 型圈；12. 螺钉及垫圈；13. 螺栓及垫圈；15. 堵；18. 弹簧垫、螺栓及螺母

图 3.6　高速列车双列圆锥滚动体轴承单元装配图（单位：mm）

SKF 双列圆锥滚动体轴承单元的轴承内圈与列车轮对轴通常采用过盈配合，轴承外圈与轴箱座采用过渡配合或过盈配合，外圈与轴承座无相对运动。圆锥滚动体与内外圈滚道之间产生的摩擦力使其不仅绕自身轴线做自转运动，而且还绕轴承轴线做公转，而保持架的作用是将滚动体均匀地分开[73]。

高速列车轴承工作时并非所有滚动体都受到来自内外圈滚道的接触力，是由于载荷由外圈传递给滚动体，滚动体将载荷传递给内圈，内圈将载荷传递到轮对轴上，最终通过轮对传递到铁轨上。基于这种工作特点，轴承被分为承载区和非承载区两部分。通过轴承载荷传递的过程，可以推断轴承的上半区主要承受载荷，即为承载区，下半区为非承载区。当滚动体在承载区时，滚动体与滚道间的摩擦力增大，摩擦力驱动滚动体公转，并推动保持架绕着轴承轴线做公转运动，而非承载区由于没有受到载荷或者载荷很小，该摩擦力不足以驱动滚动体绕轴线转动，反而干预了它的运动[74]。承载区滚动体驱动保持架公转，非承载区滚动体会被保持架推动一起绕轴线公转，所以保持架和滚动体之间的接触力是随着时间不断变化的，受力比较复杂。在轴承高速旋转时，还需考虑滚动体离心力及陀螺力矩的作用，这些力均影响滚动体与保持架之间的作用力。现有理论拟动力学分析中，很多未考虑润滑油膜对轴承动力学的影响。采用数值求解方法已无法精确计算出轴承各部件在工作中的受力情况和各元件的运动规律。本书在考虑上述因素后，利用有限元进行仿真求解，研究高速列车轴承各元件的运动规律及动态特性。

一般认为轴承内径 d 和转速 n 之积 $d\cdot n> 0.6\times10^6$mm(r/min)，或轴承节圆直径 d_m 和转速 n 之积>1.0×10^6mm(r/min)时，才称为高速轴承[75]。严格按照此定义来讲，高速列车轴承不属于高速轴承，但相对于普通列车的轴承转速，高速列车轴承的转速从其运动学计算的观点来看，滚动体的动力学特性与低速列车情况下显著不同。因此，高速列车轴承与普通列车轴承研究方法和手段是有所区别的。对于普通列车轴承，转速不高，一般对其性能的分析采用拟静力学分析就足够了，主要分析滚动体的受力分布、轴承受载变形、疲劳寿命等。对于高速列车轴承，其内部各零件的动态性能是分析的重要内容，要采用拟动力学或动力学分析模型。

3.2 高速列车轴承受力分析

分析高速列车轴承的结构和研究其动态特性是为了能更好地实时监测高速列车轴承的状态，保证高速列车行车安全是其最终目的。高速列车轴承局部表面损伤时加速度和冲击力的对应关系、运动参数及动力学响应是高速列车轴承疲劳损伤分析和故障诊断的有效输入和重要依据。

要进行高速列车轴承的受力分析，首先要了解其车辆参数和转向架（走行装置）参数。转向架（走行装置）的结构设计都是以其需要承受的所有载荷条件为基础。目前国内高速列车采用的轴承：200km 级别轴承，外形尺寸为 $d \times D \times B$＝130mm×230mm×160mm，d 为内径，D 为外径，B 为宽度；300km 级别轴承，外形尺寸为 $d \times D \times B$＝130mm×240mm×160mm。高速列车轴承载荷以平均值估算，每套轴承载荷约为 68.7kN，最大滚动体载荷约为 7.6kN，内圈滚道与滚动体的接触应力约为 810MPa。轴承的转速在时速为 300km 时，轴承转速约为 1730r/min。与轴承受力分析有关的参数：最大轴重为 17t，转向架重量为 8060kg（动力）、7660kg（非动力）。根据这些数据，以及满员和空载的情况，可以得出加载到轴承上的静载荷范围。高速列车轴重为(车自重+乘客重量)/轴数。而乘客数量统计计算标准差别较大："Railway Application-Vehicle Mass Definition"（BS EN 15663:2007）中定义为每平方米 4～10 人，平均每个人重 70kg/80kg（带/不带行李）。

双列圆锥滚动体轴承载荷主要分为径向载荷和轴向载荷。在高速列车轴承的正常运行过程中，轴承的径向载荷主要是由车厢及走行部的重量传递给轴承外圈的，并且该径向载荷的大小与方向几乎不发生变化，方向是垂直于轮对与钢轨接触表面的；轴承还需要承受部分轴向载荷，轴向载荷为径向载荷的 0.2～0.3 倍。由于我国高速列车 CRH5 型动车组的车轴最大轴重为 17t,每根轴上配套安装两组双列圆锥滚动体轴承单元。每个轴承承受的径向载荷与轴向载荷均设为恒定值：径向载荷为 85kN，轴向载荷为 17～25.5kN。径向载荷均加载在轴承外圈上半圈节点上，轴向载荷加载在内圈端面的节点上。

在添加转速载荷时，按照高速列车的运行速度 250km/h 进行模拟仿真。以 CRH5 型动车组为例，其轮对直径为 890mm。根据线速度与角速度的关系，可知内圈的转速大约为 1490r/min。

在研究高速列车所用的双列圆锥滚动体轴承受力情况之前，可先从单列圆锥滚动体轴承的受力进行分析。图 3.7 为圆锥滚动体轴承内部尺寸示意图。

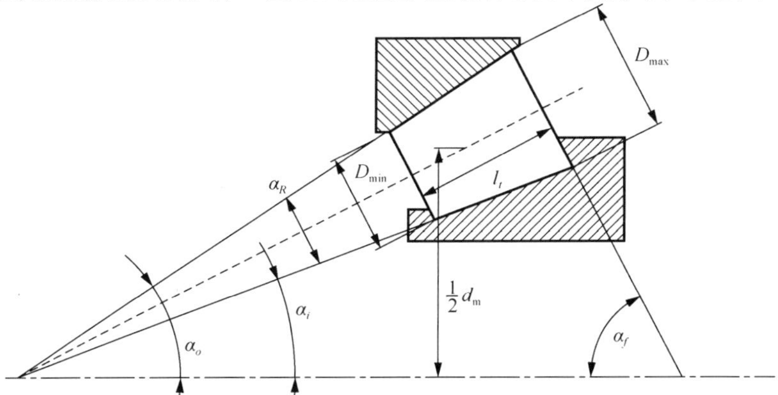

图 3.7　圆锥滚动体轴承内部尺寸示意图

有着对称形滚动体的圆锥滚动体轴承通常在内圈都会有一个固定的引导挡边。图 3.8 表明了轴承中圆锥滚动体的几何关系和载荷状况[76]。

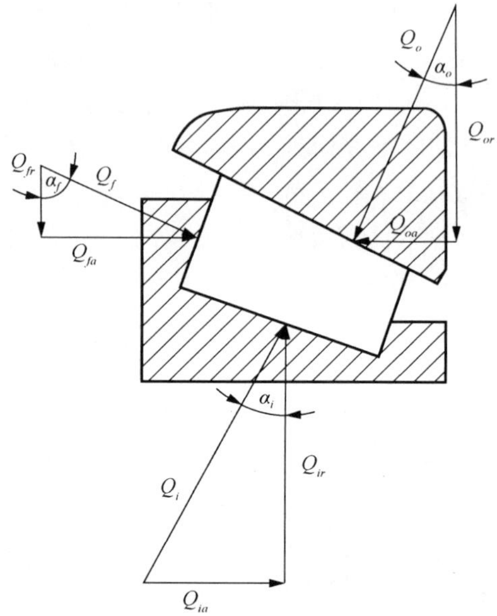

图 3.8 圆锥滚动体轴承的几何关系和载荷状况

挡边将承受来自滚动体端部的载荷。如果作用在轴承上的径向载荷是 Q_{ir}，则将产生如下的载荷：

$$Q_i = \frac{Q_{ir}}{\cos\alpha_i} \tag{3.1}$$

$$Q_{ia} = Q_{ir}\tan\alpha_i \tag{3.2}$$

为了静力平衡，在任意方向上的合力必须为零，

$$Q_{ir} - Q_{fr} - Q_{or} = 0 \tag{3.3}$$

$$Q_{ia} + Q_{fa} - Q_{oa} = 0 \tag{3.4}$$

从而可得

$$Q_o = Q_{ir}\frac{\sin\alpha_f + \tan\alpha_i\cos\alpha_f}{\sin(\alpha_o + \alpha_i)} \tag{3.5}$$

$$Q_f = Q_{ir}\frac{\sin\alpha_o - \tan\alpha_i\cos\alpha_f}{\sin(\alpha_o + \alpha_i)} \tag{3.6}$$

根据式（3.1）～式（3.6）可知，由作用的径向载荷引起的推力载荷为

$$Q_{oa} = Q_{ir}\frac{\sin\alpha_o(\sin\alpha_f + \tan\alpha_i\cos\alpha_f)}{\sin(\alpha_o + \alpha_i)} \tag{3.7}$$

在所有作用载荷的条件下，都会在滚动体端部和挡边之间产生载荷，因而轴承的平衡方程也必须相应地加以改变[77]。

滚动体的载荷平衡方程是

$$\omega\sum_{m=1}^{2}c_m\cos\alpha_m\sum_{\lambda=1}^{k}q_{mj\lambda}-Q_{fj}\cos\alpha_f=0 \tag{3.8}$$

$$\omega\sum_{m=1}^{2}c_m\sin\alpha_m\sum_{\lambda=1}^{k}q_{mj\lambda}+Q_{fj}\sin\alpha_f=0 \tag{3.9}$$

在式（3.8）和式（3.9）中，系数 $c_1=-1$，$c_2=+1$。径向平面内滚动体的力矩平衡方程是

$$\omega^2\sum_{m=1}^{2}\ \sum_{\lambda=1}^{k}q_{mj\lambda}\left[\lambda-\frac{1}{2}(k+1)\right]-R_fQ_{fj}=0 \tag{3.10}$$

式中，R_f是滚动体旋转轴到滚动体端面-挡边接触中心的半径。与滚动体歪斜关联的启动和抵抗力矩的平衡方程是

$$\frac{1}{2}luQ_{fj}-\frac{\omega^3\xi_j}{d_m+D}\sum_{m=1}^{2}\ \sum_{\lambda=1}^{k}q_{mj\lambda}\left[\lambda-\frac{1}{2}(k+1)\right]^2q_{mj\lambda}=0 \tag{3.11}$$

式中，l 是滚动体长度；u 是滚动体端面与套圈挡边之间的滑动摩擦系数。

关于轴承内圈的力和力矩平衡方程是

$$F_r-\omega\sum_{j=1}^{Z}\cos\psi_j\left(\sum_{\lambda=1}^{k}q_{2j\lambda}\cos\alpha_2-Q_{fj}\cos\alpha_f\right)=0 \tag{3.12}$$

$$F_a-\omega\sum_{j=1}^{Z}\left(\sum_{\lambda=1}^{k}q_{2j\lambda}\sin\alpha_2-Q_{fj}\sin\alpha_f\right)=0 \tag{3.13}$$

$$M-\omega\sum_{j=1}^{Z}\cos\psi_j\left[\sum_{\lambda=1}^{k}q_{2j\lambda}\cos\alpha_2-Q_{fj}(r_{fz}\sin\alpha_f-r_{fx}\cos\alpha_f)\right]=0 \tag{3.14}$$

式中，下角标 2 对应于内圈滚道；Z 是滚动体个数；M 是力矩。

滚动轴承中的运动通常是一些复杂的运动，比如一滚动轴承安装在转速为 n（r/min）的轴上，滚动体以转速 n_m（r/min）绕轴承轴线转动，同时以转速 n_n（r/min）绕自身轴线旋转。在多数工况下，特别是在轴承或外圈低速工况下，这些内部的速度能够用简单的运动学关系式计算出足够精确的结果，阻碍滚动轴承旋转运动的是摩擦力矩，用摩擦力矩以及轴承外圈的速度可以计算轴承的功率损失。在滚动轴承试验的基础上，已经建立了相对低速工况下计算摩擦力矩的经验公式。但是对于高速列车轴承来说，其滚动体的离心力和陀螺力矩增大，由滑动引起的摩擦显著增加。

滚动轴承所承受的载荷一般是通过轴传递给轴承的，但是有时也通过与外圈接触的部分传递给轴承，例如轮毂轴承。在中重载荷下的球和滚动体轴承，摩擦产生的主要原因是滚动体和滚道接触变形内的滑动造成的滑动摩擦，对于圆柱滚

动体轴承，发生在滚动体端面与内挡边、外挡边或内外两个挡边之间的滑动是产生摩擦的主要原因。对于高速列车圆锥滚动体轴承，发生在滚动体端面与内圈或外圈大挡边处的滑动是产生摩擦的主要原因。

本书所分析的高速列车圆锥滚动体轴承是成对安装的，一般情况下，要消除游隙才能实现无载荷时线对线的匹配。对于实际承受径向作用载荷的轴承来说，这是可能实现的。然而，在室温装配时要保留小量的轴向游隙，以便圆锥滚动体在更高温度下运行时能达到希望的载荷分布。因此，圆锥滚动体轴承的轴向游隙也与轴承配对有关。

3.2.1 滚动体与滚道之间的受力分析

双列圆锥滚动体轴承的几何示意图如图 3.9 所示。滚动轴承坐标系分成三大部分，分别是轴承空间（惯性）坐标系、圆锥滚动体坐标系和外圈坐标系。坐标系如图 3.9 所示，X、Y、Z 分别表示轴向、水平方向、垂直方向。下标 $r1$ 表示第一列轴承的滚动体，$r2$ 表示第二列轴承的滚动体。

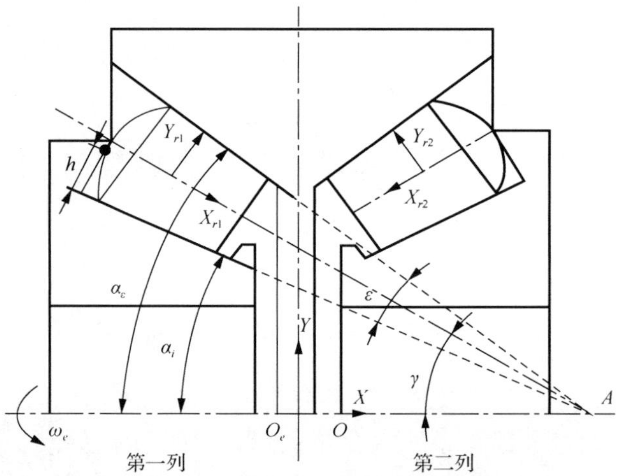

图 3.9 双列圆锥滚动体轴承几何示意图

高速列车轴承在列车运行过程中受轴向载荷及径向载荷的联合作用，这种作用导致滚动体并非稳定地在轴承内部发生滚动，而会使滚动体发生偏转或者倾斜，这些均使研究滚动体与滚道之间的相互作用变得更加复杂。本书利用“切片法”对滚动体与内外圈滚道的接触力进行分析，根据 Hertz 接触理论计算每个滚动体和内外圈滚道之间的切片接触力的公式如下：

$$q_{i(o)jk}=\begin{cases}K_{i(o)}(\delta_{i(o)jk})^{10/9}, & \delta_{i(o)jk}>0\\ 0, & \delta_{i(o)jk}\leqslant 0\end{cases} \tag{3.15}$$

式中，$q_{i(o)jk}$ 表示滚动体 j 上的第 k 个切片与内外圈滚道接触的法向接触力；$\delta_{i(o)jk}$ 表示滚动体 j 上的第 k 个切片与内外圈滚动接触所产生的弹性变形量；$K_{i(o)}$ 表滚动体与内外圈滚道接触的变形载荷常数，它与两部件的几何形状和材料有关；下角标 i、o 分别表示内圈滚道和外圈滚道。

弹性变形量的经验公式如下：

$$\delta = A\frac{Q^{0.9}}{L^{0.8}} \tag{3.16}$$

单位长度上的接触应力大小为

$$q = \frac{\delta^{1.11}}{A^{1.11}\times L^{0.11}} \tag{3.17}$$

式中，L 表示滚动体的有效接触长度，mm；A 表示滚动体在外力作用下的变形系数，$\mathrm{N/mm^2}$。

滚动体与内外圈滚道之间的接触力是全部切片接触力的和，理论上滚动体与内外圈是线接触，可把滚动体上有效接触长度 L 上每一切片的接触应力沿着接触线方向进行积分，结果为

$$Q_{i(o)} = \int_{-l/2}^{l/2} q_{i(o)jk}\mathrm{d}x \tag{3.18}$$

滚动体在运动过程中，不仅与内外圈滚道之间存在着接触应力，还会受到内外圈滚道接触面的拖动力，拖动力产生的原因是滚动体与滚道之间存在润滑剂，当滚动体受到载荷作用后，润滑剂在滚动体与内外圈滚道接触面上形成了一层油膜。滚动体与内外圈滚道间的轴向拖动力及径向拖动力均是摩擦力，滚动体的受力如图 3.10 所示，同样采用切片法进行分析，在滚动体有效长度上进行切片，然后再沿着滚动体接触线方向进行积分：

$$T_{i(o)j} = \int_{-l/2}^{l/2} T_{i(o)jk}\mathrm{d}x \tag{3.19}$$

式中，$T_{i(o)j}$ 表示第 j 个滚动体受到的拖动力。每个切片上的摩擦力为

$$F_{sj}^{k} = \mu\overline{q}_{i(o)jk} \tag{3.20}$$

$$\mu = \begin{cases} \mu_{bd}, & \lambda < 0.01 \\ \dfrac{\mu_{bd}-\mu_{hd}}{(0.01-1.5)^6}(\lambda-1.5)^6, & 0.01 \leqslant \lambda \leqslant 1.5 \\ \mu_{hd}, & \lambda > 1.5 \end{cases} \tag{3.21}$$

式中，μ 表示油膜的拖动系数；μ_{hd} 表示当滚动体与内外圈滚道之间处于完全弹流润滑状态时的油膜拖动系数；μ_{bd} 表示滚动体与内外圈处于边界润滑条件时的油膜拖动系数；$\overline{q}_{i(o)jk}$ 表示一滚动体 j 的第 k 个切片受到接触面的压力；λ 表示油膜参数，该参数与两接触面的摩擦系数有关。

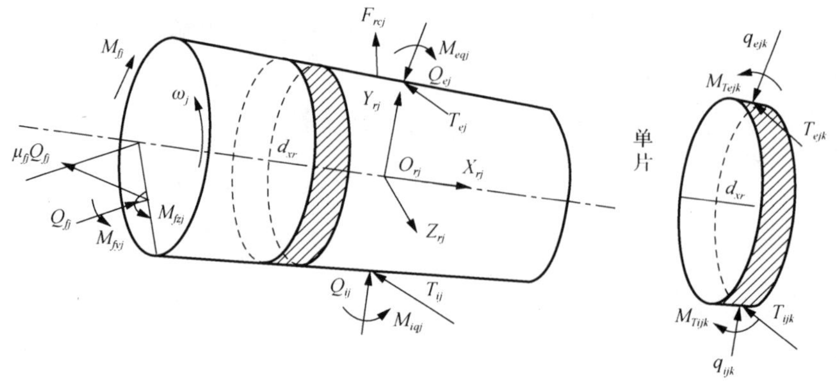

（a）整体图　　（b）单片图

图 3.10　滚动体受力示意图

3.2.2　滚动体与保持架之间的受力分析

滚动体在内外圈之间绕着轴承轴线进行公转，由于滚动体和保持架的转速不同，所以保持架与滚动体之间既有法向作用力，又存在切向摩擦力。滚动体与保持架之间的受力如图 3.11 所示。图中，φ_j 是第 j 个转子与轴线的夹角，ω_c 为角速度，其余符号如前所述。

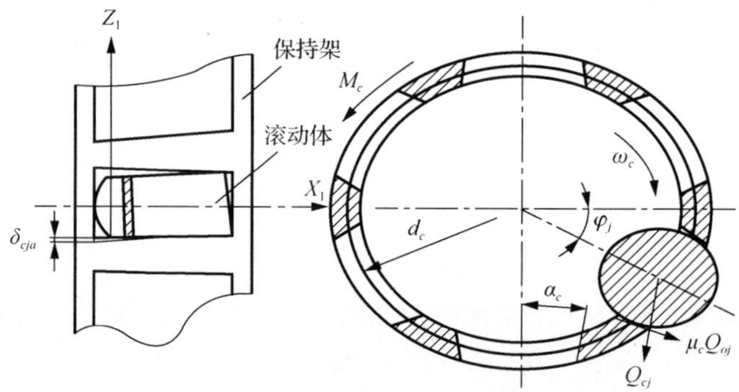

图 3.11　滚动体与保持架受力模型

在计算滚动体与保持架受力的方法同样为“切片法”。滚动体与保持架的法向接触力大小为

$$Q_{cj1(2)}=\begin{cases}0, & \delta_{cjm}\leqslant 0\\ \sum_{m=1}^{\mathrm{NP}}(\delta_{cjm})^{1.11}\dfrac{w}{L^{0.11}A^{1.11}}, & \delta_{cjm}>0\end{cases} \tag{3.22}$$

式中，δ_{cjm} 表示第 j 个滚动体的第 m 个切片上与兜孔的接触变形量；L 表示滚动体的有效接触长度；A 表示载荷与接触变形量之间的系数。

滚动体与保持架的滑动摩擦系数通常为一常数，摩擦力及摩擦力矩的大小分别为

$$摩擦力：F_{cj1(2)} = \mu_{cj} Q_{cj1(2)} \tag{3.23}$$

$$摩擦力矩：M_{cj} = 0.5 D_w (F_{cj1} + F_{cj2}) \tag{3.24}$$

式中，$F_{cj1(2)}$ 表示切片受到接触面的摩擦力；$Q_{cj1(2)}$ 表示法向接触力；μ_{cj} 表示摩擦系数。

3.2.3 滚动体端面与内圈挡边间的受力分析

滚动体在运动过程中轴线方向的自由度被轴承内圈大端面限制，滚动体的几何形状对滚动体与内圈端面的接触应力有很大的影响。先假设圆锥滚动体的大端面是一个球形端面，并假设轴承内圈的大端面形状为圆锥面。按照 Hertz 接触理论分析，滚动体与内圈端面接触处是椭圆状接触区域，如图 3.12 所示。滚动体端面与内圈大端面的接触力计算公式如下：

$$Q_f j = \frac{\pi E' k}{3}\left[2\varepsilon R_{eff}\left(\frac{\delta_{fj}}{F}\right)^3\right]^{1/2} \tag{3.25}$$

$$\varepsilon = \frac{0.5968}{\dfrac{R_\eta}{R_\xi}} + 1.0003 \tag{3.26}$$

$$\frac{1}{R_{eff}} = \frac{1}{R_\eta} + \frac{1}{R_\xi} \tag{3.27}$$

$$k = 1.0339\left(\frac{R_\eta}{R_\xi}\right)^{0.636} \tag{3.28}$$

$$F = 0.6023 L_n \frac{R_\eta}{R_\xi} + 1.5277 \tag{3.29}$$

$$\frac{1}{E'} = \frac{1}{2}\left(\frac{1-\mu_1^2}{E_1} + \frac{1-\mu_2^2}{E_2}\right) \tag{3.30}$$

式中，δ_{fj} 为滚动体端面与内圈大端面的接触变形；E_1、E_2 为滚动体和内圈材料的弹性模量；μ_1、μ_2 为滚动体和内圈的泊松比；R_η、R_ξ 分别为滚动体和内圈接触的等效曲率半径；L_n 为偏斜中心至大挡边的距离。

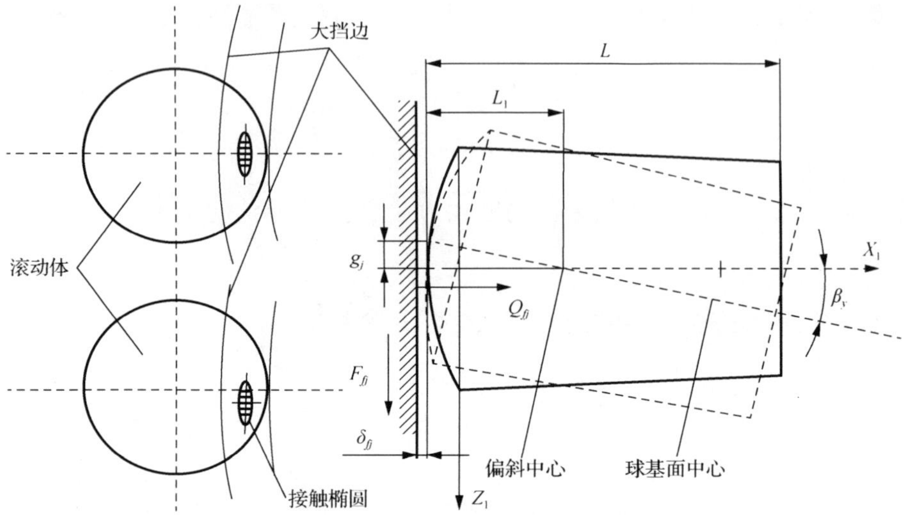

图 3.12　圆锥滚动体与内圈端面受力模型

3.3　高速列车轴承的动力学微分方程

根据轴承各部件之间的相互作用力、欧拉方程及牛顿运动定力，可以得到轴承内圈、滚动体、保持架的平动及转动动力学微分方程。

3.3.1　圆锥滚动体动力学微分方程

滚动体动力学微分方程分为平动动力学微分方程和转动动力学微分方程。

平动动力学微分方程如下：

（1）X 方向质心平动方程为

$$m_r \ddot{x}_j = \mp Q_{ej} \sin\alpha \pm Q_{ij} \sin\beta \pm Q_{fj} \cos\theta \mp Q_{cyj} \sin\gamma \mp Q_{czj} \sin\varepsilon \tag{3.31}$$

（2）Y 方向质心平动方程为

$$\begin{aligned} m_r \ddot{y}_j = {} & Q_{ej} \cos\alpha \cos\varphi_j + T_{ej} \sin\varphi_j - Q_{ij} \cos\beta \cos\varphi_j - T_{ij} \sin\varphi_j \\ & + Q_{fj} \sin\theta \cos\varphi_j - \mu_{fj} Q_{fj} \sin\varphi_j + Q_{cyj} \cos\alpha \cos\varphi_j \\ & \mp Q_{czj} \cos\gamma \sin\varphi_j \pm (F_{cj1} - F_{cj2}) \cos\theta_0 \cos\varphi_j \\ & + (F_{cj1} + F_{cj2}) \sin\theta_0 \sin\varphi_j - F_{rcj} \cos\varphi_j \end{aligned} \tag{3.32}$$

（3）Z 方向质心平动方程为

$$\begin{aligned} m_r\ddot{z}_j = & -Q_{ej}\cos\alpha\cos\varphi_j + T_{ej}\sin\varphi_j + Q_{ij}\cos\beta\cos\varphi_j - T_{ij}\sin\varphi_j \\ & -Q_{fj}\sin\theta\sin\varphi_j - \mu_{fj}Q_{fj}\cos\varphi_j - Q_{cyj}\cos\gamma\sin\varphi_j \mp Q_{czj}\cos\varepsilon\cos\varphi_j \\ & \mp(F_{cj1}-F_{cj2})\cos\theta_0\sin\varphi_j + (F_{cj1}+F_{cj2})\sin\theta_0\cos\varphi_j + F_{rcj}\sin\varphi_j \end{aligned} \tag{3.33}$$

圆锥滚动体转动动力学微分方程如下：

$$J_x\dot{\omega}_{xj} = -M_{Tej}\cos\gamma - M_{Tij}\cos\gamma \pm M_{fyj}\sin\gamma - M_{fj}\cos\gamma - M_{cj}\cos\gamma \tag{3.34}$$

$$\begin{aligned} J_y\dot{\omega}_{yj} = & M_{eqj}\sin\varphi_j \mp M_{Tej}\sin\gamma - M_{fj}\cos\gamma - M_{cj}\cos\gamma - M_{fyj}\cos\gamma\cos\varphi_j \\ & +M_{fzj}\sin\varphi_j \mp M_{fj}\sin\gamma\cos\varphi_j \mp M_{cj}\sin\gamma\cos\varphi_j \end{aligned} \tag{3.35}$$

$$\begin{aligned} J_z\dot{\omega}_{zj} = & M_{eqj}\cos\varphi_j \pm M_{Tej}\sin\gamma\sin\varphi_j + M_{iqj}\cos\varphi_j \pm M_{Tij}\sin\gamma\sin\varphi_j \\ & + M_{fyj}\cos\gamma\cos\varphi_j + M_{fzj}\cos\varphi_j \pm M_{fj}\sin\gamma\sin\varphi_j \pm M_{cj}\sin\gamma\sin\varphi_j \end{aligned} \tag{3.36}$$

式中，在计算两列圆锥滚动体轴承时，第一列轴承的正负号均取上面的符号，第二列轴承取下面的符号；m_r 表示每个滚动体的质量；$\ddot{x}_j$、$\ddot{y}_j$、$\ddot{z}_j$ 分别表示滚动体在 X、Y、Z 方向上的加速度；φ_j 表示在空间坐标系下滚动体所在轴承的方位角；J_x、J_y、J_z 表示滚动体在三个方向的转动惯量。

3.3.2　保持架动力学微分方程

高速列车轴承保持架为筐形，若轴承没有保持架，滚动体就能相互接触。由于每个滚动体的公转速度不同，相互接触会产生很大摩擦力，阻碍轴承运动。保持架的作用是将滚动体均匀分开，避免滚动体之间摩擦引起的温度升高，并能引导滚动体从非承载区进入承载区，保持架还能起到合理分配润滑剂及减振的作用。保持架的动力学微分方程为

$$m_c\ddot{x}_c = \int_0^{2\pi}(\mp Q_{cyj}\sin\gamma \mp Q_{czj}\sin\varepsilon)\mathrm{d}\varphi \tag{3.37}$$

$$\begin{aligned} m_c\ddot{y}_c = G_c + \int_0^{2\pi}\Big[& Q_{cyj}\cos\gamma\cos\varphi_j \mp Q_{czj}\cos\varepsilon\sin\varphi_j \pm \left(F_{cj1}-F_{cj2}\right)\cos\theta_0\cos\varphi_j \\ & +(F_{cj1}+F_{cj2})\sin\theta_0\sin\varphi_j\Big]\mathrm{d}\varphi \end{aligned} \tag{3.38}$$

$$\begin{aligned} m_c\ddot{z}_c = \int_0^{2\pi}\Big[& -Q_{cyj}\cos\gamma\sin\varphi_j \mp Q_{czj}\cos\varepsilon\cos\varphi_j \mp \left(F_{cj1}-F_{cj2}\right)\cos\theta_0\sin\varphi_j \\ & +(F_{cj1}+F_{cj2})\sin\theta_0\cos\varphi_j\Big]\mathrm{d}\varphi \end{aligned} \tag{3.39}$$

$$\begin{bmatrix} J_x\ddot{\omega}_{cx} \\ J_y\ddot{\omega}_{cy} \\ J_z\ddot{\omega}_{cz} \end{bmatrix} = \sum_{j=1}^{z}\left(\begin{bmatrix} \cos\gamma & 0 & 0 \\ 0 & \mp\cos\varphi_j & 0 \\ 0 & 0 & \pm\sin\varphi_j \end{bmatrix}\begin{bmatrix} -M_{cj} \\ M_{cj}\sin\gamma \\ M_{cj}\sin\gamma \end{bmatrix}\right) \tag{3.40}$$

式中，m_c 表示保持架的质量；$\ddot{x}_c$、$\ddot{y}_c$、$\ddot{z}_c$ 分别表示保持架在 X、Y、Z 方向上的加速度；G_c 表示重力；$\ddot{\omega}_{cx}$、$\ddot{\omega}_{cy}$、$\ddot{\omega}_{cz}$ 分别表示保持架在三个方向上的角加速度；

φ_j 表示在空间坐标系下滚动体所在轴承的方位角；J_x、J_y、J_z 表示滚动体在三个方向的转动惯量。

3.3.3 轴承内圈动力学微分方程

以轴承内圈为动圈进行分析，内圈主要受到来自滚动体的接触力及歪斜力矩等，而且还需要承受与滚动体之间的接触载荷。以轴承内圈作动圈的动力学微分方程为

$$\begin{bmatrix} m_e\ddot{x}_e \\ m_e\ddot{y}_e \\ m_e\ddot{z}_e \end{bmatrix} = \sum_{j=1}^{Z}\left(\begin{bmatrix} \sin\alpha_e & 0 & 0 \\ 0 & \cos\varphi_j & \sin\varphi_j \\ 0 & -\sin\varphi_j & \cos\varphi_j \end{bmatrix}\begin{bmatrix} \mp Q_{ej} \\ Q_{ej}\cos\alpha_e \\ T_{ej} \end{bmatrix}\right) + \begin{bmatrix} 0 \\ G_e \\ 0 \end{bmatrix} \tag{3.41}$$

$$\begin{bmatrix} J_e\ddot{\omega}_{ex} \\ J_e\ddot{\omega}_{ey} \\ J_e\ddot{\omega}_{ez} \end{bmatrix} = \sum_{j=1}^{Z}\left(\begin{bmatrix} \cos\gamma & 0 & 0 \\ 0 & \sin\varphi_j & \mp\cos\varphi_j \\ 0 & \cos\varphi_j & \pm\sin\varphi_j \end{bmatrix}\begin{bmatrix} -M_{Tej} \\ M_{eqj} \\ M_{Tej}\sin\gamma \end{bmatrix}\right) \tag{3.42}$$

式中，m_e 表示轴承内圈的质量，$\ddot{x}_e$、$\ddot{y}_e$、$\ddot{z}_e$ 分别表示保持架在 X、Y、Z 方向上的加速度；G_e 表示重力；$\ddot{\omega}_{ex}$、$\ddot{\omega}_{ey}$、$\ddot{\omega}_{ez}$ 分别表示保持架在 X、Y、Z 方向上的角加速度；J_e 表示内圈的转动惯量。

3.4 高速列车轴承动态特性分析

高速列车轴承在列车高速运行过程中存在周期性的运动规律，并且在整个周期内轴承存在多种工作状态。在不同的工作状态中，高速列车轴承的动态特性会影响轴承的寿命及可靠性。轴承在列车运行时会出现不同类型、不同程度的损伤，尤其在高速情况下，轴承更易发生故障。轴承初始的微小故障会在很短的时间内迅速扩大，严重时会造成列车脱轨[51]。

本章针对轴承在不同转速及载荷下轴承应力的分布及振动情况对高速列车轴承动态特性进行分析。利用仿真的方法了解轴承在故障状态下的故障特征，并对其进行及时的、有针对性的实时监测，是避免事故的有效手段。高速列车轴承在工作时，由于滚动体与内圈滚道、外圈滚道、保持架兜孔的接触面上互相产生交变的接触力，这些表面某些疲劳强度低的地方就很容易产生微裂纹，并随着时间的推移逐渐扩展形成剥落。

本章利用 ANSYS/LS-DYNA 对轴承进行动力学分析与仿真，得到轴承的各项动力学参数，从中提取出轴承故障时的故障特征，为高速列车轴承的振动传感器布置和轴承在线检测仪的研制提供必要的理论支撑。

3.4.1　高速列车轴承有限元模型的建立

LS-DYNA 是一款功能非常强大的显示动力学分析软件，该软件在求解非线性高速碰撞及动态冲击问题时优势非常显著，并能高效处理非线性接触等非线性问题，程序包含拉格朗日算法、任意拉格朗日-欧拉（arbitrary Lagrange-Euler，ALE）算法和欧拉算法，但使用最多的还是利用拉格朗日算法进行显示动力学结构分析[78]。

目前常用的静力学分析基本上是采用隐式分析，需要通过迭代求解线性方程组。而显式动力学采用差分格式对动力学方程进行计算，该计算方法不需要进行迭代，缩短了计算机计算时间。在显示动力学计算中，求解方程[79]

$$M\ddot{a}(t)+C\dot{a}(t)+Ka(t)=Q(t) \tag{3.43}$$

式中，M 表示质量矩阵；$\ddot{a}(t)$ 表示节点加速度；C 表示阻尼矩阵；$a(t)$ 表示节点位移；$\dot{a}(t)$ 表示节点速度；K 表示刚度矩阵；$Q(t)$ 表示载荷。ANSYS/LS-DYNA 中运动方程用中心差分格式进行积分，积分后某一节点加速度、速度、位移之间的关系为

$$\ddot{a}_t=\frac{1}{\Delta t^2}(a_{t-\Delta t}-2a_t+a_{t+\Delta t}) \tag{3.44}$$

$$\dot{a}_t=\frac{1}{\Delta t}(-a_{t-\Delta t}+a_{t+\Delta t}) \tag{3.45}$$

通过式（3.45）可以求得不同点在任意时刻的速度、加速度、位移情况：

$$\left(\frac{1}{\Delta t^2}M+\frac{1}{2\Delta t}C\right)a_{t+\Delta t}=Q_t-\left(K-\frac{2}{\Delta t^2}M\right)a_t-\left(\frac{1}{\Delta t^2}M-\frac{1}{2\Delta t}C\right)a_{t-\Delta t} \tag{3.46}$$

本节以 SKF 生产的 TBU-BT2-8545-AD 型双列圆锥滚动体轴承为研究对象进行建模。实际建模的具体参数如表 3.1 所示。由于滚动轴承工作时内部各部件的运动情况比较复杂，一般情况下轴承的内圈和轴采用过盈配合装配的，在摩擦力的作用下内圈随着主轴旋转，滚动体不仅绕轴承轴向方向进行公转，而且还绕着滚动体轴线进行自转。由于高速列车轴承是双列圆锥滚动体轴承，两列轴承的结构及材料属性都相同，为了节省计算时间，只对其中一列进行建模。滚动体的受力随着位置的不同而不同，针对轴承这一运动特点，在仿真过程中需要模拟[80]：①忽略密封圈、防尘盖等部件对轴承动力学的影响；②不考虑倒角、游隙以及油膜对轴承动力学的影响；③轴承与轴承座采用过盈配合装配在一起，所以可将轴承外圈外表面看作是刚性的，并在建模过程中约束外圈外表面全部自由度；④轴承在实际运动过程中，轴向方向是直接与轴肩接触的，轴向方向无滑移，在有限元模型中，约束轴承内外圈的轴向自由度。

表 3.1 双列圆锥滚动体轴承相关参数

外径/mm	内径/mm	轴承宽度/mm	节圆直径/mm	接触角/(°)	滚动体个数	滚动体平均直径/mm	滚动体有效长度/mm
230	130	160	180.5	10	18	23	45

在轴承的建模过程中，轴承是规则回转体，可先建立双列圆锥滚动体轴承截面关键点及线，再通过旋转、阵列、布尔裁剪等一系列前期处理将模型建立。双列圆锥滚动体轴承的具体参数如表 3.1 所示，建立轴承的三维模型如图 3.13 所示。

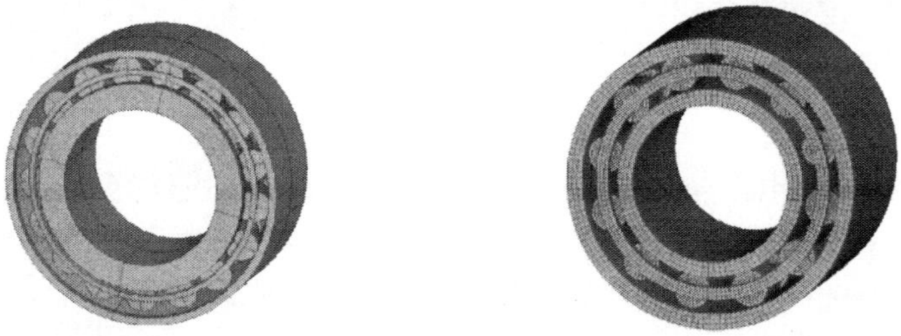

（a）划分网格前　（b）划分网格后

图 3.13 圆锥滚动体轴承三维模型

由高速列车轴承的工作特点，尤其是滚动体与保持架之间复杂的受力及运动关系，在进行动力学仿真时，需要做如下假设[50]：

（1）不考虑轴承两端的端盖、油挡环等密封装置的影响；

（2）不考虑滚动体及内外圈倒角对应力分布的影响；

（3）高速列车轴承采用酯润滑，且轴承单元出厂时轴承的径向及轴向游隙均已调整好，所以不考虑轴向、径向间隙对油膜的影响；

（4）轴承内圈与轮对轴座过盈配合，在仿真模型中假定轴承内圈内表面三个方向位移自由度被限制，并且滚动体、内外圈、保持架均为弹性材料。

高速列车轴承材料均为弹性材料，轴承内外圈和滚动体材料为轴承钢，保持架的材料为塑钢，早期保持架材料为冲压钢，塑钢保持架可以有效降低轴承内部的温度，并且能提高轴承性能和可靠性。各部件的具体参数如表 3.2 所示。

表 3.2 轴承各部件材料参数

元件名称	密度 ρ/(kg/m^3)	弹性模量 E/Pa	泊松比 μ
外圈	7806	2.04×10^{11}	0.3
滚动体	7750	2.06×10^{11}	0.28
保持架	7800	1.96×10^{11}	0.26
内圈	7850	2.06×10^{11}	0.28

在定义“接触”之前，网格的划分至关重要。网格质量将直接影响计算的精度和速度。选择 SOLID164 六面体单元，采用扫略网格的方法将内圈、外圈、滚动体及保持架进行网格划分，轴承的有限元模型如图 3.13（a）所示。由轴承转动的特点可知轴承内部元件之间一共包含三种接触：第一种是滚动体与外圈滚道的接触，第二种是滚动体与内圈滚道的接触，第三种是滚动体与保持架兜孔之间的接触。在有限元模型中，由于不确定滚动体在任意时刻具体接触面的位置，所以设置这三种接触均为“面对面”接触。考虑到摩擦的影响，在创建接触对时设置滚动体与内圈滚道表面和外圈滚道表面的静摩擦系数 f_s 为 0.1，动摩擦系数 f_D 为 0.05，滚动体与保持架兜孔面的静摩擦系数设置为 0.002，动摩擦系数设置为 0.001。

在 ANSYS/LS-DYNA 非线性动力学有限元分析中，网格划分的品质直接影响仿真结果，在有限元前处理时需要控制“沙漏”，沙漏产生的主要原因就是在有限元中实体单元及壳单元发生了高频率的振荡，这种振荡能使物体模型的网格发生大的变形。只有将沙漏控制在一定的范围才能得到准确的计算结果。通常采用全积分单元、网格细化、载荷加在节点组上等一系列方法能更好地控制沙漏效应[79]。

通过对沙漏的控制，对轴承进行网格划分，内圈、外圈、滚动体及保持架均采用 SOLID164 单元，并把保持架等部件利用布尔操作分割成规则图形，再利用扫略网格、映射网格划分的方法进行划分，将滚动体、保持架及内外圈均划成六面体单元。轴承在运转时，主要研究滚动体与内外圈滚道之间的接触及滚动体与保持架的接触分析，所以对滚动体及内外圈滚道周围的网格进行细化，其他部位网格可以划分得大一些，不影响仿真结果，并且节省计算时间。

采用 SOLID164 单元划分网格时，由于该单元类型没有旋转自由度，在动力学分析过程中，无法定义内圈转速，并且保持架无法绕轴线方向公转，所以对滚动轴承的内圈内表面及保持架内表面用壳单元 SHELL163 再进行网格划分，并定义这两个表面为刚性表面，限制其他所有自由度，只留下绕着轴线转动的自由度。这样就解决了 SOLID164 单元不能定义转速的问题。网格划分后的模型如图 3.13（b）所示，共有 51434 个单元，60614 个节点。

施加载荷及限制约束：为了模拟高速列车轴承在实际工作时的工况，对轴承外表面所有自由度进行约束，对保持架限制除自身轴线方向的旋转自由度外的其他全部自由度，内圈限制轴向方向自由度及除自身轴向外的旋转自由度。对轴承的内圈表面施加转速，由于动车组列车的行驶速度为 300km/h，则施加的转速为 ω= 92.6rad/s，并且在刚性的内圈内表面上的节点施加 40kN 的径向载荷，在轴承外圈侧面的节点上施加 12kN 的轴向载荷。

滚动轴承在进行动力学分析时，接触问题是最关键的问题，轴承的滚动体与内外圈及保持架均是通过接触来实现力的传递，正确地设置接触是非常重要的。有限元中的接触主要有三种类型：单面接触（single surface contact）、面面接触（surface to surface）和点面接触（node to surface）。单面接触，计算机会自动查找可能接触的表面，不需要设置目标面和接触面，该设置比较简单，但是计算量非常大；面面接触是采用最多的接触方式，可以将接触设置在已知接触区域上，适用于表面之间滚动伴随有滑动的场合，并对接触面的形状没有要求；点面接触适用于各节点贯穿表面的情况。

轴承共存在三部分接触。第一部分为滚动体与内圈滚道间的接触；第二部分为滚动体与外圈滚道间的接触；第三部分为滚动体与保持架兜孔之间的接触。将这三部分接触采用面面接触方式进行定义，在定义滚动体与内圈滚道、外圈滚道和保持架兜孔这三个部件接触时，均选择圆锥滚动体为目标面，选内外圈滚道及保持架兜孔为接触面。每一滚动体都定义 3 对接触，整个双列圆锥滚动体轴承共建立 108 对接触。为了与实际工况相符合，考虑摩擦因素的影响，在 ANSYS/LS-DYNA 中的摩擦系数通过库仑摩擦力公式计算，将轴承润滑及材料之间的摩擦系数综合考虑后，各部件的接触面摩擦系数如表 3.3 所示。

表 3.3 各部件的接触面摩擦系数

目标面/接触面	静摩擦系数	动摩擦系数
内圈滚道	$f_s = 0.1$	$f_D = 0.05$
外圈滚道	$f_s = 0.1$	$f_D = 0.05$
保持架兜孔	$f_s = 0.02$	$f_D = 0.01$

对双列圆锥滚动体轴承进行加载，载荷主要分为径向载荷和轴向载荷。在高速列车轴承的正常运行过程中，轴承的径向载荷主要是由车厢及走形部的重量传递给轴承外圈的，并且该径向载荷的大小与方向几乎不发生变化，方向是垂直于轮对与钢轨接触表面的；轴承还需要承受部分轴向载荷，轴向载荷的大小为径向载荷的 0.2～0.3 倍。由于我国高速列车 CRH5 型动车组的车轴轴重为 16～17t，每根轴上配套安装两组双列圆锥滚动体轴承单元。每个轴承承受的径向载荷与轴向载荷均设为恒定值：径向载荷为 80kN，轴向载荷为 16～24kN。径向载荷均加载在轴承外圈上半圈节点上，轴向载荷加载在内圈端面的节点上。

在添加转速载荷时，按照高速列车的运行速度 250km/h 进行模拟仿真。以 CRH5 型动车组为例，有一种型号的轮对直径为 915mm。通过运行速度计算出内圈的转速为 1475r/min。假设列车匀速直线运行，将该转速载荷直接加载到轴承内圈的刚性表面上。

为了避免在仿真刚开始存在不稳定的阶段，在加载过程中，对轴承径向载荷、轴向载荷及转速载荷均采用分步载荷进行施加，在 0～0.001s 将轴承径向载荷从 0N 以斜坡加载的方式加载到 80kN，同样地，以斜坡加载方式将轴向载荷从 0N 增加到 24kN。对于转速的加载，也是设置在 0～0.001s，内圈的转速从 0r/min 逐渐增加到 1475r/min。

根据列车轴箱轴承的安装方式及运行状况，合理地对轴承添加边界约束。由于轴承的外圈与轴承座采用过盈配合，并且轴承外圈外表面的刚度很大，将外圈外表面所有自由度进行限制。内圈内表面定义为刚体，其限制了 X、Y、Z 方向的移动及绕 Y、Z 轴线的转动自由度。保持架内表面也限制了 X、Y、Z 方向的移动及绕 Y、Z 轴线的转动自由度。对滚动体无须设置自由度，其与各部件直接采用接触来定义完成。

3.4.2　双列圆锥滚动体轴承动力学仿真分析

本书通过速度及位移参数对仿真模型进行对比，查看该动力学模型是否符合数值理论推导结果，并为后续的仿真正确性做基础。根据经典的套圈理论，假设外圈固定不动，内圈以 ω 的速度转动，并且假设滚动体与内外圈滚道之间只发生相对滚动，则

$$\omega_c = \frac{\omega}{2}(1 - \lambda\cos\alpha) \tag{3.47}$$

$$\omega_r = \frac{\omega}{2}\left(\frac{1}{\lambda} - \lambda\cos^2\alpha\right) \tag{3.48}$$

$$\lambda = \frac{D_b}{D_m} \tag{3.49}$$

式中，D_b 表示滚动体的直径；D_m 表示轴承节圆直径；λ 表示滚动体直径与轴承节圆直径的比值；ω_c 表示滚动体公转速度；ω_r 表示滚动体自转速度；α 表示轴承接触角。将轴承模型的具体参数代入式（3.47）～式（3.49）中，并将内圈转速 1475r/min 代入，可以求得滚动体公转速度约为 620.5r/min，滚动体的自转速度约为 4433r/min。

图 3.14 表示轴承各部件的位移随时间的变化曲线。可以看出外圈固定不动，其他部件的运动都是周期性运动。滚动体的公转速度与保持架几乎是一致的，滚动体位移曲线类似围着保持架呈三角函数分布，这是滚动体的自转运动形成的。

从保持架位移曲线可以看出，保持架的周期约为 0.098s，则可以计算出保持架的转速即滚动体公转速度为 612r/min，与式（3.47）计算结果 620.5r/min 相符合。

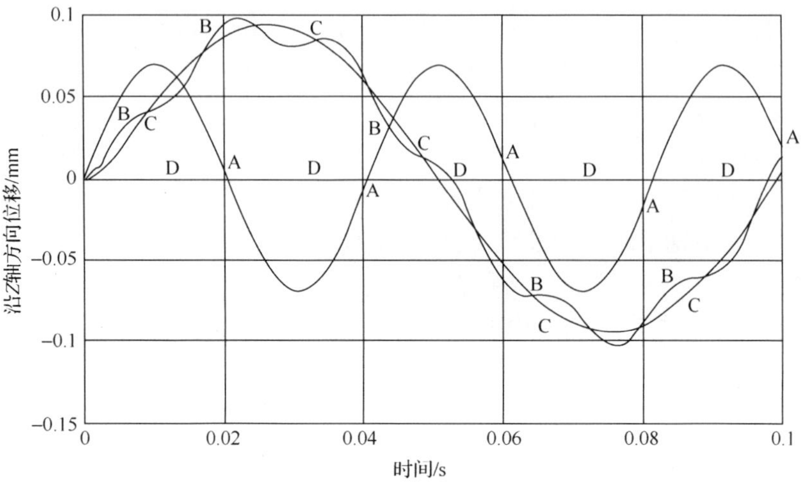

A. 内圈；B. 滚动体；C. 保持架；D. 外圈

图 3.14 轴承各部件在 Z 方向位移曲线

图 3.15 表示滚动体速度随时间变化曲线。由图可以看出，滚动体的速度是呈周期性变化的，由于该模型设置滚动体与滚道之间不发生相对滑动，所以滚动体速度没有降到 0m/s。选取滚动体速度的一个周期，如图 3.15 中选取 0.0356s 与 0.0486s 这两个时间点，可以求得滚动体的自转速度为 4615r/min，与式（3.48）的理论计算值 4433r/min 的误差值在 3%，转速基本吻合。结果的误差可能是滚动体转动过程中发生相对滑动造成的。

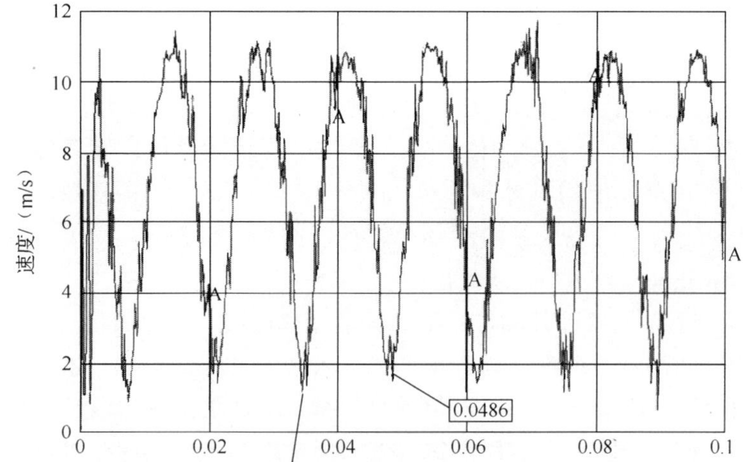

A. 滚动体

图 3.15 滚动体速度随时间变化曲线图

通过上述对滚动体与保持架的速度的验证，说明该有限元模型定义的摩擦系数、接触、边界条件等设置正确，可利用该有限元模型对轴承动力学进行仿真。

3.4.3　载荷对高速列车轴承动态特性的影响

轴承在高速旋转过程中会产生离心力，离心力会增大滚动体与内外圈之间的接触力，滚动体与内圈接触力增加后引起摩擦力增大，导致滚动体与内外圈滚道附近的温度升高，加快轴承磨损。本节分别从轴向载荷及径向载荷对轴承应力分布的影响进行研究。

1. 径向载荷对轴承动态特性的影响

列车运行过程主要承受径向载荷，所以研究不同径向载荷下高速列车轴承的动态特性对进一步延长轴承寿命有指导意义。

图 3.16 表示轴承在两种不同的径向载荷下两列滚动体的接触载荷（F_r 为径向载荷，F_a 为轴向载荷）。可明显看出双列圆锥滚动体轴承两列滚动体的受力是不同的，第一列的接触载荷是第二列的 3～6 倍。即双列圆锥滚动体轴承受联合力时并非两列轴承平均承受总载荷，而是其中一列承受较大载荷，另一列承受较小载荷。

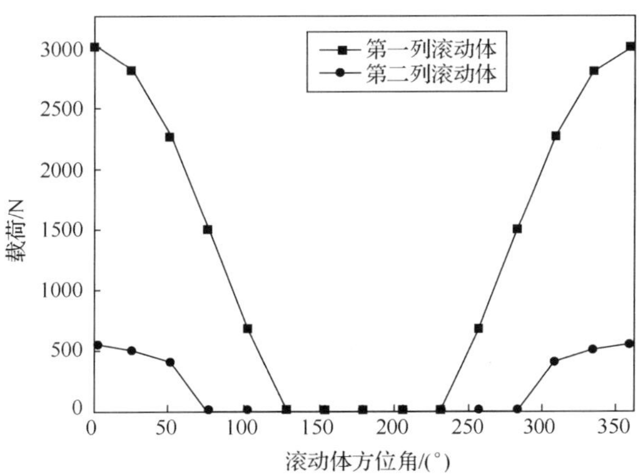

（a）F_r=15kN, F_a=3kN

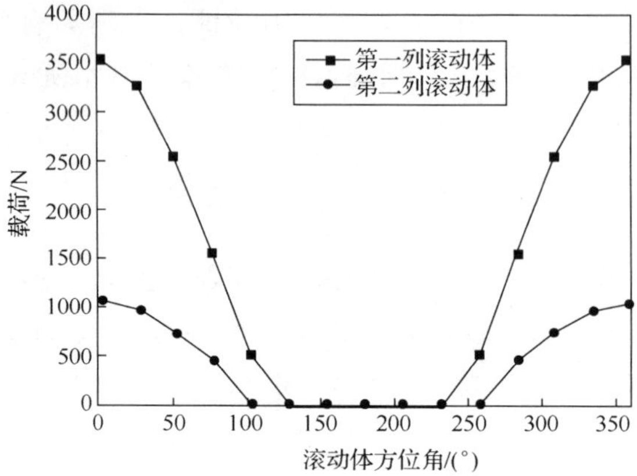

（b）F_r=20kN, F_a=3kN

图 3.16 双列圆锥滚动体轴承的接触载荷分布

查看径向载荷对轴承接触载荷的影响时，选取受力较小的一列滚动体进行分析。图 3.17 表示圆锥滚动体轴承在不同径向载荷、相同轴向载荷下轴承内圈与滚动体之间的接触载荷。从图中可以看出，随着径向载荷的不断增加，滚动体与内圈之间的接触载荷也随之增加。随着径向载荷的不断增加，轴承承受载荷的滚动体数目也不断增加。

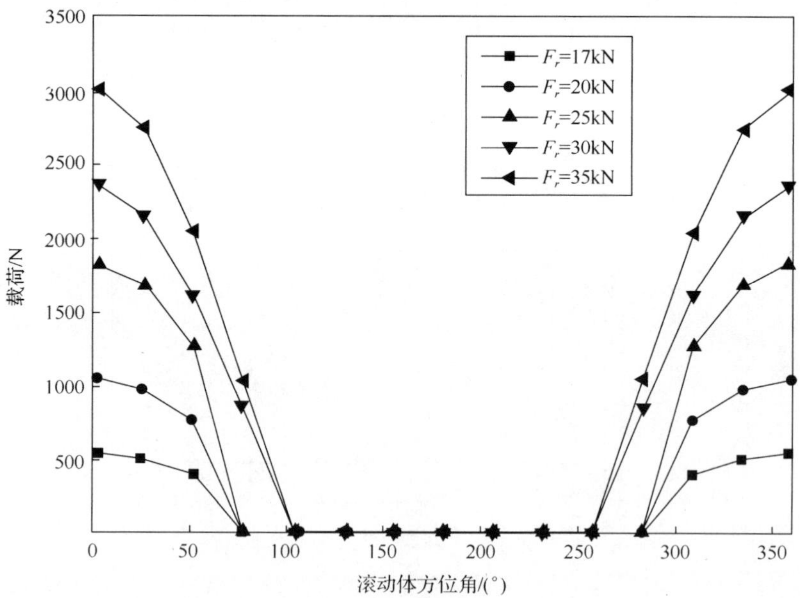

图 3.17 滚动体与内圈接触载荷分布

接触载荷的大小及变化直接影响轴承内部元件的接触应力，由于轴承在运动过程中每个内部元件的应力变化复杂，应了解轴承各元件在运动过程中的应力变化状态。利用 ANSYS/LS-DYNA 有限元查看整体的应力分布，如图 3.18 所示，该图显示了轴承各部件在同一时刻的应力分布。从图中可以看出，由于应力最大处集中在轴承上半区，验证了轴承上半圆周是主要承载区域，尤其是在外圈滚道上母线应力最大。从图中对比最大应力可以得出，滚动体所受应力最大即与实际运行中滚动体损伤是轴承破坏的主要失效形式相吻合。

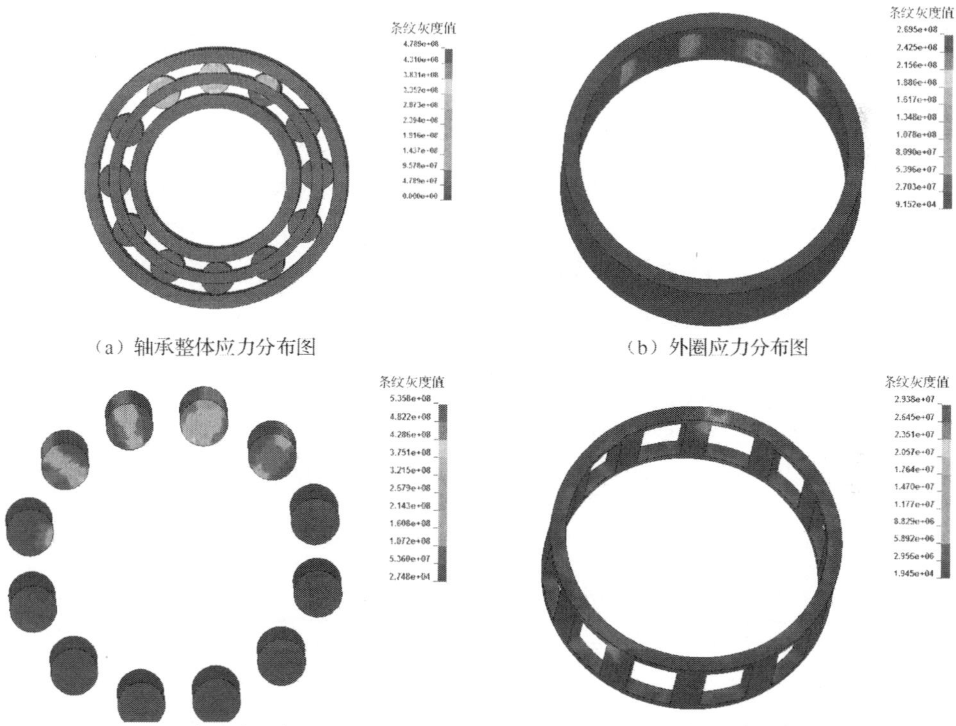

（a）轴承整体应力分布图　（b）外圈应力分布图

（c）滚动体应力分布图　（d）保持架应力分布图

图 3.18　轴承各部件在同一时刻的应力分布图

为更直接地了解轴承各部件在整个运动过程中的应力变化情况，对内外圈、滚动体、保持架在同一周期内出现的最大应力值进行分析。本书以 0.01s 时间间隔对轴承各部件最大应力进行数据采集。采集结果如图 3.19 所示。

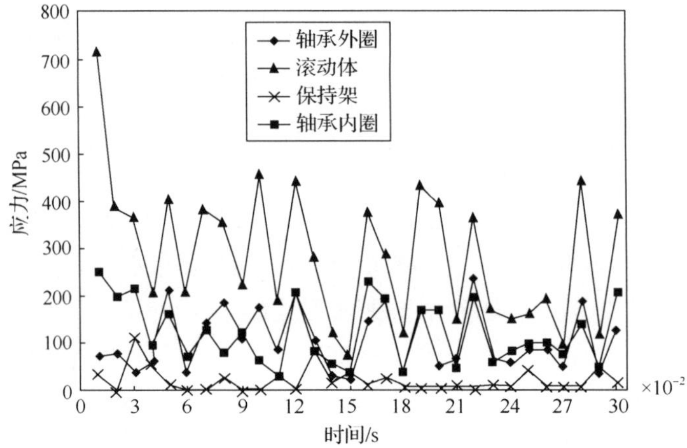

图 3.19　轴承各元件在运动过程的应力曲线

从图 3.19 中可以看出，轴承在运动过程中滚动体应力最大并且应力变化幅度大，保持架应力最小并且变化幅度最小，进一步推断滚动体是轴承元件中最易受损部件。图中各部件的应力变化没有明显的规律，是由于在轴承高速运动过程中，滚动体与内外圈、保持架产生冲击的载荷无规律，且部件之间润滑剂的缓冲作用、装配误差也会导致各部件的间隙增大，各部分接触力无规律，从而各部件的应力没有周期性。

为更充分地研究高速列车轴承在不同径向载荷情况下的动态特性，以不同时刻轴承的最大应力为参照，对不同载荷下轴承的最大应力进行对比分析，以 0.001s 为时间间隔对轴承各部件最大应力进行采样，绘制如图 3.20 所示的应力曲线图。

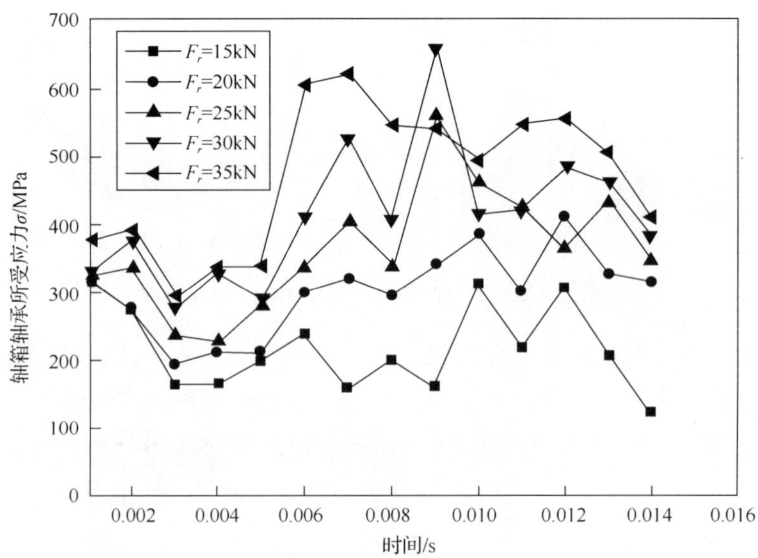

图 3.20　不同径向载荷下轴承应力随时间变化曲线

从图中可观察出，随着径向载荷的增大，轴承各部件的应力趋势也增大。图中个别点的应力并未完全吻合上升趋势，是由于轴承在运动过程中内部元件之间相互碰撞，接触面小产生应力集中现象，个别节点应力突增。但应力分布规律基本上还是随着径向载荷的增大而增大的。

2. 轴向载荷对轴承动态特性的影响

轴向载荷主要是列车转弯或者通过道岔时产生的。轴承受到轴向载荷较小，但轴向载荷并非一个恒定力而是一个交变力。参考欧洲轴承实验标准 BS EN 12080:2007，给轴承施加频率为 0.1Hz 的交变轴向载荷进行性能试验，试验过程中对轴向载荷及径向载荷的要求如图 3.21 所示，图中 V_n 为试验所设定最大速度值的百分比。

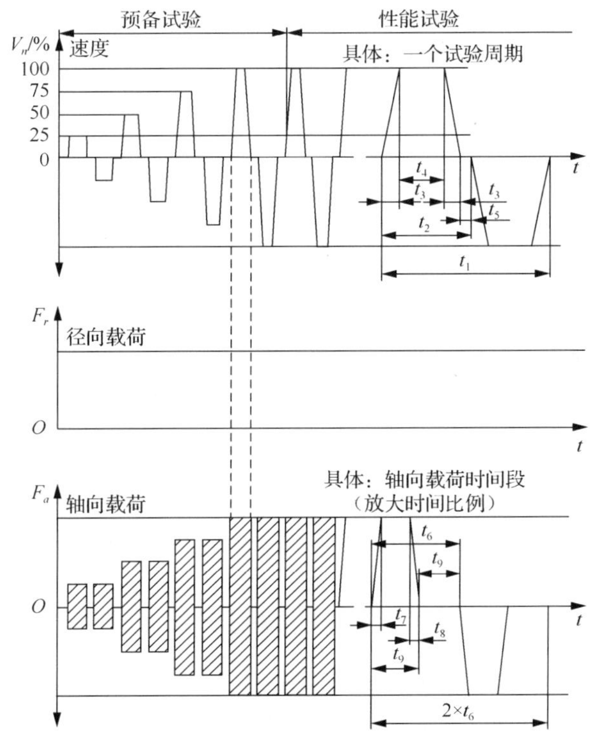

速度	时间								
	t_1/min	t_2/min	t_3/min	t_4/min	t_5/min	t_6	t_7/s	t_8/s	t_9/s
v＞200km/h	240	120	10	90	10	t_7+t_9	5	0.1	0～5
v≤200km/h	480	240	5	220	10	t_7+t_9	5	0.1	0～5

图 3.21　实验标准 BS EN 12080:2007 中对轴向载荷及径向载荷的要求

本书为模拟列车实际工作状态，对轴承施加一个交变的轴向载荷，主要从两个方面对轴承动态特性进行研究：一方面对于轴向载荷大小进行分析；另一方面对交变轴向载荷的交变频率来探究轴承的动态特性。为探究不同轴向载荷对轴承应力分布的影响，选择三组轴向载荷进行动力学仿真，并通过轴承最大应力曲线图来观察轴承轴向载荷对应力分布的影响。

从图 3.22 中可以看出，高速列车轴承的最大应力是随着轴向载荷的增大而增大的。产生这种规律的原因是随着轴向载荷增大，轴承内滚动体与内圈及保持架之间的摩擦增大，接触力增大，这样会使滚动体发生偏斜，轴向载荷越大，滚动体的偏转角度越大，滚动体端面理想是面接触，发生偏转变成线接触甚至点接触，导致滚动体与各滚道之间的接触面积减小，引起应力集中导致应力增大。

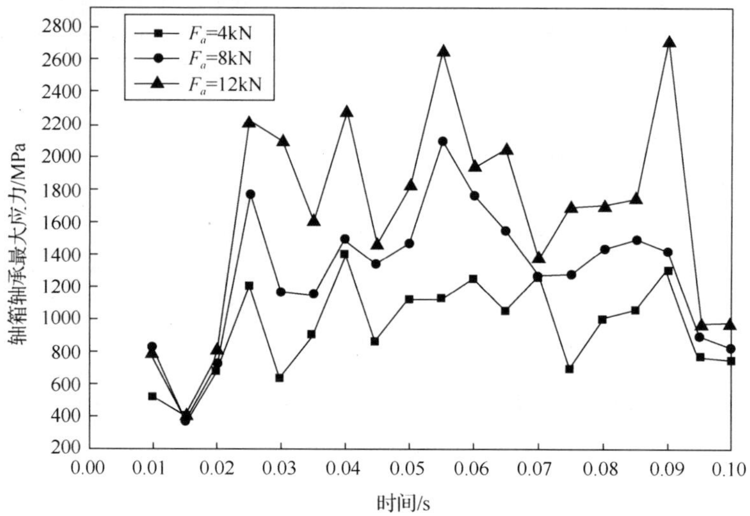

图 3.22 不同轴向载荷下轴承最大应力随时间变化曲线图

还需要考虑交变频率对应力的影响，高速列车轴承轴向交变频率为 0.1Hz，即轴向载荷每 10s 改变轴向载荷方向。在进行有限元动力学时，由于模型的网格节点数多，10s 以上的有限元仿真计算量巨大。本书无法具体对轴向载荷频率对应力的动态特性进行探究，但由于交变频率较低，可以推测交变频率对轴承应力影响较小。

3.4.4 转速对高速列车轴承动态特性的影响

轴承高速旋转下，内部元件之间的接触次数更多，更容易发生失效。本节选取三组不同转速对轴承的应力分布进行分析，分别是 60km/h、120km/h、250km/h。选取轴承外圈上一点的有效应力来对比轴承在不同转速下对应力的影响。

通过图 3.23 可以看出轴承外圈滚道的有效应力随时间的变化规律，滚动体周期性地对外圈滚道进行碰撞，产生周期性接触力。每一周期均为滚动体进入该接触区域，应力逐渐增大，随后滚动体主要承受载荷，滚动体与滚道受到的应力最大，随着滚动体离开接触区应力也减小。

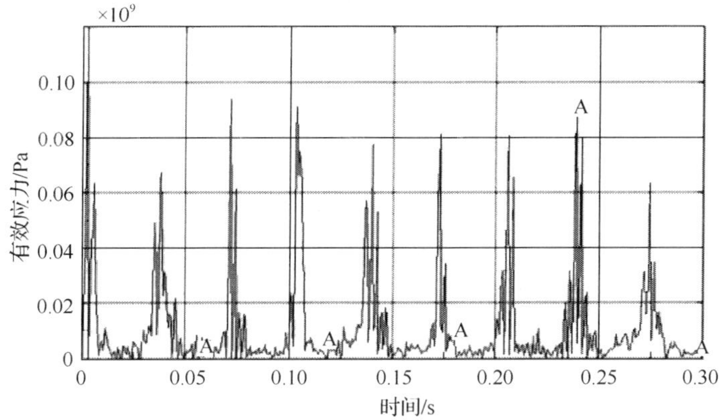

（a）60km/h时外圈有效应力曲线

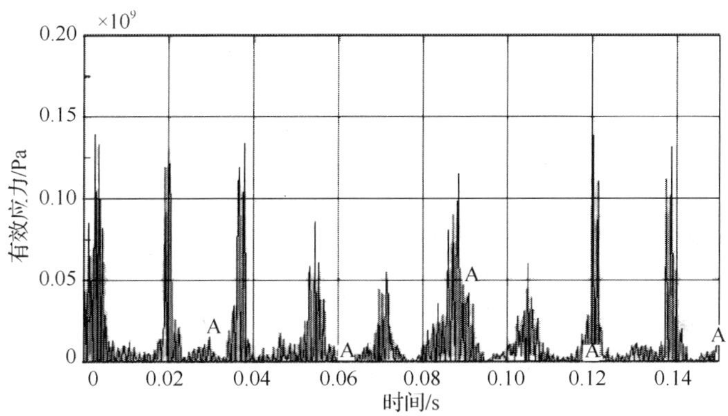

（b）120km/h时外圈有效应力曲线

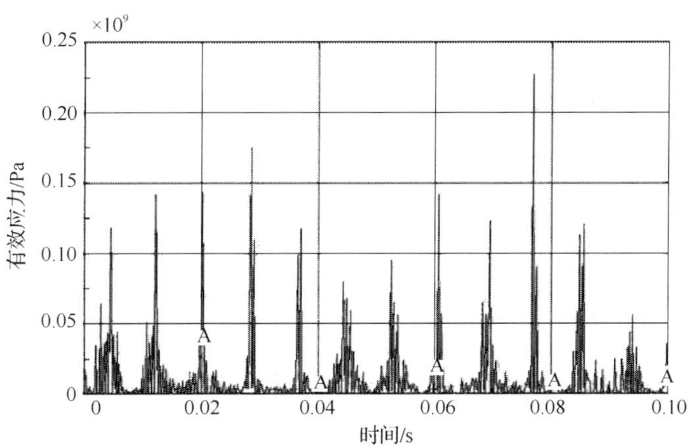

（c）250km/h时外圈有效应力曲线

A. 轴承外圈节点

图 3.23　不同转速下轴承外圈有效应力

对比三组有效应力曲线图可以看出，随着转速的逐渐增大，外圈滚道的应力也增大。60km/h 时最大有效应力基本处在 0.08×10^9Pa 附近，而当列车运行时速达到 120km/h 时轴承外圈的最大有效应力在 0.1×10^9Pa，当时速达到 250km/h 时最大有效应力在 0.15×10^9Pa 左右。产生上述规律的原因是滚动体与保持架产生较大的离心力及陀螺力，这些力会增大滚动体与内外圈及保持架接触表面的冲击力，引起接触面的应力增大，转速越快产生的离心力越大，所以轴承转速越高，接触区域的应力就越高。

3.4.5 故障轴承与正常轴承仿真结果对比分析

对高速列车进行实时监测，利用振动监测轴承是比较可靠的，但是影响轴承振动的因素众多，本节主要从不同故障点对轴承振动进行分析，选取四种故障点进行动力学仿真，并利用小波分解-希尔伯特包络解调对仿真信号进行处理，得到轴承在不同工况下的振动特征，为高速列车轴承的振动诊断提供一定的数据参考及指导。

高速列车轴承主要由滚动体、内圈、外圈及保持架组成，轴承在运行过程中，这几个部件均容易破损导致轴承失效。本节共模拟四种不同位置的故障点进行分析，分别是轴承内圈划痕、外圈划痕、保持架断裂及滚动体破损，所采用的四种故障点的轴承模型运算参数如表 2.2 所示。各个故障点模型如图 2.12 所示。

高速列车轴承在不同元件上出现故障时，对轴承产生的冲击是不同的，因此当不同元件发生故障时，接触点经过该区域的通过频率也不同，该频率即为故障频率，故障频率可以用来判断轴承故障部位。

各个故障部位的故障频率可通过如下公式计算[81]。

滚动体通过外圈某一损伤点的频率为

$$f_0=\frac{Z}{2}f_n(1-\frac{d}{D}\cos\alpha) \tag{3.50}$$

滚动体通过内圈某一损伤点的频率为

$$f_i=\frac{Z}{2}f_n(1+\frac{d}{D}\cos\alpha) \tag{3.51}$$

当滚动体某一点损伤时，通过内圈或外圈的频率为

$$f_b=\frac{f_n}{2}\frac{D}{d}\left[1-(\frac{d}{D}\cos\alpha)^2\right] \tag{3.52}$$

保持架故障特征频率为

$$f_c=\frac{f_n}{2}\frac{D}{d}(1-\frac{d}{D}\cos\alpha) \tag{3.53}$$

式中，f_n 表示轴承内圈的转动频率；Z 表示轴承滚动体个数；d 表示滚动体直径；D 表示轴承节径；α 表示轴承接触角。

利用上述公式可以得出，高速列车在时速 250km/h 时轴承的转速为 1474r/min，

轴承内圈的转动频率为 24.57Hz。通过对不同故障点轴承的动力学仿真，采集轴承外圈同一点上 Y 方向振动加速度信号，具体时域信号如图 3.24 所示。

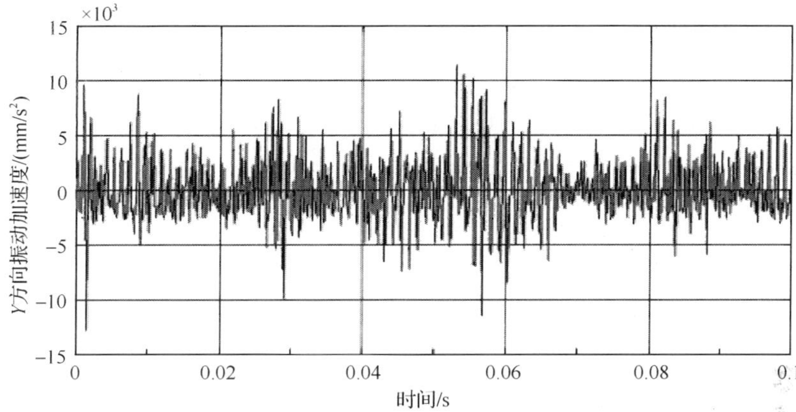

（a）内圈滚道故障振动加速度时域图

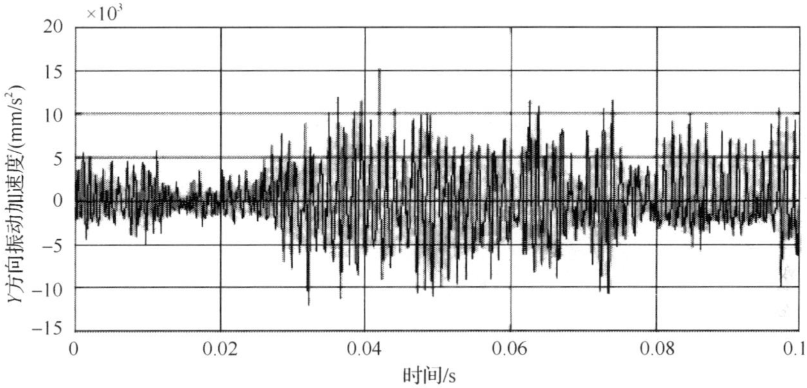

（b）滚动体故障振动加速度时域图

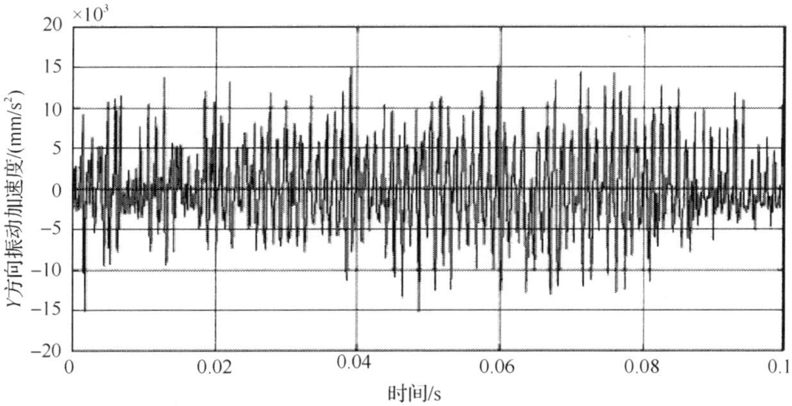

（c）保持架故障振动加速度时域图

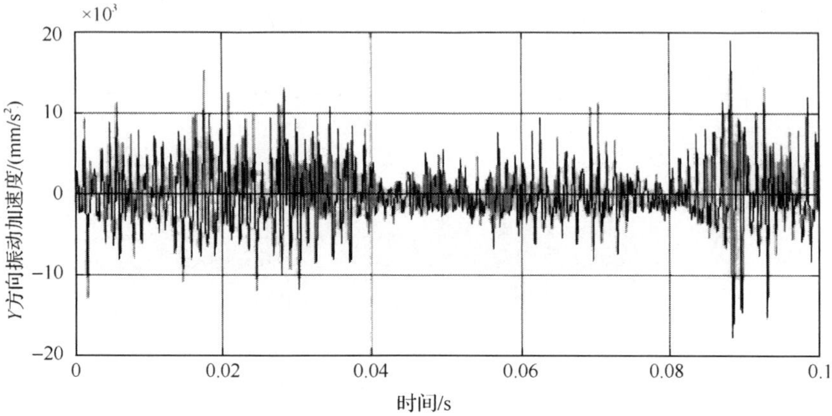

（d）外圈滚道故障振动加速度时域图

图 3.24　各故障点轴承的振动加速度时域图

通过图 3.24 的时域信号无法直观得出轴承不同故障下的振动规律，利用时域分析中的峰值、峭度等参数无法准确预测出轴承故障点位置，因此本节采用小波分解方法对不同故障下的振动信号进行分解。小波分析具有多分辨率，可以从整体到局部逐步观察所测信号，并且非常适合分析非平稳信号，小波非常适合轴承故障信号的处理。本节在 MATLAB 中对高速列车轴承振动加速度进行数据处理，在该环境中进行小波分解-希尔伯特包络谱分析。先将原始信号进行小波分解，在分解中选择合适的小波基对消除干扰非常重要，再将能量相对集中的小波频段信号进行希尔伯特包络分析，最后将包络信号进行 FFT 处理得到包络谱，通过频谱提取出轴承不同故障的特征频率。

本节为了更完整地展现出轴承的故障信息，采用 db10 的小波对不同故障轴承的振动信号进行 8 层小波分解，如图 3.25 所示。从图中可以看出，不同故障轴承在不同分解中均出现冲击信号，且幅值最大的那一层信号能量相对集中，包含更多的轴承振动特征信息。所以选取保持架故障轴承、外圈故障轴承、内圈故障轴承及滚动体故障轴承的 t231 层进行小波分解-希尔伯特包络谱分析，得到四种故障下的包络谱，如图 3.26 所示。

从图 3.26 中均能看到不同故障轴承的特征频率。如图 3.26（a）所示，外圈故障轴承的包络谱中可明显观测到在频率 144.8Hz 附近幅值均很高，该幅值与式（3.50）计算理论值相符。内圈故障轴承的包络谱中可以明显观测到轴承的故障频率为 203.8Hz，与式（3.51）所计算的理论值 200Hz 基本吻合，并且图 3.26（b）中能明显观测出轴承内圈旋转频率 24.57Hz 的倍频 50.7Hz，所以可以通过包络谱直接判断出内圈故障。通过图 3.26（c）观察到幅值最大处集中在 76.47Hz 附近，而 76.47Hz 即是滚动体故障的特征频率。通过图 3.26（d）可以观察到在 64.8Hz 及 131.1Hz 附近均出现明显冲击幅值，所以可以推断出保持架的故障特征频率为 64.8Hz。

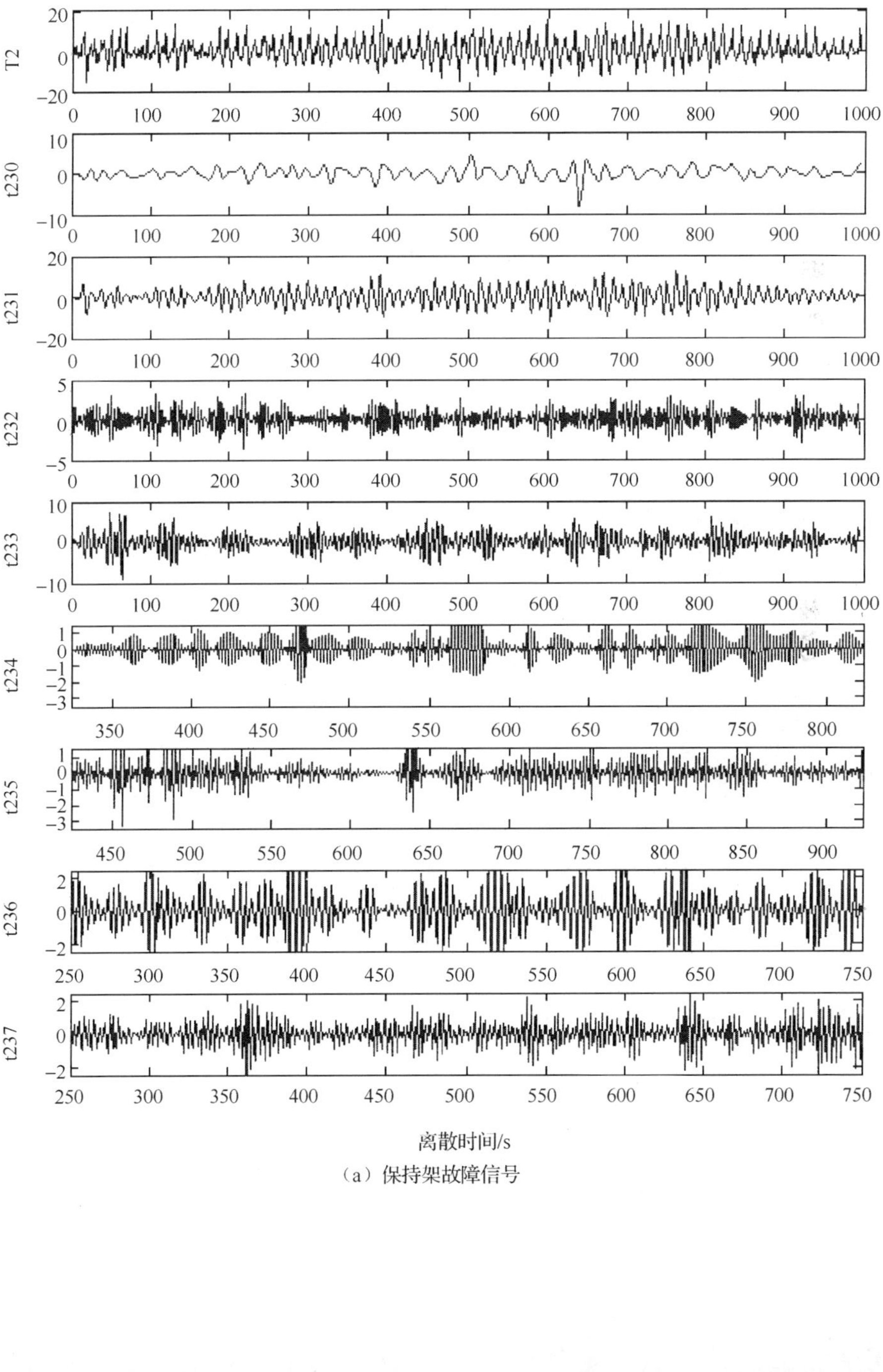

（a）保持架故障信号

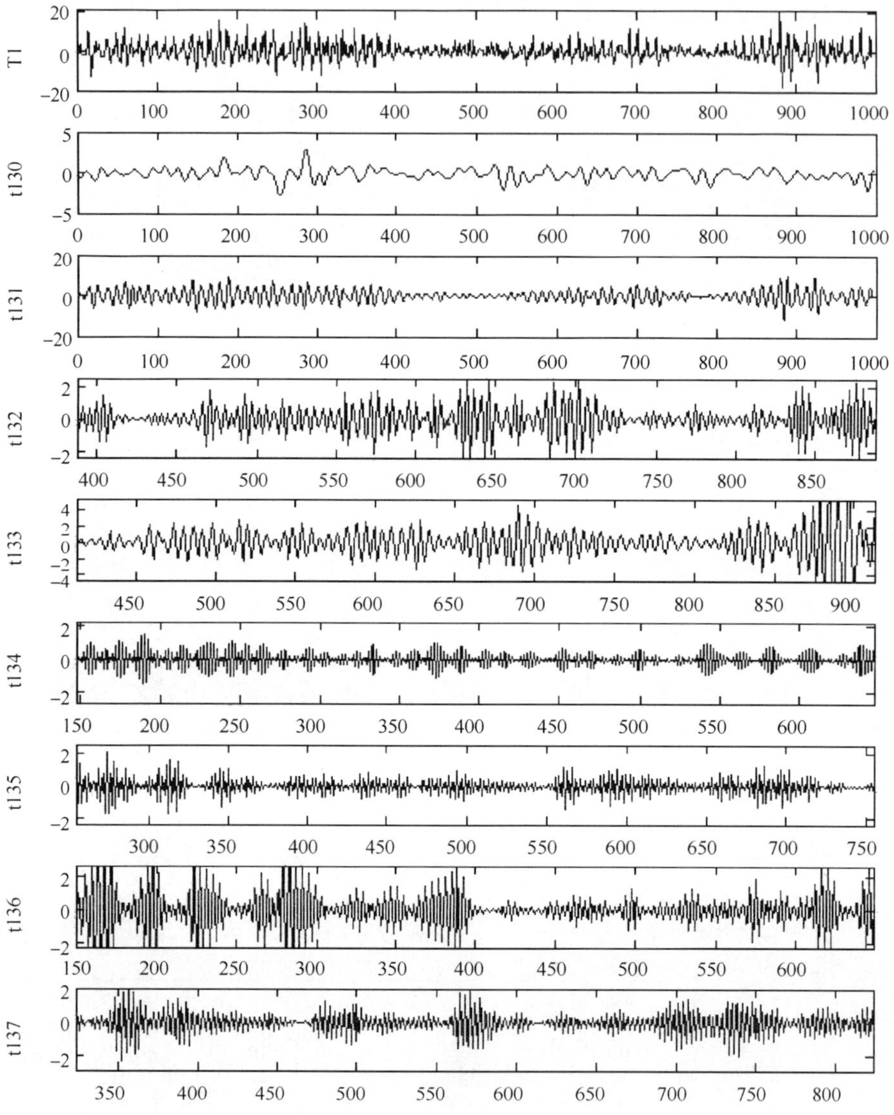

（b）外圈故障信号

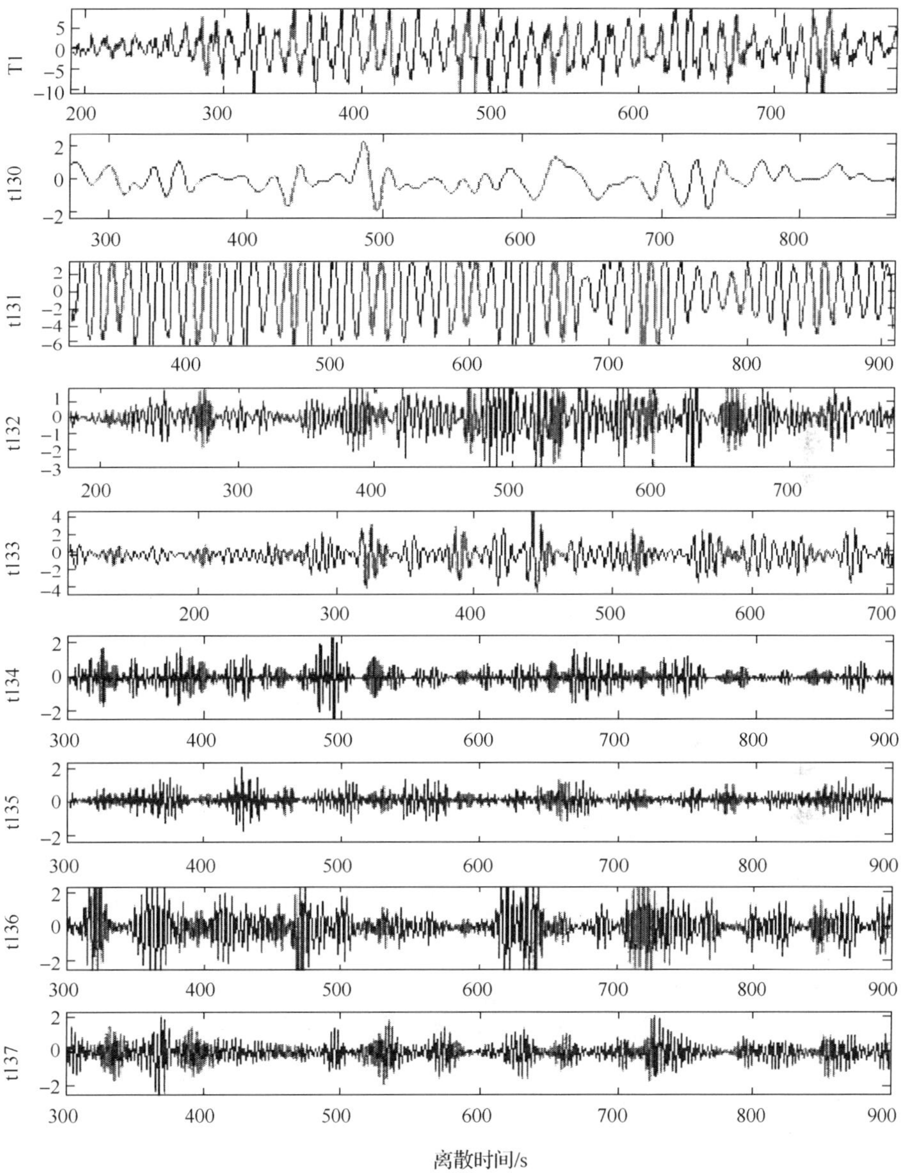

（c）滚动体故障信号

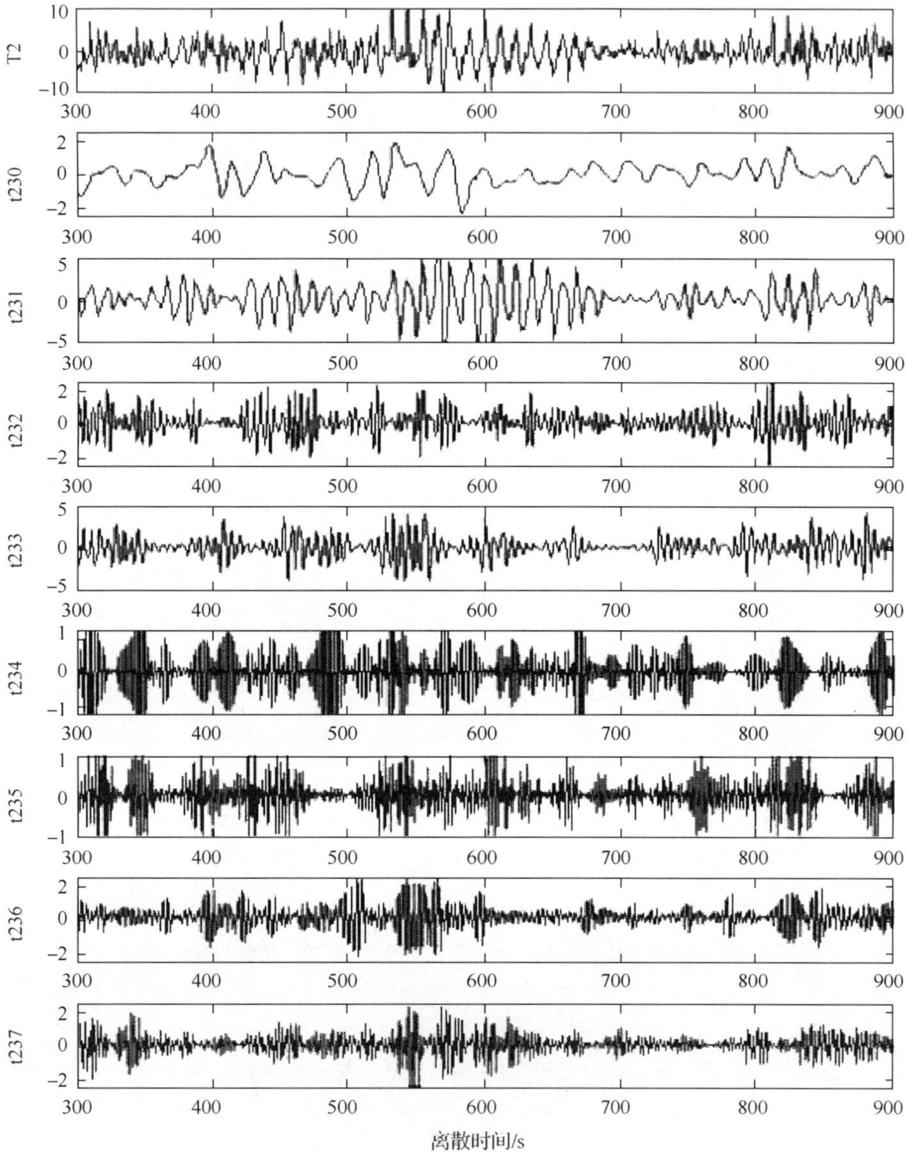

（d）内圈故障信号

图 3.25　各故障下轴承的小波分解结果

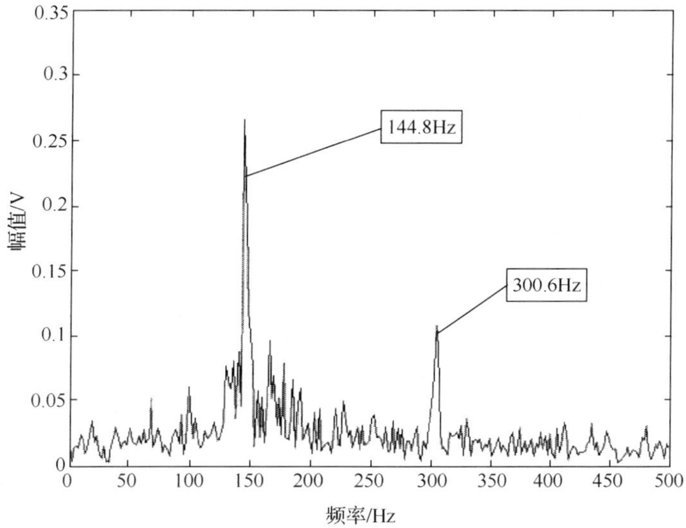

（a）外圈故障包络谱

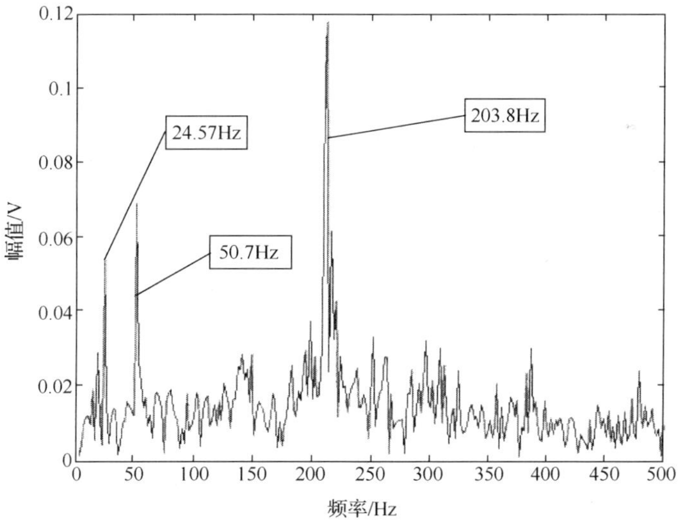

（b）内圈故障包络谱

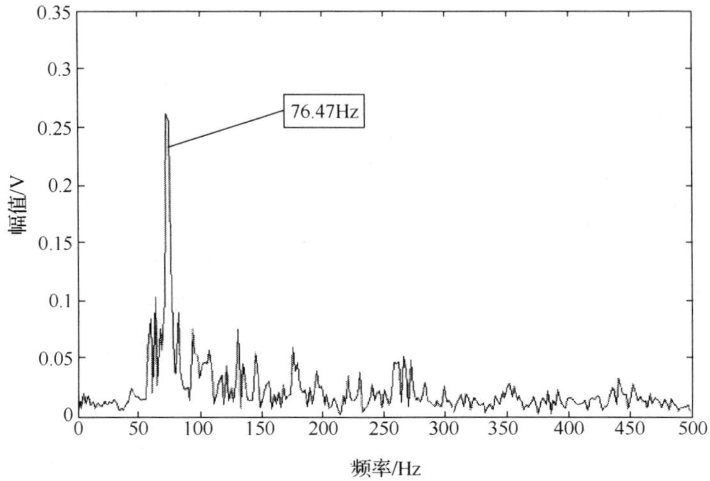

（c）滚动体故障轴承包络谱

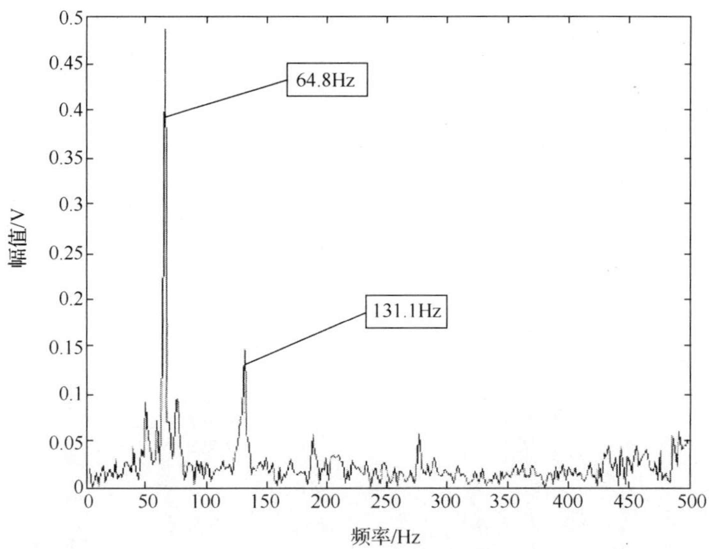

（d）保持架故障轴承包络谱

图 3.26　不同故障轴承的小波分解-希尔伯特包络谱图

利用经过验证的有限元动力学模型，对不同工况下的轴承进行仿真，分析载荷及转速对轴承应力分布的影响。通过应力随时间变化曲线可知，轴承内部元件动态下应力无明显规律，但通过对比各部件的应力曲线可知，滚动体的应力值最大且变化浮动较大，是轴承中最易受损部件。

对不同故障点的振动特性仿真分析中，对轴承外圈的振动加速度进行采集分析，并对该振动信号进行小波分解-希尔伯特包络解调，得出列车在时速 250km/h

运行时，轴承各部件的故障特征频率分别为：外圈损伤特征频率为 144.8Hz；内圈损伤故障的特征频率为 203.8Hz；滚动体破损振动特征频率为 76.47Hz；保持架故障特征频率为 64.8Hz。

3.5　本章小结

（1）本章以 CRH5 型动车组的转向架为载体，分析了高速列车轴承的结构及受力，建立了动力学微分方程。

（2）本章对高速列车轴承的动态特性进行了分析，考虑轴承内部各部件的弹性变形和动态接触情况，运用 ANSYS/LS-DYNA 建立了双列圆锥滚动体轴承接触动力学模型，分析了该轴承的动态特性，并通过理论计算值验证了结构的有效性。通过对正常轴承和滚动体破损轴承的动力学仿真结果的等效应力云图对比，发现较大的接触应力均集中在滚动体与内外圈接触部位，并且高速列车轴承的承载区是上半区。

（3）仿真信号的小波分解-希尔伯特包络分析结果与理论值吻合良好，能够较好地反映出滚动体破损故障的故障特征，验证了用显示动力学仿真采集信号的方法代替试验采集信号的方法是有效可行的。

本章为高速列车轴承在线故障检测提供了理论及试验依据。

第4章

高速列车轴承温度场分析

高速列车轴承运行时，滚动体与内外圈、滚动体与保持架之间都会因摩擦产生大量的热。这些热量需要及时地散出去，若热量不及时散出，轴承温度就会急剧升高，轴承温度过高会降低润滑脂的润滑性能，使润滑脂达不到润滑的作用，这样会增大滚动体与内外圈滚道之间的接触受力，严重时会出现“燃轴”现象，轴承温度的升高也会使得各部件之间的配合精度降低及滚动体的寿命缩短，对于高速列车来说是重大的安全问题。

高速列车轴承温度监测是保证高速列车安全运行的重要手段之一，轴承温度的升高直接影响轴承寿命，只有了解轴承内部温度分布及影响因素，才能对高速列车轴承制定合理的在线温度监测预警方案，所以对高速列车轴承温度场的研究是十分必要的。

国内外主要通过边界元法、有限元分析法及有限容积法对高速列车制动盘及轴承温度场进行分析[82]。本书采用热网络法、有限元分析法通过试验对高速列车轴承在实际运转中最易出现的几种失效形式进行研究，并分析不同失效轴承的温度分布及影响轴承温度的主要因素。本章为高速列车在线温度监测系统提供一定的理论依据，为我国高速列车轴承国产化发展提供必要的技术支撑[83]。

4.1 高速列车轴承热分析理论

轴承的主要热源有[84,85]：滚动体与内外圈滚道之间的摩擦；保持架与外圈引导面之间的摩擦；滚动体与保持架兜孔之间的摩擦；滚动体端面与挡边之间的摩擦；润滑剂的黏性摩擦。由此可知，热源是各部件之间的摩擦引起的，轴承工作时产生摩擦，摩擦生成热量，最终引起轴承温度的升高，这是轴承生热过程。高速列车轴承的发热过程也是如此，但是其受力载荷、速度与普通轴承会有不同。

研究轴承的生热，首先需要研究轴承的摩擦功耗，而摩擦功耗通过摩擦力矩度量。在轴承运转过程中，利用摩擦力矩以及轴承的转速可以计算出轴承的功率损失，该损失即为轴承的生热量。

1. 圆锥滚动体轴承生热量计算

滚动轴承的摩擦损失在轴承内部几乎全部转化为热量，圆锥滚动体轴承摩擦力矩由外力引起的摩擦力矩和黏性摩擦力矩这两部分组成。

根据《实用轴承手册》[86]，由外力引起的摩擦力矩的经验公式为

$$M_1 = f_1 p_1^a d_m^b \tag{4.1}$$

式中，f_1 表示载荷系数；p_1 表示轴承外力，N；d_m 表示节圆直径，mm；a、b 的系数取决于轴承类型，对于圆锥滚动体轴承 $a=b=1$。

润滑条件下滚动轴承的黏性摩擦力计算非常复杂，实际应用中使用较多的是简化后的黏性摩擦力矩经验公式，其表达式为

$$M_0 = \begin{cases} 10^{-7} \times f_0 (vn)^{\frac{2}{3}} d_m^3, & vn \geqslant 2000 \quad (4.2) \\ 160 \times 10^{-7} \times f_0 d_m^3, & vn < 2000 \quad (4.3) \end{cases}$$

式中，f_0 表示考虑轴承结构和润滑方式的摩擦系数；v 表示润滑油或润滑脂的基础油的工作黏度；d_m 表示轴承节圆直径，mm；n 表示轴承转速，r/min。

通过式（4.1）～式（4.3）可计算出轴承的总摩擦力矩为

$$M = M_1 + M_0 \tag{4.4}$$

则轴承不同转速时的功率损耗计算公式为[76]

$$H = 1.047 \times 10^{-4} \times M \times n \tag{4.5}$$

式中，H 表示因摩擦而消耗的功率，W；M 表示摩擦力矩，N·mm；n 表示轴承转速，r/min。

计算摩擦热流量：根据轴承各部件的运动关系分别计算每对接触处的局部摩擦热流量。滚动轴承各接触处的摩擦热流量为

$$q = \mu \times p \times v_s \tag{4.6}$$

式中，q 表示摩擦热流量，W/m^2；μ 表示摩擦系数；p 表示滚动体与外圈或内圈的接触载荷，N/m^2；v_s 表示滚动体与外圈或内圈的相对滑动速度，m/s。

2. 基于热网络法轴承温度分析

采用热网络法分析轴承温度需假设：①轴承各部件轴向温度相同；②润滑油及环境温度分别作为不同热节点。选取垂直于圆锥滚动体轴承轴线的截面进行分析，轴承的温度热节点划分见图 4.1。图中，R_1 为轴承内圈半径，R_2 为滚动体与内圈滚道接触点到轴承中心的距离，R_3 为滚动体自转中心到轴承中心的距离，R_4 为滚动体与外圈滚道接触处到轴承中心的距离，R_5 为轴承外圈半径，R_6 为轴箱体到轴承中心的距离，B 为轴承内圈宽度，L_h 为轴箱体与空气接触端面到轴承外圈与滚道接触点间的距离，1～8 为温度热节点。其各个热节点温度含义见表 4.1。

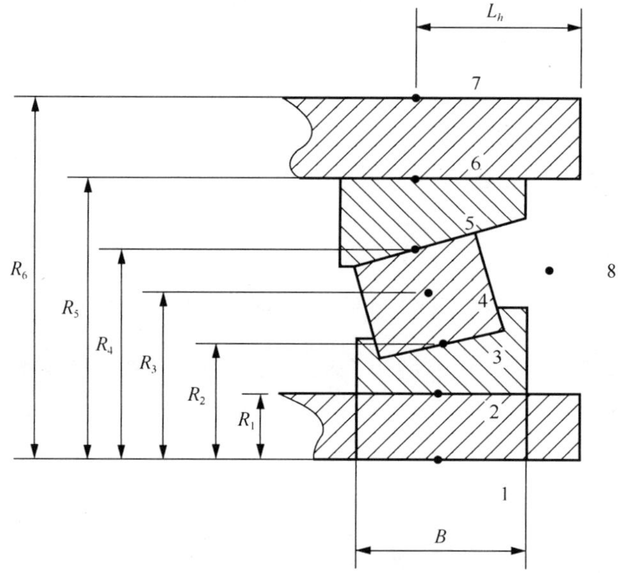

图 4.1 圆锥滚动体传热模型

表 4.1 圆锥滚动体轴承各个热节点温度含义

热节点温度符号	热节点温度含义	热节点温度符号	热节点温度含义
T_0	环境温度	T_5	滚动体与外圈接触温度
T_1	主轴平均温度	T_6	外圈与箱体接触温度
T_2	内圈平均温度	T_7	轴承箱体温度
T_3	滚动体与内圈接触温度	T_8	轴承润滑脂平均温度
T_4	滚动体平均温度		

根据轴承在实际运转过程中的热量传递关系和各节点之间的对流换热等，可以列出圆锥滚动体轴承的热流方程组如下：

$$\begin{cases}(T_2-T_1)R_{2c1}-(T_1-T_0)/R_{1v0}=0\\(T_3-T_2)R_{3c2}-(T_2-T_1)/R_{2c1}=0\\\dfrac{1}{2}Q_i-(T_3-T_2)R_{3c2}-(T_3-T_4)/R_{3c4}-(T_3-T_8)R_{3v8}=0\\\dfrac{1}{2}Q_i+\dfrac{1}{2}Q_o+(T_3-T_4)R_{3c4}-(T_4-T_5)/R_{4c5}-(T_4-T_8)R_{4v8}=0\\\dfrac{1}{2}Q_o-(T_4-T_5)R_{4c5}-(T_5-T_6)/R_{5c6}-(T_5-T_8)R_{5v8}=0\\(T_5-T_6)R_{5c6}-(T_6-T_7)/R_{6c7}=0\\(T_6-T_7)R_{6c7}-(T_7-T_0)/R_{7v0}=0\\(T_1-T_0)R_{7v0}-(T_7-T_0)/R_{7v0}=0\\(T_3-T_8)R_{3v8}-(T_5-T_8)/R_{5v8}+(T_4-T_8)R_{4v8}=0\end{cases}\tag{4.7}$$

式中，R 表示热阻，其下标中的字母 c 和 v 分别表示传导和对流，数字表示节点号；Q_i 为内圈滚道摩擦热；Q_o 为外圈滚道摩擦热。

联立式（4.6）、式（4.7），便可计算出不同工况下轴承各个节点的温度分布情况，计算结果见表 4.2。

表 4.2　热网络法计算轴承稳态温度分布结果　　　单位：℃

热节点温度符号	温度值	热节点温度符号	温度值
T_0	63.2	T_5	91.8
T_1	79.7	T_6	70.6
T_2	83.4	T_7	60.1
T_3	89.3	T_8	64.3
T_4	87.4		

通过热网络法的计算结果可以看出，轴承在高速运行时的最高温度出现在轴承外圈与滚动体接触区域，最低温度出现在轴承箱体外表面。

4.2　基于 ANSYS 的高速列车轴承温度场分析

本章选择高速列车轴承 TBU-BT2-8545-AD 的 SKF 轴承作为分析模型，在 ANSYS 中建立三维模型，轴承详细参数见表 4.3。考虑轴承的对称性，对 1/2 轴承进行实体建模。先建立模型中所需要的关键点，依次生成线和面，然后生成所需的三维实体，再对模型进行网格划分。为了保证网格的质量，使计算更准确，定义每条线细化成 3mm 长度进行网格划分，划出面网格后再通过扫略对整个轴承进行网格划分即得到了质量较高的六面体网格，并对滚动体与内外圈接触区域进行局部网格细化以便提高计算的准确性和节约计算时间。通过PREP7前处理器对模型单元类型进行定义，轴承实体单元采用Brick 8 node 70单元定义，轴承各接触处均采用Targe170和Conta174单元定义，然后定义单元选项及实常数。将轴承实体单元的网格类型定义完成后需定义轴承各部分的材料热属性，定义轴承内外圈材料的导热系数为49W/(m·℃)，滚动体导热系数为80W/(m·℃)，比热容为460kJ/(kg·℃)，密度为7.85×10^3kg/m^3。

表4.3 双列圆锥滚动体轴承相关尺寸技术参数

外径/mm	内径/mm	轴承宽度/mm	节圆直径/mm	接触角/(°)	滚动体个数/个	滚动体平均直径/mm
240	130	160	180.5	10	18	23

轴承热载荷是通过摩擦热流量进行加载的，根据SKF集团资料，轴承正常工作下，滚动摩擦系数为0.001～0.002。考虑到轴承在装配时，外圈与刚性很强的轴箱之间采用过盈配合装配，设置外圈转速为零。理论计算得出轴承外圈各个节点上所受到的载荷，再计算得出外圈相对于滚动体的速度，根据式（4.6）即可得到每个节点位置上的摩擦热流量。由于内圈随列车车轴一起转动，因此内圈受到交变载荷作用，即内圈受到周期性热载荷。通过计算载荷周期和载荷变化规律，得出内圈一个周期内产生的总热流量，最终把总热流量与一个周期所用时间相除就能得到该区域的平均热量。

本书对滚动体与内外圈的Hertz接触理论计算是按照面-面的接触方式来进行的。轴承在工作中内圈与车轴、外圈与轴箱之间通过热传导进行热量交换，采用热对流对轴承内圈及外圈外表面进行边界限制，最终完成轴承热分析有限元模型的加载。

接下来对有限元模型进行求解。共选取5个变量来表示轴承不同种类的故障情况。为更有效直接地观测出每一个变量的影响及分析出各个变量的影响程度，采用正交试验法对这5个变量进行仿真求解。8组仿真求解即能满足分析要求，各组的仿真参数见表4.4。

表4.4 不同工况下相关参数

序号	径向载荷/kN	轴向载荷/kN	摩擦系数	表面缺陷面积/mm^2	表面缺陷深度/mm
工况一	21	4	0.001	2	1
工况二	21	4	0.001	6	4
工况三	21	16.15	0.002	2	1

续表

序号	径向载荷/kN	轴向载荷/kN	摩擦系数	表面缺陷面积/mm^2	表面缺陷深度/mm
工况四	21	16.15	0.002	6	4
工况五	86	4	0.002	2	4
工况六	86	4	0.002	6	1
工况七	86	16.15	0.001	2	4
工况八	86	16.15	0.001	6	1

ANSYS 仿真工况三的温度云图见图 4.2。由云图可以看出，轴承最高温度出现在外圈最上端的内圈滚道上，并且两列滚动体在同一角度位置上的温度明显不同。该结果与高速列车轴承的承载方式有密切关系，由于车厢的质量是经过一级悬挂系统和二级悬挂系统传递给转向架的轴箱轴承，再将力传递给车轴，车轴再通过轮对直接跟轮轨接触，因此可判断出轴承承载区是上半区，最大受力点在最上端的滚动体与外圈接触处。最上端滚动体周围的几个滚动体随着位置角度的增加所受到的载荷逐渐减小，最上端的滚动体在运动中受力和摩擦是最大的，摩擦越大产生的摩擦力矩也就越大，产生的热量越多。其他滚动体随着位置角的逐渐增大生热量逐渐减小，所以轴承的热量分布上总体呈“上高下低”分布。沿轴向方向，两列滚动体温差大是由于所受到的轴向载荷不同，承受大部分轴向载荷的一列滚动体摩擦力矩也大，其温度也就高于另一列滚动体，即会出现图 4.2 所示的温度分布图。

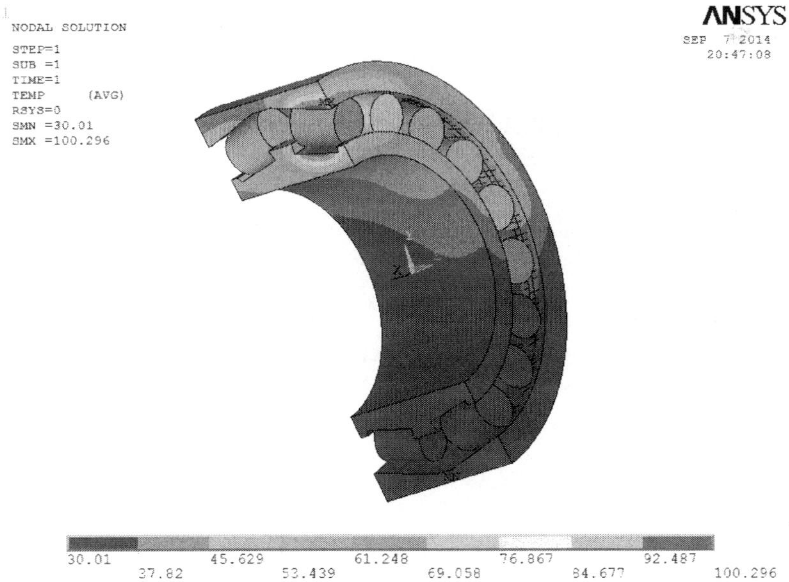

(a) 轴承整体温度云图

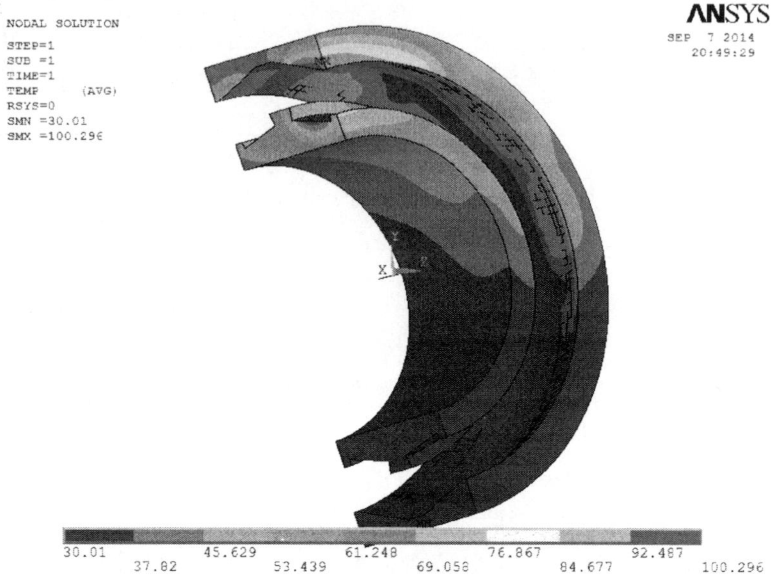

（b）轴承内外圈温度云图

图 4.2 ANSYS 仿真温度云图

4.3 高速列车轴承温度数据处理

通过上述温度模型，依次对这 8 种工况进行有限元仿真分析。为了保证仿真的稳定性和一致性，在轴承的外圈表面分别布置 5 个测点，见图 4.3，测点 5 为轴承最上端点，其余各测点角度相差 12.5°。通过这 5 个测点的温度大小进行数据处理分析，各组试验的结果见表 4.5。

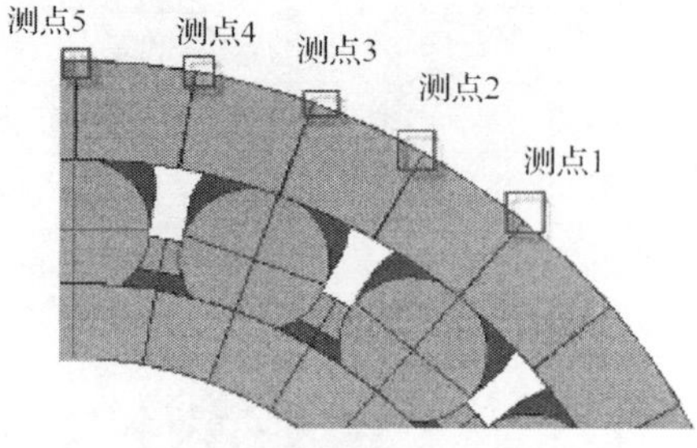

图 4.3 温度测点的布置

表 4.5　各工况下各个测点处的温度　　单位：℃

序号	测点 1	测点 2	测点 3	测点 4	测点 5
工况一	41.298	43.073	43.719	51.430	53.182
工况二	41.298	43.073	43.719	54.086	57.345
工况三	52.596	56.146	57.438	72.861	76.364
工况四	52.596	56.146	57.438	74.073	77.049
工况五	72.228	80.058	83.119	115.15	122.53
工况六	72.228	80.058	83.119	113.09	119.71
工况七	53.143	56.759	58.001	74.157	78.534
工况八	53.143	56.759	58.001	73.592	77.137

为了更直观地分析、计算，将上述各点温度与正交试验表列在一起组成一个新表格。由于测点的温度较大，将所测温度减去 50℃。选取测点 5 的温度数据为例得到正交试验分析表（表 4.6）进行分析。

表 4.6　正交试验分析表

		A	B	C	D	E	轴承温度/℃	轴承温度-50/℃
序号	1	1	1	1	1	1	53.182	3.182
	2	1	1	1	2	2	54.345	4.345
	3	1	2	2	1	1	76.364	26.364
	4	1	2	2	2	2	77.049	27.049
	5	2	1	2	1	2	122.53	72.53
	6	2	1	2	2	1	119.71	69.71
	7	2	2	1	1	1	74.157	24.157
	8	2	2	1	2	2	73.592	23.592
极差分析	K_1/℃	60.94	101.162	55.276	126.233	123.413		
	K_2/℃	189.989	149.765	195.653	127.696	127.516		
	k_1（$K_1/4$）/℃	15.24	25.29	13.82	31.56	30.85		
	k_2（$K_2/4$）/℃	47.50	37.44	48.91	31.92	31.88		
极差/℃		32.26	12.15	35.09	0.36	1.03		

表中，A、B、C、D、E 表示 5 个影响因素：A 表示轴向载荷，B 表示径向载荷，C 表示摩擦系数，D 表示表面缺陷面积，E 表示表面缺陷深度。K_1 表示各个因素在第一水平时对应编号组的温度之和，K_2 表示各因素在第二水平时对应编号

组的轴承温度之和，k_1、k_2 分别表示两种水平温度的平均值。极差是最大值减去最小值得到的差，在统计中常用极差来刻画一组数据的离散程度及变量分布的变异范围和离散程度，它能体现一组数据波动的范围。极差越大，离散程度越大，反之，离散程度越小。

根据正交试验分析表进行计算，将每个因素的各个水平及每个测点的温度数据进行对比。各个测点所得结果与测点 5 类似，即极差最大的是轴承的摩擦系数，说明润滑效果对轴承温度的影响最大，其次是轴箱径向受载荷、轴向受载荷，最小的是表面缺陷面积和表面缺陷深度，可以得知轴承的早期表面破坏对轴承温度的影响很小。

4.4 高速列车轴承温度场试验

以上通过热网络法及有限元仿真两种方法对高速列车轴承温度场进行了研究分析，以下再结合轴承温度试验来探究温度分布情况，验证上述分析结论是否正确。文献[87]仅从振动的角度设计搭建了轴承故障诊断试验台，本书所设计搭建的轨道车辆轴承试验装置增加了轴承温度方面的测试功能，试验机见图 4.4（a）。温度测量设备采用轨道车辆轴承专用瞬态温度薄膜传感器［图 4.4（b）］，满足轴承温度试验的测试范围及精度要求，轴承温度测试装置见图 4.4（c）。

（a）轨道车辆轴承试验装置　　（b）轨道车辆轴承专用瞬态温度薄膜传感器

（c）轴承温度测试装置

图 4.4　轴承温度试验设备

共选取 3 组工况进行试验分析，各组工况相关参数见表 4.7。

表 4.7　温度试验工况相关参数

序号	主轴转速/(r/min)	列车车速/(km/h)	径向载荷/kN
工况一	624.9	112	11.25
工况二	873.3	150	11.25
工况三	624.9	112	19.5

在轴承试验台的轴箱箱体上合理布置温度测点，共布置 5 个测点，即 0°、±45°、±90°各一个测点，测点分布见图 4.5。当轴承运转时，定时对各个测点的温度进行采集，采样频率为 1 次/min，采样时间为 20min，结果见图 4.6。

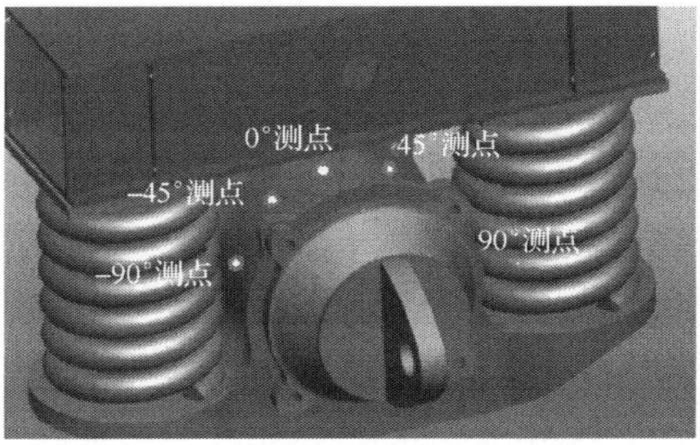

图 4.5　轴承温度测点分布图

通过图 4.6（a）可以看出，随着转速和径向载荷的提高，轴承的温度随之升高，由升温过程中的温度曲线可以观测出，转速提高后温升明显比径向载荷提高引起的温升要大，继而得出转速变化对轴承温度的影响比径向载荷变化对温度的影响大。通过图 4.6（b）可以看出，不同时刻下 5 个测点的温度中最大温度出现在位置角为 0°的部位，之后随着位置角的不断增大，温度降低，并且整体上呈对称分布，该曲线图验证了有限元及热理论得出的结果——轴承温度整体呈“上高下底”分布，且最高温度出现在轴承外圈最上端。试验所测温度为轴箱温度，总体温度比仿真及有限元仿真值低，并且轴箱传热途径多，使得各个位置温度差异不是特别明显，但还是可以得出轴承温度分布的规律。

在车辆检修时发现，由于温度引起的轴承损坏占全部轴承损坏的 30%。图 4.7 为轴承由温度原因引起的失效。由图可观测出，轴承产生烧伤的部位为外圈上半区，通过现场对轴承的拆卸，发现该轴承的烧伤位置正是在轴承承载区，即外圈上半区。事实说明，轴承的最高温度点与仿真结果相符合。

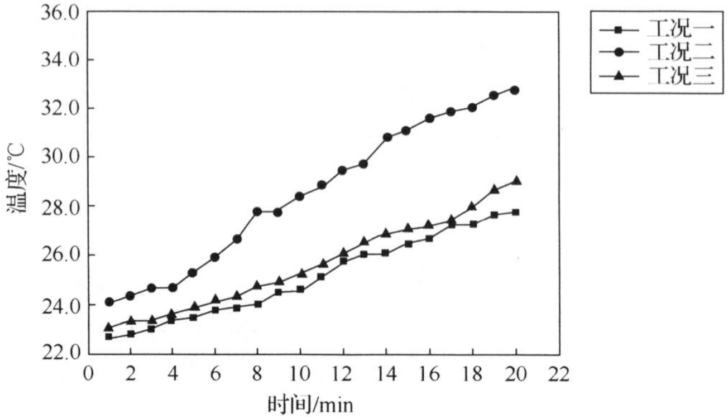

（a）不同工况下轴承轴箱最高温度上升曲线

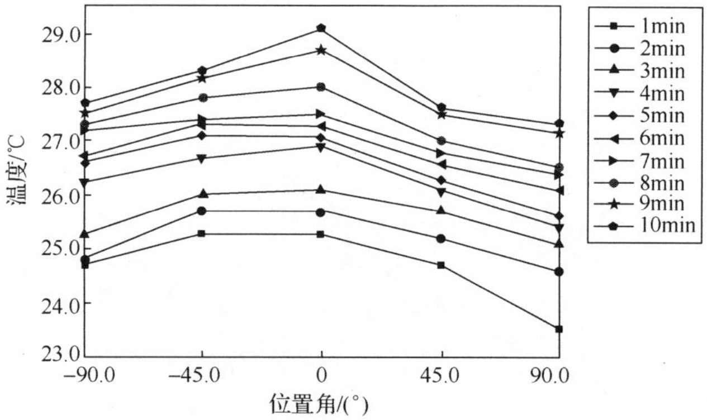

（b）升温阶段各个测点的温度

图 4.6　温度试验结果曲线图

（a）FAG 轴承

（b）SKF 轴承

图 4.7　实际轴承受损图

由此可知，轴承温度监测的位置最好也选择在轴承外圈上半区的中间位置，而目前轴温监测的位置在轴承外侧，如图 4.8 所示。该结论也为高速列车轴承在线故障监测提供了理论及试验依据。

图 4.8　轴承温度测点位置

4.5　本章小结

本章利用热力学相关理论计算出轴承摩擦热、摩擦力矩并且通过热传递理论“热网络法”来确定轴承的生热量，对高速列车轴承温度进行了理论分析计算。通过合理分配热节点，计算热对流及热阻，求解热网络平衡方程，得出各热节点温度。利用 ANSYS 有限元分析软件，自下而上对轴承进行了三维建模，并通过定义接触保证热量传递准确性，从宏观的角度反映出轴承温度的分布情况。温度径向方向呈“上高下低”趋势分布，在轴向方向，轴承最高温度点在轴承最上端的外圈内表面与滚动体接触处。

为验证分析结果，本章设计并搭建了高速列车轴承温度试验平台，根据试验条件合理布置温度测点位置，利用正交试验，对轴承温度进行了分组分析。对不同工况下轴温进行采集分析，试验结果显示轴承温度的分布与仿真及理论计算结果相对应，并且验证了正交试验中转速和径向载荷对温度的影响程度，证明了利用有限元方法研究轴承温度的可行性。借助极差的判断标准对影响因素进行了评判，确定影响轴承温度的最大因素是轴承润滑，其次是径向载荷、轴向载荷，再次是轴承早期的表面损伤。本章为高速列车轴承在线故障监测提供了理论及试验依据。

第5章

高速列车轴承动态监测及故障诊断分析方法

本章重点研究如何监测高速列车轴承的动态特性，最终目的是要对其故障进行预警。

高速列车轴承属于列车转向架的一部分，其动态特性随着列车运行速度、载荷及路线条件的变化非常大。因此，高速列车轴承的故障诊断与位置固定不动的旋转机械的故障诊断相比，有一定的共性也有与其不同的个性。高速列车轴承的故障诊断属于机械故障诊断范畴，但有其特性，主要有以下两点。

（1）传统机械系统的工况相对稳定，而高速列车轴承的振动随运行速度及线路条件的变化很大，列车转向架和轨道还存在耦合作用，其高速运行的轨道也是随着运行地点和时间而变化的。

（2）传统机械故障的模式相对比较固定，而高速列车轴承故障的具体故障模式相对难以预知。

对于高速列车轴承的动态监测，按照状态信号的物理性质，其动态信息监测包括：①温度信号监测；②振动信号监测；③声学监测。其他监测轴承性能的方法，比如油液分析法、油膜厚度分析法，不适合用于高速列车轴承的在线实时动态监测，故不在本书研究范围。

温度信号监测是通过检测轴承的温度或者温升来判断轴承工作状态的办法。目前我国采用红外轴温检测系统和车载式轴温检测装置，它们对列车故障的预警起了显著的作用。红外轴温检测系统和车载式轴温检测装置都是安装在列车上的，而热轴监测（hot bearing detection，HBD）属于道旁监测系统，主要通过轨边的红外探测器来检测列车轴承温度，当轴承温度超过阈值时就判定轴承发生了故障。目前，我国高速列车轴承故障监控都配备了车载轴温监测报警系统。但温度监测适合轴承故障的晚期症状，不适用于点蚀、局部剥落等局部损伤类故障。当温度监测系统报警时，列车的轴承已经发生了较严重的损伤。通常轴承可以通过温度判断故障时已经是严重故障了，随时都可能会引发列车安全事故。这意味着目前高速列车采用轴温监控报警系统（包括车载形式和道旁监测）来预防事故存在一定的风险性。

振动信号携带大量的轴承状态信息，可反映高速列车轴承早期故障情况，虽然高速列车轴承振动信号受轮对轨道背景噪声和其他振动源等复杂因素的干扰，表现出非平稳、非线性等特征，但可借助现代信号分析与处理技术对原始信号进行变换处理，以实现故障特征量的提取。随着技术发展，高速列车轴承可以内嵌振动传感器，直接测量轴承的振动。目前根据振动信号来诊断滚动轴承故障的技术比较成熟，但由于高速列车轴承结构和运行工况的特殊性，有必要对其进行深入研究。

从本质上讲，声音和振动一样是反映轴承工作状态的重要信息来源，声学诊断的信号分析方法、分析结果和振动信号监测诊断基本一致，只是信号获取的手段不同。声传感器价格高，易受外部杂音的干扰，信噪比较低，应用不及振动方法广泛。声学诊断多用于传感器无法或难以直接接触被测物体及背景噪声相对较弱的场合[88]，且声学缺陷轴承检测器（acoustic defective bearing detector，ADBD）需要复杂的信号处理方法，技术的实现难度非常大。

因此，在研究了高速列车轴承的结构及动态特性（第 3 章）和轴承温度场（第 4 章）的基础上，本章主要研究其动态监测及分析方法，主要内容包括：①现有轴承温度监测方法的改进措施；②高速列车轴承振动故障信号监测分析。

5.1　高速列车轴承温度信号监测

我国高速列车采用红外轴温检测系统和车载式轴温检测装置，轴温监测系统一旦报警，高速列车轴承可能已经发生了较严重的损伤。本节主要通过选用合理的测温方式和监测位置，达到改进轴温监测系统的目的，最大限度地提高温度报警的可靠性。

5.1.1　温度信号采集与测量

采集温度信号的传感器可分为模拟式与数字式。我国各型动车组采用的测温传感器也有所不同，CRH380A 型动车组采用模拟式传感器，而 DS18B20 单线数字温度传感器已应用在中车青岛四方机车车辆股份有限公司生产的各型动车组的轴温报警器中。

因高速列车的高压部件工作时升弓瞬间的感应电压高达 600V，而热电偶采用电压信号，受其影响较大，故不宜采用。电阻式温度传感器是利用导体或半导体的电阻随温度变化而变化的特性进行测温。动车组采用铂热电阻来测温，铂热电阻的工作范围为-200～650℃。红外线测温传感器未来也应该是一种不错的选择，只是目前其工作范围大都在 0℃以上，且安装尺寸不适合狭小的列车轴承内部，因此，目前主要用在实验室环境中测试轴承温度（如德力西 DE6830B 手持式红外测温枪测温范围在-50～380℃）。

首批生产的 CRH380A 型动车组整车在轴端轴承安装的是熔断式温度监控系统，也就是开关量信号。该动车组当时没有安装实时温度监控系统，为保证动车组行车安全，加强安全监控，从 2015 年开始逐步加装实时温度监控系统，现该系统已经在中车青岛四方机车车辆股份有限公司生产的 CRH380 系列平台动车组全面实施[89]。

CRH380A 型动车组共 8 节车厢，每节车厢一个温度检测单元， 8 节车厢需 8 个温度检测单元。温度检测单元是实时温度监控系统的核心部件，主要包括电源板、通信板、传感器数据采集板、CPU 板等板卡。每个轴端安装一个 PT100 型实时温度传感器。8 节车厢需监控 64 个轴端轴承（一节车厢两个转向架，每个转向架 4 个轴承，一节车厢 8 个轴承）。不同车型的预警和报警阈值也有差异，CRH3 型动车组的三级温度报警阈值如表 5.1 所示。

表 5.1 CRH3 型动车组的三级温度报警阈值 单位：℃

	轴承报警级别		
	温度升高故障	温度过热预警	过热报警
绝对温度限值 T_a	100	120	140
同侧温度差 T_b	20	40	65

各个车型根据实际运行工况，在某种情况下可以调整 T_a 和 T_b 的值，以便更符合实际，也就是说，T_a 和 T_b 的值并非严格不变的。

模拟式温度传感器技术相当成熟，其缺点也是很明显的。相对数字温度传感器而言：首先，抗干扰性差；其次，布线困难；再次，可靠性和精度不理想。究其原因有如下几点：一是动车组上特有的强振动、强冲击、大加速度、多干扰源等特点，即传感器的运用环境十分复杂、恶劣；二是测点分布在动车组转向架轴箱的每对轴承上，测点多而分散，导致布线非常困难；三是传统的检测方法决定了其精度和可靠性不理想。因为通过模拟式温度传感器采集轴承的温度信号，需先转换成电信号后放大，经模数（analog-to-digital，A/D）转换成数字信号后再送至主机处理，存在温度漂移、零点漂移、抗干扰能力差、需要误差补偿、灵敏度不高等问题。

美国 DALLAS 公司生产的 DS18B20 系列产品属于新型的数字温度传感器，

转换速度快，分辨率可选择 12 位或 10 位。当选择 12 位时，温度转换时间大约为 750ms，选择 10 位时，温度转换时间大约为 187.5ms。该数字温度传感器具有体积小、精度高、低功耗、高性能、硬件开销低、抗干扰能力强、选配微处理器容易等优点。因此，中车青岛四方机车车辆股份有限公司生产的各型动车组所配备的动车集中式轴温报警器采用的是 DS18B20 单线数字温度传感器。该传感器用于动车组轴承温度检测中，解决了使用模拟式温度传感器带来的一系列问题，轻松实现了多点测温，准确实时地检测每处轴温的变化，为实现轴承故障的早期诊断提供及时、有力的依据。

5.1.2　轴温监测的改进

在铁路行业，几十年前已经有了轴箱温度监测。轴箱温度监测是通过道旁轴温监测系统进行的。这种设备也称为热轴探测装置，是固定的，一般以一定的间隔安装在轨道沿线或者坡道（高山铁路线）等重要的位置上。其测量频率取决于固定装置的间距，主要缺点为：检测所有热轴需要的时间很长；不能直接测量轴承温度。

目前，车载集成轴承温度监测系统完全安装在列车上，其轴承温度测点的安装位置如图 5.1 所示。

图 5.1　轴温监测位置示意图

1. 安装位置的改进

根据第 3 章对高速列车轴承温度场的分析得出，轴承最高温度点在轴承最上端的外圈内表面与滚动体接触处，温度径向方向呈“上高下低”趋势分布，在轴向方向，因轴向载荷分布不同，表现出双列轴承轴向方向有明显温度梯度。因此，未来国产高速列车轴承在预埋温度传感器时，应该尽量选择轴承最上端的外圈内表面与滚动体接触处。

2. 测温方式的改进

随着技术的发展，目前高速列车轴承单元的传感器都朝着集成化的方向发展。

轴承单元的测温方式也必须随之改进。

测温方式的改进，一是必须采用数字温度传感器，我国高速列车部分车型已经采用了数字温度传感器，但是传感器的安装方式和位置不合理，需要改进。二是必须高度集成化，未来国产化高速列车轴承单元必须内置集成速度传感器、振动信号传感器、温度传感器，因为位置空间有限，故必须开发集成化的数字温度传感器。集成化的数字传感器应可同时监测轴承单元的以下数据：①速度（包括旋转速度和旋转方向）；②振动信号；③轴承内部工作温度。三是温度多点化监测，为了有效监测轴承单元温度分布情况，可将集成化的数字传感器分布在轴承单元周围或轴箱中间体内，提高监测效率和准确性。

另外，随着红外线非接触式测温仪器的发展，现在高速列车轴承的测温系统可以采用红外线非接触式进行测温。

5.2 高速列车轴承振动信号分析方法

随着计算机技术的迅猛发展，振动信号的采集测试设备种类也非常丰富，能满足各种场合的需求。随着信号采集设备的不断更新，信号分析与处理方法也在不断发展，除了经典时域分析、频域分析外，还有频率细化技术、倒频谱分析、共振解调分析、全息谱分析、轴心轨迹分析，以及针对非平稳信号分析的时频分析方法，如短时傅里叶变换、Wigner-Ville 分布和小波分析等。同时，模式识别、人工智能和人工神经网络的研究也取得了一定的进展。振动信号的分析与处理方法还在不断发展，为了满足不同场合信号分析的需求，新的理论和技术还将不断涌现。

高速列车轴承故障属于机械故障。机械故障诊断领域的信号处理方法主要包括时域分析、频域分析和时频分析。基于振动信号分析的滚动轴承状态监测和故障诊断技术主要经历了以下四个阶段：①基于频谱分析仪的故障诊断；②基于冲击脉冲技术的故障诊断；③基于共振解调技术的故障诊断；④智能故障诊断。

目前用于列车轴承故障特征提取的方法主要有：时域分析、频域分析、时频分析、经验模态分解、随机共振理论等。滚动轴承的故障诊断过程实质上是信号处理与分析、对故障进行识别的过程。信号处理的目的是从复杂、含噪的原始信号中提取表征故障本质的特征，而分析与故障识别是通过大量实际范例的学习，让计算机自动对输入特征分类，进而识别具体列车轴承故障。采集后数据处理的结果作为分析的输入，因此如何从含噪振动信号中有效提取故障特征信号是列车轴承故障诊断的关键。

5.2.1　振动信号的采集与处理

列车走行部的振动是非常复杂的，每个部件在不同方向上的振动是互相耦合的，而且部件之间也是耦合的，其振动信号是典型的非平稳、非线性的随机信号。作为重要走行部之一的高速列车轴承，要正确判断其工作状态就必须要准确检测高速列车轴承上所检测的振动信号。

本书所研究的高速列车轴承动态监测系统处在实验室测试阶段，采用北京东方振动和噪声技术研究所的 INV3020C 振动应变噪声测量仪，传感器选用的是 INV982X 型压电式加速度传感器，并配有 STYV 低噪电缆。

由于各种后期信号处理的原始数据都是通过振动信号传感器获取的，测点位置的选取直接关系到振动分析的准确性，因此测点位置选取时，需要注意以下两点：①测点应选择振动信号传递的通道上且路线最短的位置，中间尽量减少障碍物；②选择能反映轴承工作状态、信号反应比较敏感的部位做测点。

本书在轴承试验装置安装的振动传感器上选取轴承座、机座作为典型测点。测点选定后，需做好定位标记，以保证测量信号的稳定性和可比性。测点位置稍有变化，其振动测量结果可能就不相同。一般都要选定水平、垂直、轴向三个方向来采集振动信号，在需要时还可考虑增加临时测点。

5.2.2　高速列车轴承故障诊断信号分析方法

本书高速列车轴承故障诊断所能用到的分析方法主要有时域分析、频域分析、时频分析、希尔伯特-黄变换、经验模态分解、智能神经网络故障诊断方法。本章研究分析，将其中几种方法用于高速列车轴承的故障诊断，并进行验证对比。

（1）时域分析的原理简单且易于实现，主要包括时域波形、概率密度、相关分析、滤波处理等。常用的时域指标包括有效值、峰值、峰值因数及峭度等。

在轴承故障诊断中，有效值通常反映信号的平均能量大小，对磨损类故障比较敏感，当轴承出现磨损类故障时，信号的有效值会随磨损的加大而增大。峰值是波形中最大幅值，适用于检测划痕和剥落这种有瞬间变化的冲击振动类故障，并且峰值会随冲击力的增大而增大。峰值因数是用来表征信号波形峰度的指标，随着故障的增大，峰值因数也会增大，而峰值因数相对小时，也有可能反映了轴承润滑不良等状况。用峰值因数进行轴承故障诊断时，无须考虑传感器的灵敏度、轴承的型号及转速等，这也在一定程度上简化了步骤且提高了准确性。峭度是概率密度分布尖峭程度的度量，是对轴承振动信号进行时域处理最常用的无量纲时域参数指标。峭度对冲击信号十分敏感，适用于诊断表面损伤类故障，在故障初期峭度变化较大，而到达故障后期时，峭度与正常情况下相差不大，因此峭度更适用于早期故障的诊断。其余的指标还有脉冲因数和波形因数等，它们在诊断过程中的稳定性及敏感性如表 5.2 所示。

表 5.2 时域参数的稳定性和敏感性比较

参数	稳定性	敏感性
有效值（RMS）	较好	较差
峰值因数（C）	中等	中等
峭度（K）	差	较好
脉冲因数（I）	中等	较好
波形因数（S）	好	差

有资料统计表明，使用峭度和有效值共同监测滚动轴承振动情况，对判断滚动轴承故障的准确率达 95%。峭度指标是无量纲参数，与轴承转速、尺寸、载荷等无关。Zhang 等[90]利用改进的内在时间尺度分解和谱峭度成功提取故障特征频率，有效地诊断轴承故障。

因此，本章先利用峭度指标对滚动轴承的故障进行预诊断，再通过小波包分析对振动信号的故障特征频率进行细致刻画和分析，从而诊断滚动轴承的故障和类型。通过高速列车轴承动态监测试验，验证了可以利用峭度、谱峭度、EMD 进行高速列车轴承故障诊断。试验显示，在轴承无故障运转时峭度 K 在 2.8～3.2；随着故障的发生和加载力的改变，峭度也随之增大。峭度的绝对值越大，说明轴承越偏离其正常状态，故障越严重，如当 K>6 时很可能出现了较大故障。

（2）频域分析是机械故障诊断中信号处理较重要和较常用的分析方法。工程上所测得的振动信号一般为时域信号，即描述随时间变化的振动信号变化情况。由于故障的发生、发展往往引起信号频率结构的变化，为了通过所测信号了解、观测对象的动态行为，需要分析频域信号。频谱分析的原理是把复杂的时间历程波形经傅里叶变换分解为若干单一的谐波分量来研究，以获得信号的频率结构以及各谐波幅值、相位、功率、能量与频率的关系。

信号的频域分析方法多种多样，主要有幅值谱、功率谱、倒频谱、细化谱、希尔伯特解调。

（3）时频分析实际上是将一维的时间信号映射到二维的时间尺度上，以便看清在微小时间内信号频率的变化。现代信号处理中常用的时频分析方法包括短时傅里叶变换、Wigner-Ville 分布、小波变换、小波分析、EMD 等。

非平稳信号处理技术都有各自的缺点。比如，短时傅里叶变换时频分辨率低，Wigner-Ville 分布会产生严重的交叉干扰，产生虚假频率成分，小波变换难于选择小波基等问题[91]。

（4）希尔伯特-黄变换（Hilbert-Huang transform，HHT）是由 Huang 等[92]于 1998 年提出的一种非线性、非平稳信号的分析处理方法。这种方法主要由 EMD

和希尔伯特谱分析两个理论部分构成。

对于滚动轴承故障检测，期望一种时频分析方法具有良好的计算效率，且在时域和频域都具有良好的分辨率，小波变换迄今为止作为最有效的时频分析方法，仍然有其不可避免的缺陷，不能完美地完成滚动轴承的故障检测任务。而目前流行的时频分析方法——希尔伯特-黄变换具有较好的计算效率，并且不涉及频率分辨率和时间分辨率的概念。因此，希尔伯特-黄变换有可能成为滚动轴承故障检测的理想工具[93]。

（5）经验模态分解（EMD）。因为常用的小波分析方法受到小波基选择的限制，且选择不同的小波基产生的分析结果有一定的差距，这就使得 EMD 方法在轴承故障诊断与监测技术中占有较大优势。信号去噪和轴承故障诊断是 EMD 的重要应用。

运用 EMD 方法进行轴承故障诊断的流程如图 5.2 所示。EMD 方法通过对信号的分解得到一系列表征信号不同时间尺度特征的固有模态函数（intrinsic mode function，IMF）。在运用 EMD 方法时，每个 IMF 满足下面两个条件：①整个信号中零点数与极点数相等或至多相差一个；②在任一时间处，由局部极大值确定的上包络线和由局部极小值确定的下包络线的均值为零，也就是说上下包络线相对于时间轴局部对称。

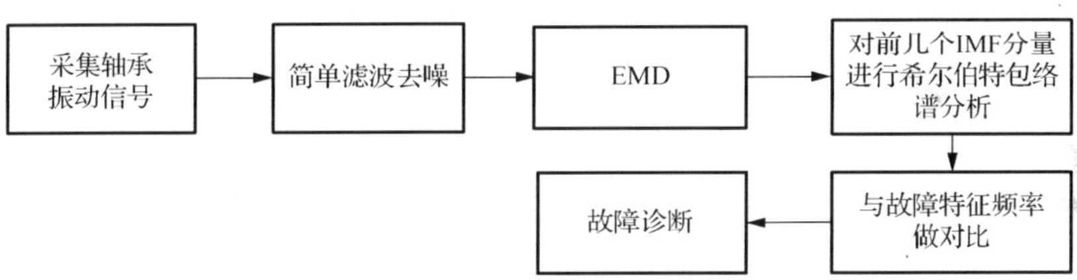

图 5.2　基于 EMD 的轴承故障诊断流程图

EMD 按数据自身的时间尺度特征进行信号分解，无须预先设定任何基函数。EMD 中只利用了信号本身的特征信息，因此具有自适应特征，能够高效地分析非平稳和非线性信号，它在各种设备的故障诊断过程中发挥着重要的作用。

这两个条件就使得内蕴模式分量要根据所分解信号的自身特性生成，且反映信号内部固有的波动性，在每一个周期上只包含一个波动模式，不存在多个波动模式混叠的现象。通常情况下，EMD 所得到的前几个 IMF 包含了原始信号中最重要的信息，所以可以利用希尔伯特变换对前几个 IMF 进行包络谱分析，然后依据包络谱图以及相应工况条件下轴承的故障特征频率进行故障诊断。运用这种方法进行故障诊断，其自适应性简化了信号分析的步骤，且后期对 IMF 的包络谱分析也避免了传统分析中要预先设定滤波中心频率的问题，达到了较好的诊断效果。

（6）智能神经网络故障诊断方法在滚动轴承故障诊断中应用也越来越多，人工神经网络（artificial neural network，ANN）可用于滚动轴承故障诊断。将正常轴承和有缺陷轴承的时域振动信号的特征量作为输入，输入到由输入层、隐藏层和输出层组成的神经网络中，对不同特征的样本进行训练，最后根据不同的输出结果，来判断轴承是否故障。这些特征量是通过使用非常简单的预处理直接处理信号段获得的。输入层由五个节点组成，时域振动信号的均方根、方差、偏斜度、峰度和归一化第六中心矩，分别占用一个节点。输出层由两个二进制节点组成，表示有缺陷轴承的状态。

本书采用神经网络与小波包分解进行高速列车轴承的故障诊断。对于采集到的轴承振动信号，利用 EMD 对信号去噪。EMD 用于提取信号分量具有较高的精度和收敛速度，适用于轴承故障诊断[94]。当振动信号的窄带谱线成分对目标造成严重干扰时，可将接收端的数据看作包含目标信号、多个倍频程的干扰窄带信号以及宽带背景噪声的合成信号，利用 EMD 方法分解该合成信号，就可以将干扰噪声从接收数据中分离出来，从而达到消除干扰噪声的目的。

对信号进行 EMD 后再选择性重构，是消除干扰噪声的另一种思路。其中一种方法是首先对带噪信号做 EMD，得到各阶 IMF 分量，然后对高频 IMF 分量用小波去噪中的阈值方法进行处理，把经过阈值处理的高频 IMF 分量和低频 IMF 分量进行叠加，得到重构后的信号，即去噪信号。

当高速列车轴承故障导致状态发生改变时，常常会发生不同形式的信号调制现象，即不同故障对应不同的调制频率。EMD 能够自适应地实现对原始信号的频带分割。因此，基于 EMD 的结果提取频带特征向量是实现轴承状态判别的一个有效途径。

Hemmati 等[68]的实验结果表明，神经网络故障分类器的多尺度频谱特征对准平稳轴承振动具有较好的分类效果。Hemmati 等[95]还对多层感知器、RBF 这两种人工神经网络的性能进行了比较研究。Cockerill 等[69]使用分级神经网络结构来执行分类阶段，通过不同工况下的试验结果，验证了该状态监测方案的有效性。

针对滚动轴承故障振动信号的非平稳特性，Cheng 等[96]提出了基于 EMD 和神经网络的滚动轴承故障诊断方法。首先，将原始信号分解为有限数目的固定固有模态分量，然后选择包含主要故障信息的 IMF 进行进一步分析。当轴承发生故障时，加速度振动信号的能量会在不同的频带内变化，因此从 IMF 中提取的能量特征参数可以作为神经网络的输入参数，用于识别滚动轴承的故障模式。对滚动轴承内外圈故障信号的分析结果表明，基于 EMD 提取不同频带能量参数为特征的神经网络诊断方法优于基于小波包分解重构，能准确有效地识别滚动轴承故障模式。

本书进行高速列车轴承故障振动研究所用到的神经网络主要有 BP 神经网络、概率神经网络（probabilistic neural networks，PNN）、RBF 神经网络。BP 神经网络是应用较广泛的人工神经网络之一，是前向神经网络的核心部分，它是由 D. E. Rumelhart 等于 1986 年提出的基于误差反向传播的多层前馈网络[97]。PNN 是在 20 世纪 80 年代末由 Specht 博士率先提出来的[98]，是一种基于 Bayes 分类与 Parzen 窗的概率密度函数估计方法而得来的并行算法，它与 BP 神经网络相比，有运算速度快、稳定性好、收敛速度快、具有容错性等优点，且该网络的训练时间仅稍长于数据读取时间，节约了整个网络创建所需的时间[99]。PNN 是一种前馈型神经网络，它由输入层、模式层、求和层和输出层四层组成。

RBF 是一种多维空间插值技术，20 世纪 80 年代末，Broomhead 等[100]根据生物神经元有局部响应这一特点，将 RBF 用来设计神经网络，从而产生了 RBF 神经网络。该神经网络是具有单隐层的三层前馈网络，它由输入层、线性输出层和 RBF 隐含层组成，具有能以任意精度逼近任何连续函数且训练速度快的优点。

5.3　高速列车轴承故障诊断研究

5.3.1　BP 神经网络和 PNN 分别与时域指标联合进行轴承故障诊断

1. 时域指标计算的故障特征提取

在运用基于神经网络和时域指标的联合方法对轴承进行故障诊断时，前提是要获取由各时域指标值组成的特征向量。本书构建故障特征向量用到的时域指标有均方值、均值、峰值、峰值因数、波形因数、脉冲因数和峭度，其中均方值反映了信号的平均能量。均值反映了信号的平均变化情况，虽对诊断直接作用小，但是它在其他指标的计算中却发挥着极大的作用。峰值是信号振幅的最大值，在轴承表面剥落的初期，峰值会发生比较大的变化。峰值因数反映的是波形的时域形状特征，无故障时峰值指标比较恒定，故障初期该值会增大，但是随着故障的发展，该值会逐渐降低。峭度在正常情况下一般为 3 左右，若轴承出现故障，则峭度会突增，但随着故障的发展，峭度又会出现回落的现象，除此之外，峭度对工况的变化不敏感，但它对信号冲击敏感，具有良好的诊断能力。上述时域指标对轴承的故障较为敏感，故将其作为故障特征向量，用于滚动轴承的故障诊断。

诊断所用的振动数据来源于美国西储大学轴承试验中心，所用轴承为 SKF 的深沟球轴承，型号是 60625。对振动信号进行处理后得到 20 组样本，其中有 16 组样本为训练样本，其余 4 组为测试样本，这些数据分别对应轴承的 4 种状况，即正常、外圈故障、内圈故障和滚动体故障，得到的训练样本及测试样本如表 5.3 和表 5.4 所示。

表 5.3 时域参数训练样本

轴承状态	均方值	峰值	均值	波形因数	峭度	脉冲因数	峰值因数
正常	0.0651	0.2115	0.0109	0.1681	2.9352	19.3250	3.2487
	0.0657	0.2036	0.0104	0.1585	2.8557	19.5368	3.0973
	0.0657	0.2272	0.0098	0.1497	2.9194	23.1122	3.4603
	0.0673	0.2272	0.0112	0.1660	2.8760	20.3442	3.3772
外圈故障	0.1492	0.8871	0.0027	0.0182	8.8738	327.4635	5.9445
	0.1467	0.8404	0.0030	0.0208	7.1951	275.6156	5.7297
	0.1465	1.0186	0.0027	0.0181	7.4100	383.5989	6.9539
	0.1501	0.9212	0.0026	0.0171	8.2663	358.9029	6.1351
内圈故障	0.1233	0.5219	0.0029	0.0236	3.8150	179.1935	4.2313
	0.1287	0.7108	0.0030	0.0233	4.0413	237.4083	5.5212
	0.1248	0.4545	0.0029	0.0233	3.7641	156.3426	3.6426
	0.1247	0.5018	0.0031	0.0249	3.8364	161.8698	4.0236
滚动体故障	0.0804	0.3569	0.0022	0.0279	2.9628	158.7772	4.4378
	0.0809	0.3132	0.0024	0.0292	2.9771	132.6914	3.8725
	0.0820	0.2898	0.0024	0.0294	3.0345	120.1083	3.5322
	0.0861	0.4683	0.0025	0.0285	3.4790	191.1340	5.4398

表 5.4 时域参数测试样本

轴承状态	均方值	峰值	均值	波形因数	峭度	脉冲因数	峰值因数
正常	0.0651	0.2044	0.0119	0.1822	2.8927	17.2276	3.1385
外圈故障	0.1457	0.8309	0.0024	0.0165	7.4468	345.1938	5.7006
内圈故障	0.1234	0.5377	0.030	0.0245	3.8655	177.5915	4.3557
滚动体故障	0.1067	0.4589	0.0030	0.0278	3.5059	154.9128	4.3010

根据样本的情况设置目标向量，如表 5.5 所示，并以此作为两种神经网络的期望输出，将输入及输出设置完成以后，即可建立相应的神经网络进行故障诊断。

表 5.5 目标向量

正常	外圈故障	内圈故障	滚动体故障
(1, 0, 0, 0)	(0, 1, 0, 0)	(0, 0, 1, 0)	(0, 0, 0, 1)

2. 基于 BP 神经网络与时域指标的轴承故障诊断

1）BP 神经网络的创建

因为要以 7 个时域指标值作为输入向量，所以 BP 神经网络的输入层神经元个数 n_1 为 7 个，根据隐含层神经元个数与输入层神经元个数的关系，初步得到隐含层神经元个数 n_2 为 15 个。因表 5.3 所示的训练样本中有些数值差距较大，为了保证后期结果的准确性，需在输入训练样本之前，对其进行归一化处理，处理后的训练样本均处于区间(−1,1)。除此之外，选用的相关函数如表 5.6 所示，其中输出层函数选用的是 logsig 函数，该函数可以将神经元的输入（整个实数集范围）映射到区间(0,1)中，这与期望的目标向量相符，且该函数可微，因而非常适合于此 BP 神经网络中。参数选择完成后，可在 MATLAB 软件中编程实现 BP 神经网络的创建。

表 5.6　BP 神经网络的相关函数

输出层传递函数	隐含层传递函数	学习函数	训练函数	性能函数
logsig	tansig	learngdm	trainlm	mse

2）网络的训练与诊断测试

网络的训练与测试是一个不断修正阈值与权值的过程，通过修正使得网络的输出误差在允许的范围内，在训练之前需要设置训练的相关函数，如表 5.6 所示，其中运用的训练函数是 trainlm，此函数中包含的算法是 Levenberg-Marquardt 算法，该算法具有收敛速度快的特点，可以在一定程度上降低训练的时间。表 5.7 为 BP 神经网络的训练参数设置。学习速率的大小将会影响收敛的速度，一般是学习速率越大，收敛得越快。参数设定完毕后，用 train 命令，即可开始进行网络的训练。训练完成后，从图 5.3 所示的训练结果图中可以得出，仅仅经过 5 步，网络就达到了误差要求，收敛速度比较快。

表 5.7　BP 神经网络的训练参数

训练次数	训练目标	学习速率
500	0.001	0.1

接下来用表 5.4 中的数据对网络进行诊断测试，测试之前要注意对数据进行归一化处理。从表 5.4 中也可看出，该组数据与之前训练所用的数据并不相同，以保证测试的有效性，测试的命令函数 Y=sim(net,P_test)，测试的结果如表 5.8 所示。

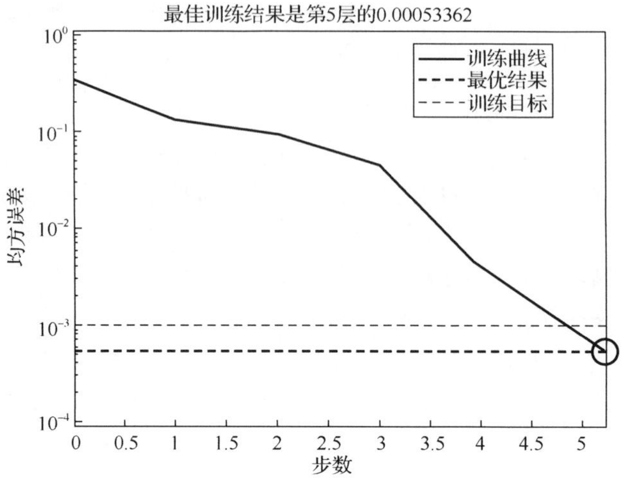

图 5.3 BP 神经网络训练结果图

表 5.8 基于时域指标与 BP 神经网络的诊断结果

轴承正常	外圈故障	内圈故障	滚动体故障
0.9920	0.0000	0.0061	0.0047
0.0000	0.9810	0.0404	0.0454
0.0045	0.0739	0.9988	0.0279
0.0016	0.0106	0.5318	0.3322

通过与期望的目标输出向量对比发现，该神经网络在诊断轴承正常、外圈故障和内圈故障时存在的误差较小，能够满足实际需求。但是对滚动体的故障诊断效果较差，造成该结果的原因是训练样本中包含的故障信息不全面以及所选用的时域指标不能准确反映滚动体的故障特征信息等。因此，运用 BP 神经网络和时域指标相结合的方法进行故障诊断时有一定的局限性，并未达到较好的诊断效果。

3. 基于 PNN 与时域指标的轴承故障诊断

1）PNN 创建

根据表 5.3 所示的训练样本可知，每一组样本中包含了 7 个特征量，因此在建立 PNN 时，输入的节点数应该为 7 个，需要输出的诊断状态有 4 个，即正常、外圈故障、内圈故障和滚动体故障，因此设计输出节点数为 4 个。PNN 在创建过程中，除了知道输入层和输出层的节点数以外，还需要设置 RBF 的分布密度 SPREAD，一般默认值为 0.1，为了能够较好地分析该值对网络性能的影响，这里分别设定该值为 0.1、0.2、0.3、0.4。接下来运行命令 PNN=newpnn(P,T,i/10)即可实现网络的创建，其中 P 代表输入向量，是表 5.3 中数据经归一化处理后得到的，

T 是目标向量，来源于表 5.5，而 i 为 1、2、3、4。

在 PNN 创建的过程中，训练已经随之完成，训练结果如图 5.4 所示。从图中可以看出，4 种不同的 RBF 分布密度下输出结果一致，都将故障模式分为了 4 类，其中 1 对应正常，2 对应外圈故障，3 对应内圈故障，4 对应滚动体故障。

```
y1c=

    1    1    1    1    2    2    2    2    3    3    3    3    4    4    4    4

y2c=

    1    1    1    1    2    2    2    2    3    3    3    3    4    4    4    4

y3c=

    1    1    1    1    2    2    2    2    3    3    3    3    4    4    4    4

y4c=

    1    1    1    1    2    2    2    2    3    3    3    3    4    4    4    4
```

图 5.4　PNN 训练结果图

2）PNN 的诊断测试

训练结果满足要求后，将表 5.3 所示的测试样本归一化处理后进行诊断测试，测试的命令为 y_test=sim(PNN,P_test)，测试的结果如图 5.5 所示。从图中可以看出，该网络对于轴承的正常、外圈故障、内圈故障的诊断比较有效，而对于滚动体故障的诊断效果较差，并且诊断的结果与 RBF 分布密度 SPREAD 的取值关系不大，这一诊断得到的结果与 BP 神经网络得到的结果相似，这说明导致滚动体故障诊断效果较差的原因可能是提取的特征向量中没有完全包含滚动体故障的特征信息。虽然 PNN 较 BP 神经网络有着稳定好的特点，但是运用时域指标与 PNN 相结合的方法进行轴承的故障诊断仍有一定的局限性。

```
y_test 1c =

    1    2    3    3

y_test 2c =

    1    2    3    3

y_test 3c =

    1    2    3    3

y_test 4c =

    1    2    3    3
```

图 5.5　基于时域指标与 PNN 的诊断结果

5.3.2 BP 神经网络和 PNN 与小波包分解联合进行轴承故障诊断

1. 基于小波包分解的故障特征提取

在运用神经网络与小波包分解进行轴承的故障诊断时，重点在于故障特征信息的提取，因为轴承在出现故障时，振动信号中包含着丰富的故障信息，但是又有外界噪声和机器其他部件振动的干扰，这时就可以利用小波包分解多分辨率的特点，对轴承的信号进行三次小波包分解，以提取故障特征。三层小波包分解树如图 5.6 所示。图中，(0,0)表示原始的振动信号，$(i,0)$表示在小波包分解过程中，分解到第 i 层的低频系数 X_{i0}，(i, j)表示小波包分解到第 i 层的高频系数 X_{ij}。然后对轴承的振动信号进行重构，得到各频带内的信号能量分布，这些能量分布在一定程度上反映着轴承的故障情况，因而可以作为特征向量。

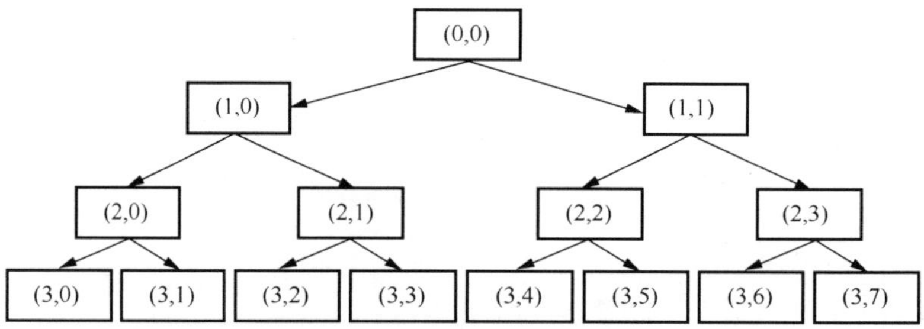

图 5.6 三层小波包分解图

此次诊断所用的原始数据与 5.3.1 节相同，均来自美国西储大学轴承试验中心，但是因为运用的信号分析方法不同，所以得到的特征向量有所区别。为了保证特征向量中包含信息的完整性，这次的样本有 80 组，其中 40 组用于训练神经网络，另外 40 组用于后期的诊断测试，部分训练样本及测试样本分别如表 5.9 和表 5.10 所示（完整数据见表 B.1 和表 B.2），这里包含轴承正常、外圈故障、内圈故障和滚动体故障四种情况。虽然此次特征向量的维数发生了变化，但是所对应的仍是轴承的 4 种状况，所以目标向量不需要做改变，如表 5.5 所示。

表 5.9 小波包分解所得部分训练样本

轴承状态	小波包分解故障特征值							
正常	52.4848	21.0982	5.0394	14.0148	0.8187	2.5496	1.3816	2.6129
	46.4611	23.3341	6.2379	15.6137	0.9618	2.5675	1.6406	3.1833
外圈故障	11.0863	8.5836	34.3688	5.5364	0.8045	1.2151	32.5274	2.8779
	12.4609	19.9339	24.3262	9.5102	0.8957	2.3229	27.2682	3.2821
内圈故障	7.2888	14.2053	36.7594	8.1491	1.1883	2.3775	26.5855	3.4460
	7.8574	19.0995	17.9094	13.4630	2.5243	4.3803	20.2657	14.5003
滚动体故障	19.3701	26.7242	12.4062	13.6290	1.5531	2.7300	17.6946	5.8928
	24.6308	15.0035	14.2178	10.9223	2.0156	5.0466	47.0140	11.1493

表 5.10　小波包分解所得部分测试样本

轴承状态	小波包分解故障特征值							
正常	48.2310	27.4121	4.5030	13.1053	0.6997	2.2041	1.1454	2.6994
	48.1904	21.1568	5.9155	16.1458	0.7508	2.2836	1.1845	3.7115
外圈故障	6.3276	4.2278	27.8454	3.2954	0.7931	0.8666	53.5070	3.1371
	11.8069	35.8586	18.0951	14.1212	0.9626	3.6646	12.2730	3.2181
内圈故障	8.2167	14.8128	33.8660	9.7102	1.2129	2.0724	24.8657	5.2433
	6.7584	15.1200	23.4727	10.2121	2.8568	5.8262	26.1728	9.5810
滚动体故障	23.4921	17.5704	20.0485	7.6721	1.8516	2.1480	20.9865	6.2307
	23.7881	22.4053	7.4746	13.0654	2.1448	5.0581	15.3432	10.7205

2. 基于 BP 神经网络与小波包分析的滚动轴承故障诊断

这里建立 BP 神经网络的过程与之前的相同，但是因为特征向量维数发生了变化，所以输入的神经元个数也要做变动，变为 8 个，相应的隐含层神经元个数就变为 17 个，其他的网络参数及训练参数均参照表 5.5 和表 5.6，然后创建神经网络，将表 B.1 中的特征向量归一化处理之后，作为训练样本对神经网络进行训练，训练的结果如图 5.7 所示。

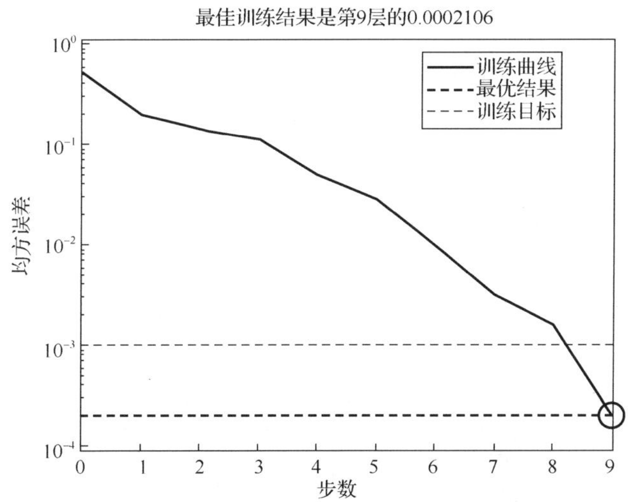

图 5.7　基于小波包分解与 BP 神经网络的训练结果图

从图 5.7 中可知，经过 9 步，训练结果就达到了误差要求，收敛速度比较快。

接下来就将表 B.2 中的数据归一化处理后，作为诊断测试样本，进行诊断测试，得到的结果如表 5.11 所示。

表 5.11 基于小波包分解与 BP 神经网络的诊断结果

轴承实际状态	诊断结果
正常 (1,0,0,0)	(0.9960,0.0017,0.0003,0.0048);(0.9961,0.0012,0.0003,0.0063); (0.9960,0.0014,0.0003,0.0062);(0.9956,0.0010,0.0005,0.0052); (0.9961,0.0011,0.0004,0.0052);(0.9939,0.0008,0.0005,0.0078); (0.9960,0.0010,0.0004,0.0057);(0.9953,0.0010,0.0004,0.0066); (0.9953,0.0010,0.0004,0.0064);(0.9937,0.0007,0.0006,0.0065)
外圈故障 (0,1,0,0)	(0.0003,0.9892,0.0055,0.0143);(0.0003,0.9926,0.0032,0.0250); (0.0001,0.9218,0.0569,0.0027);(0.0002,0.9554,0.0240,0.0063); (0.0001,0.9580,0.0368,0.0021);(0.0188,0.1984,0.0191,0.0652); (0.0001,0.0933,0.6057,0.0852);(0.0002,0.3094,0.3150,0.0571); (0.0001,0.8106,0.1861,0.0061);(0.0097,09539,0.0097,0.0030)
内圈故障 (0,0,1,0)	(0.0008,0.0049,0.9887,0.0241);(0.0009,0.0008,0.9986,0.0267); (0.0006,0.0081,0.9853,0.0116);(0.0002,0.8018,0.2042,0.0015); (0.0004,0.0033,0.9964,0.0034);(0.0010,0.0017,0.9998,0.0013); (0.0002,0.0053,0.9997,0.0014);(0.0008,0.0011,09997,0.0031); (0.0001,0.0008,0.9997,0.0031);(0.0006,0.0006,0.9996,0.0021)
滚动体故障 (0,0,0,1)	(0.0014,0.0010,0.0094,0.9930);(0.0073,0.0005,0.0048,0.9928); (0.0020,0.0005,0.0811,0.9927);(0.0014,0.0014,0.0037,0.9933); (0.0026,0.0003,0.0454,0.9973);(0.0012,0.0011,0.00185,0.9974); (0.0008,0.0017,0.0024,0.9932);(0.0014,0.0011,0.0018,0.9971); (0.0005,0.0012,0.0048,0.9915);(0.0018,0.0007,0.0020,0.9982)

从诊断的结果来看，诊断效果中等，准确率基本都在 70%以上，具体如图 5.8 所示，这也就说明，运用小波包分解和 BP 神经网络进行联合诊断，无论是外圈故障、内圈故障还是滚动体故障，都基本可以达到故障诊断的目的。

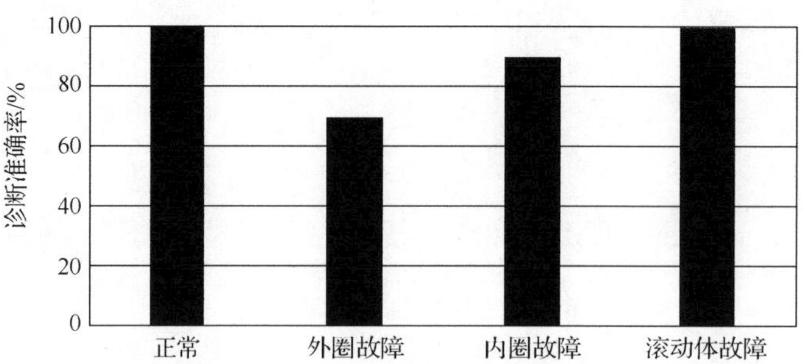

图 5.8 基于小波包分解与 BP 神经网络的诊断结果准确率统计图

3. 基于 PNN 与小波包分解的滚动轴承故障诊断

根据表 5.9 所示的训练样本可知，每一组样本中包含 8 个特征量，因而在建立 PNN 时，输入的节点数应该为 8 个。其余步骤与之前建立 PNN 的步骤一致，其中 RBF 的分布密度 SPREAD 取值为默认值 0.1 即可。输出的诊断状态有四个，即正常、外圈故障、内圈故障和滚动体故障，分别对应类别 1、2、3、4。创建过程中，训练样本为表 B.1 中经过归一化处理后的样本，训练完成后结果如图 5.9 所示。从图中可以看出，轴承的四种状态得到了很好的分类，接下来可以用表 B.2 中的测试样本进行故障诊断测试，在测试之前要对样本进行归一化处理，应用到的命令为 premnmx。

```
yc =

 Columns 1 through 16

   1   1   1   1   1   1   1   1   1   1   2   2   2   2   2   2

 Columns 17 through 32

   2   2   2   2   3   3   3   3   3   3   3   3   3   3   4   4

 Columns 33 through 40

   4   4   4   4   4   4   4   4
```

图 5.9　基于小波包分解与 PNN 的训练结果图

诊断的结果如图 5.10 所示。从图中可以看出，在本次运用的 40 组诊断样本中，只有一组诊断错误，将内圈故障诊断为外圈故障，诊断的准确率达到 97.5%，这也就说明运用小波包分解与 PNN 相结合的方法进行轴承故障诊断时，诊断准确率较高，具有不错的诊断效果。

```
y_testc =

 Columns 1 through 16

   1   1   1   1   1   1   1   1   1   1   2   2   2   2   2   2

 Columns 17 through 32

   2   2   2   2   3   3   3   2   3   3   3   3   3   3   4   4

 Columns 33 through 40

   4   4   4   4   4   4   4   4
```

图 5.10　基于小波包分解与 PNN 的诊断结果

4. 基于 RBF 神经网络与小波包分解的滚动轴承故障诊断

RBF 神经网络主要包含隐含层和输出层，在运用 MATLAB 的神经网络工具箱进行设计的过程中，最重要的参数是 RBF 的分布常数 SPREAD，该值越大，输出结果越平滑，因为此次训练样本的原始数据如表 B.1 所示，样本不是很大，所以该值设定为 2 即可。另外，在利用 newrbe 创建网络的过程中，隐含层神经元个数是自动增加的，直到最终误差满足要求为止，所以不需要预先设定。确定好相关参数后，即可进行网络的训练和测试，训练和测试的样本原始数据分别如表 B.1 和表 B.2 所示。需要注意的是，在使用这些数据之前要进行归一化处理，否则会因为样本之间相差悬殊而影响网络的训练过程，最终导致诊断结果出现大的误差，测试完成后的结果如表 5.12 所示。

表 5.12　基于小波包分解与 RBF 神经网络的故障诊断结果

轴承实际状态	诊断结果
正常 (1,0,0,0)	(0.9973,0.0454,0.0165,−0.0592);(1.0087,0.0262,0.0359,−0.0707); (0.9979,0.0268,0.0041,−0.0288);(1.0121,−0.0236,0.0606,−0.0478); (1.0009,−0.0236,0.0481,−0.0255);(1.0227,−0.0005,0.1209,−0.1430); (1.0367,−0.0007,0.1276,−0.1637);(0.9784,0.0400,0.1509,−0.1692); (1.0149,0.0163,0.0469,−0.0781);(1.0552,−0.0217,0.1583,−0.1917)
外圈故障 (0,1,0,0)	(−0.0315,1.4196,−0.4176,0.0295);(−0.0002,1.1094,−0.0589,−0.0504); (0.0387,0.9999,0.0276,−0.0662);(0.0976,−0.1353,1.0834,−0.0457); (−0.0119,1.0042,−0.0383,0.0461);(0.0897,1.3222,−0.4433,0.0314); (0.0498,−0.6549,1.1745,0.4306);(0.0228,−0.3306,0.7994,0.5083); (−0.0567,0.3868,0.2440,0.4259);(0.0942,0.8686,−0.0979,0.1351)
内圈故障 (0,0,1,0)	(0.1270,−0.8514,1.7560,−0.0315);(0.1466,−1.0761,2.1451,−0.2157); (0.0638,−0.5273,1.4114,0.0521);(0.0147,0.4236,0.4951,0.0666); (0.0174,−0.2822,1.2918,−0.0271);(0.1175,0.1760,1.3580,−0.6515); (0.2162,0.4428,1.0352,−0.6942);(0.1089,0.6139,0.7251,−0.4479); (0.0208,−0.2408,1.6968,−0.4767);(−0.0059,−0.1684,1.2641,−0.0899)
滚动体故障 (0,0,0,1)	(0.0434,0.1300,0.2404,0.5862);(0.0982,0.0252,−0.1210,0.9977); (−0.0646,−0.2620,0.3524,0.9742);(−0.0180,−0.3195,0.2081,1.1295); (−0.0103,−0.1397,0.2110,0.9390);(0.1147,0.2525,0.1936,0.4392); (0.0318,0.0105,0.1240,0.8336);(0.0764,−0.0864,0.0232,0.9868); (0.2194,0.8106,0.7312,−0.7612);(0.0394,−0.2152,0.3290,0.8468)

从诊断的结果可以看出，正常轴承没有出现误诊的情况，而其他三种故障轴承都出现了诊断失误，特别是外圈故障与滚动体故障，这就导致整体的诊断准确率只达到了 82.5%，这与之前的 BP 神经网络和 PNN 相比，还有一定的差距。也

就是说，若训练样本均相同，即都是由小波包分解后得到的能量特征向量时，PNN 的诊断准确率最高，而 RBF 神经网络的诊断准确率最低，造成这种现象的原因可能是训练样本的局限性以及参数设置不合理等。

5.3.3　BP 神经网络和 PNN 与 EMD 联合进行轴承故障诊断

1. 基于 EMD 的故障特征提取

在运用神经网络与 EMD 进行轴承的故障诊断时，重点依旧在于故障特征信息的提取，虽然之前已经运用小波包分析提取了能量特征作为故障特征向量，但是小波包分析不具备自适应性，在分析过程中需要提前设定小波基，而小波基的选择也会对信号处理的结果产生一定的影响，所以在本节提出用 EMD 与神经网络相结合的轴承故障诊断方法。在进行 EMD 时，由于 EMD 具有一定的自适应性，所以根据信号的不同分解得到的 IMF 也不尽相同，在对实际采集到的振动信号进行 EMD 时发现，分解得到的 IMF 数量有 11 个、12 个、13 个和 14 个几种，而大多的轴承故障信息保存在分解得到的前几个 IMF 分量中，因而取前 10 个 IMF 分量做能量的求取，然后将得到的能量向量作为特征向量，这在一定程度上保证了特征信息的完整性。

此次诊断所用的原始数据与 5.3.2 节相同，均来自美国西储大学轴承试验中心，但是因为运用的信号分析方法不同，所以得到的特征向量有所区别，为了保证特征向量中包含信息的完整性，这次的样本有 80 组，其中 40 组用于训练神经网络，另外 40 组用于后期的诊断测试，部分训练样本及测试样本如表 5.13 和表 5.14 所示（完整数据见表 B.3 和表 B.4），其中包含轴承正常、外圈故障、内圈故障和滚动体故障四种情况，输出的目标向量无须做改变，仍如表 5.5 所示。

表 5.13　EMD 所得的部分训练样本

轴承状态	EMD 分解故障特征值									
正常	8.9929	17.5917	2.7250	5.3324	10.9742	2.1184	0.3485	0.0398	0.0437	0.0096
	13.7655	15.7994	3.9871	6.3389	8.8966	1.5385	0.1856	0.0970	0.0528	0.0259
外圈故障	220.8703	31.2061	12.5715	6.4262	1.1998	0.2724	0.0864	0.0496	0.0313	0.0209
	1297.6598	101.9744	52.2434	13.5264	6.5699	3.3339	0.6046	0.3326	0.1747	0.0604
内圈故障	129.4612	30.1128	16.1590	8.6553	2.7232	1.3477	0.1998	0.0796	0.0388	0.0130
	431.7510	189.8577	27.6814	7.1120	6.6710	3.9646	0.8185	0.5352	0.0987	0.2177
滚动体故障	33.1284	26.9663	10.5120	8.4974	1.9471	0.3270	0.1391	0.1195	0.0241	0.0499
	120.8408	25.6702	21.3639	13.1975	9.5345	5.0808	0.4732	0.1745	0.1293	0.0416

表 5.14 EMD 所得的部分测试样本

轴承状态	EMD 分解故障特征值									
正常	10.6648	15.8315	2.5675	7.2489	8.9762	3.0098	0.9397	0.1036	0.0282	0.0207
	13.2864	16.3045	3.1380	5.7235	9.5460	2.0605	0.3056	0.0915	0.0388	0.0135
外圈故障	230.3068	29.5115	15.7448	7.9869	1.4321	0.4526	0.1342	0.0598	0.0497	0.0244
	1329.1811	129.0716	28.2628	14.1351	6.4895	3.3598	0.8964	0.6087	0.2115	0.0687
内圈故障	137.2158	33.2280	15.7200	6.8128	2.6212	0.8997	0.1347	0.1027	0.0547	0.0135
	424.2478	181.6691	44.3960	7.0396	3.1686	5.5719	1.2237	1.2761	0.5931	0.2247
滚动体故障	52.3417	26.0884	9.3993	10.5186	3.2895	0.7469	0.1548	0.1034	0.0360	0.0219
	55.9204	24.4792	21.5306	12.7181	8.2110	2.7974	0.4446	0.1798	0.0955	0.0695

2. 基于 BP 神经网络与 EMD 的滚动轴承故障诊断

这里建立 BP 神经网络的过程与之前的相同，但是因为特征向量维数发生了变化，所以输入的神经元个数应该设置为 10 个，相应的隐含层神经元个数变为 21 个，其他的网络参数及训练参数均参照表 5.6 和表 5.7。然后创建神经网络，将表 B.3 中的训练样本归一化处理之后，对神经网络进行训练，训练的结果如图 5.11 所示。从图中可以看出，经过 26 步以后，训练结果达到了误差要求。

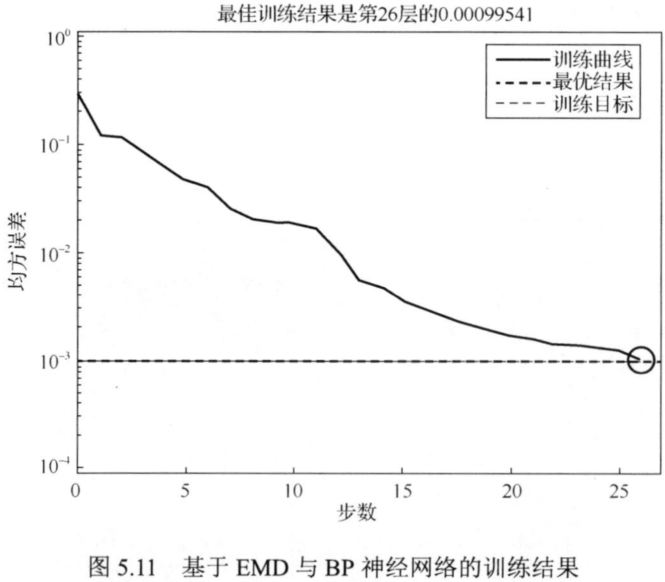

图 5.11 基于 EMD 与 BP 神经网络的训练结果

将表 B.4 中的测试样本归一化处理后进行测试，得到的诊断结果如表 5.15 所示。从诊断结果可以看出，诊断效果较好，总体的准确率为 97.5%。这也就说明，对于相同的原始振动数据来说，基于 EMD 与 BP 神经网络的轴承故障诊断法达到的诊断效果要比基于小波包分解与 BP 神经网络的故障诊断法好，且无论是外圈故障、内圈故障还是滚动体故障，准确率都比较高。这也可以说明，同样用振动信号的能量作为故障特征时，EMD 得到的特征向量包含的故障特征信息更为全面，对故障诊断更为有利。

表 5.15　基于 EMD 与 BP 神经网络的诊断结果

轴承实际状态	诊断结果
正常 (1,0,0,0)	(0.9881,0.0000,0.0766,0.0002);(0.9942,0.0000,0.0210,0.0006); (0.9963,0.0000,0.0251,0.0012);(0.9915,0.0000,0.0059,0.0063); (0.9951,0.0000,0.0077,0.0079);(0.9934,0.0000,0.0262,0.0009); (0.9900,0.0000,0.0109,0.0050);(0.9874,0.0000,0.0323,0.0045); (0.9951,0.0000,0.0126,0.0040);(0.9949,0.0000,0.0178,0.0045)
外圈故障 (0,1,0,0)	(0.0005,0.9581,0.0422,0.0119);(0.0007,0.9729,0.0267,0.0117); (0.0005,0.8630,0.0084,0.1562);(0.0007,0.9539,0.0278,0.0187); (0.0006,0.9142,0.0571,0.0067);(0.0003,0.9999,0.0028,0.0001); (0.0000,0.9749,0.1330,0.0000);(0.0000,1.0000,0.0028,0.0000); (0.0000,0.9999,0.0046,0.0000);(0.0000,0.9999,0.0025,0.0000)
内圈故障 (0,0,1,0)	(0.0053,0.0076,0.9402,0.0424);(0.0039,0.0257,0.9509,0.0086); (0.0032,0.2059,0.7928,0.0095);(0.0018,0.4474,0.7602,0.0074); (0.0018,0.0203,0.9823,0.0199);(0.0246,0.0008,0.9999,0.0000); (0.2382,0.0000,0.9920,0.0042);(0.0024,0.0025,0.9999,0.0000); (0.0063,0.0028,1.0000,0.0000);(0.0232,0.0004,1.0000,0.0016)
滚动体故障 (0,0,0,1)	(0.0118,0.0007,0.0692,0.9726);(0.0061,0.0079,0.0878,0.9133); (0.0042,0.0289,0.0770,0.8691);(0.0197,0.0011,0.0538,0.9608); (0.0077,0.0103,0.1246,0.8107);(0.0001,0.0260,0.0622,0.0937); (0.0051,0.0002,0.0333,0.7221);(0.0173,0.0000,0.0080,0.9749); (0.0396,0.0000,0.0027,0.9466);(0.0806,0.0000,0.0167,0.9404)

3. 基于 PNN 与 EMD 的滚动轴承故障诊断

建立 PNN 的步骤与之前一致，只是输入的节点数变为 10 个，其中 RBF 的分布密度 SPREAD 仍取值为默认值 0.1 即可。输出的诊断状态及相对应的类别也没有变化。训练样本为表 B.3 中经过归一化处理后的样本，训练完成后结果如图 5.12 所示。从图中可以看出，轴承的四种状态得到了很好的分类，接下来可以用表 B.3

中的测试样本进行故障诊断测试，在测试之前注意样本的归一化处理。

```
yc =

 Columns 1 through 18

   1   1   1   1   1   1   1   1   1   1   2   2   2   2   2   2   2   2

 Columns 19 through 36

   2   2   3   3   3   3   3   3   3   3   3   3   4   4   4   4   4   4

 Columns 37 through 40

   4   4   4   4
```

图 5.12　基于 EMD 与 PNN 的训练结果图

测试的结果如图 5.13 所示。从图中可以看出，在本次所用的 40 组测试样本中，诊断结果没有出现误诊的情况，诊断的准确率达到 100%，说明在训练样本与测试样本完全一致的情况下，运用 EMD 与 PNN 相结合的方法进行轴承故障诊断时，诊断效果优于运用 EMD 与 BP 神经网络相结合的方法，足以满足实际诊断的需求。

```
y_testc =

 Columns 1 through 18

   1   1   1   1   1   1   1   1   1   1   2   2   2   2   2   2   2   2

 Columns 19 through 36

   2   2   3   3   3   3   3   3   3   3   3   3   4   4   4   4   4   4

 Columns 37 through 40

   4   4   4   4
```

图 5.13　基于 EMD 与 PNN 的诊断结果图

4. 基于 RBF 神经网络与 EMD 的轴承故障诊断

RBF 神经网络的创建过程与之前一致，参数设置也基本相同，因此只需更改训练样本及测试样本后即可进行网络的训练和测试，训练和测试的样本原始数据分别如表 B.3 和表 B.4 所示。需要注意的是，在使用这些数据之前要进行归一化处理。测试完成后的结果如表 5.16 所示。

表 5.16 基于 EMD 与 RBF 神经网络的诊断结果

轴承实际状态	诊断结果
正常 (1,0,0,0)	(1.1919,−0.2088,−0.0850,0.1020);(1.0714,−0.1366,0.0158,0.0493); (1.0003,−0.1032,0.0305,0.0724);(1.0866,−0.1010,−0.1918,0.2062); (1.2043,−0.2469,0.1001,−0.0575);(0.9341,0.3094,−0.0865,0.1130); (0.8114,0.1736,−0.0267,0.0418);(0.7421,0.0967,−0.0094,0.1706); (1.0593,−0.1215,−0.1509,0.2131);(0.9539,−0.0330,0.0079,0.0711)
外圈故障 (0,1,0,0)	(0.0220,1.0006,0.1379,−0.1606);(0.0442,1.1472,−0.1788,−0.0125); (0.0018,0.9491,0.0631,−0.0140);(0.0330,0.9313,0.1413,−0.1056); (0.0713,1.0664,−0.0596,−0.0781);(−0.2200,1.6973,−0.2732,−0.2041); (1.3323,−0.2856,0.0787,−0.1254);(−0.1086,1.2627,−0.0274,−0.1267); (−0.1213,1.2836,0.1353,−0.2997);(0.1197,1.1242,0.1870,−0.4310)
内圈故障 (0,0,1,0)	(0.0144,0.1825,0.7283,0.0749);(0.0097,0.2978,0.5686,0.1239); (0.0532,0.3324,0.3706,0.2438);(0.0645,0.3145,0.3737,0.2473); (0.0492,0.0401,0.8689,0.0418);(−0.2320,0.2580,0.9309,0.0430); (0.9334,−0.4588,0.7213,−0.1959);(−0.5561,0.3167,1.3487,−0.1093); (0.0993,−0.5877,2.1432,−0.6548);(1.2573,−1.3569,1.3330,−0.2363)
滚动体故障 (0,0,0,1)	(0.1114,0.0274,0.1027,0.7586);(0.0832,−0.0178,−0.0240,0.9585); (0.0310,−0.0157,−0.0126,0.9974);(0.0894,0.0426,0.0145,0.8535); (0.0747,0.1614,−0.2471,1.0110);(0.0694,0.4566,−0.4171,0.8910); (−0.1771,0.6924,−0.0143,0.4990);(0.1295,0.0342,0.2047,0.6316); (−0.0820,0.4246,−0.0797,0.7371);(−0.0729,0.2434,0.2280,0.6015)

从诊断的结果可以得出，诊断的准确率达到 90%，且正常轴承没有出现误诊的情况，但是其他三种故障轴承都出现了不同数量的误诊，特别是内圈故障，出现了三组误诊状况，导致该组测试样本的诊断准确率只有 70%；还有就是外圈故障，虽然只有一组数据出现误诊，但是误诊的结果是轴承状态正常，这种状况在实际中是决不允许出现的。因此，该种方法并不适用于进行轴承的外圈和内圈的故障诊断，而且对于相同的训练样本及测试样本来讲，BP 神经网络和 PNN 的诊断效果要优于 RBF 神经网络的。

5.4 本章小结

（1）本章分析了目前高速列车轴承温度采集与处理的情况，根据理论仿真研究与试验验证的结果，提出了轴承温度信号监测的改进措施，为未来高速列车轴承单元国产化提供理论与试验依据。

（2）本章论述了高速列车轴承信号分析方法，如信号的共振解调分析、信号的时域分析、频域分析、时频分析、希尔伯特-黄变换、EMD 以及神经网络等，分析总结了各种分析方法的优劣。

（3）本章提出了高速列车轴承故障诊断方法，主要是神经网络与时域指标融合方法、神经网络与小波包分解融合方法、神经网络与 EMD 的融合方法。运用到的神经网络有 BP 神经网络、PNN 和 RBF 神经网络三种，提取故障特征向量的方法有时域指标法、小波包分析法和 EMD 方法三种。通过对不同特征向量及不同神经网络进行组合诊断发现，基于 EMD 与 PNN 相结合的诊断方法的诊断准确率最高，能够满足轴承诊断的实际需求。另外，基于小波包分解与 PNN 以及基于 EMD 与 BP 神经网络的诊断方法的诊断准确率也基本能够满足实际需求，其他几种诊断方法的诊断准确率不高。

第 6 章

高速列车轴承动态监测试验研究

本书针对高速列车轴承动态监测系统的试验研究主要分两部分内容。

第一部分是对高速列车轴承进行部分性能试验，验证了第 4 章高速列车轴承单元的温度场分析结果。

第二部分是对第 5 章内容的设计验证试验，试验目的是验证高速列车轴承动态监测系统及分析方法是否适用，验证本书的研究成果是否可以用于车载在线监测高速列车轴承。

本章针对这两部分内容采用了不同的试验装置，其试验原理和目的也有所不同：针对第一部分内容设计并制造了铁路列车轴承性能试验装置，针对第二部分内容设计并制造了双列圆锥滚动体轴承试验装置。

6.1 铁路列车轴承性能试验装置

针对第一部分试验研究，采用的试验装置为铁路列车轴承性能试验装置。该试验装置在控制系统方面能适应高速列车轴承试验，可以进行国内外高速列车轴承的性能对比试验和模拟运行试验，能够部分模拟高速列车轴承在极限工作下的实际恶劣工况，检测高速列车轴承在特定工况下的性能和寿命，对高速列车轴承做出具体评估。它是研究高速列车轴承故障和失效形式、测试各项性能参数、模拟运行试验的重要平台。

测试对象：SKF-TBU-BT2-8545-AD 高速列车轴承和 808025 型单列圆柱滚动体轴承。

6.1.1 试验装置原理

本书研制的铁路列车轴承性能试验装置符合铁道行业标准，其工作原理符合中华人民共和国铁道行业标准《机车车辆轴箱滚动轴承在轴箱试验机上的热试验方法》(TB/T 3000—2000)[101]和《机车车辆轴箱滚动轴承在轴箱试验机上的耐久试验方法》(TB/T 3017—2001)[102]中对试验台原理的相关规定。同时，试验机参考欧洲标准“Railway Applications-Axleboxes-Rolling Bearing”(BS EN 12080: 2007)[103]。标准 BS EN 12080:2007 详细规定了在试验台上测试组装轴箱的原则、方法和设备，以及验收标准。该标准详细描述了两种主要的测试：台架试验与现场试验。台架试验是指在一个试验台架上安装两个轴箱装配，使轴箱承受重复的加载循环，加载循环由装备这些轴箱的车辆的运用条件所决定。台架试验中，轴箱将承受恒定的垂向载荷和交变的横向载荷，这两个方向的载荷分别会在轴承上产生径向载荷和轴向载荷。性能试验要重复同样的循环直到标准认可的累积距离，循环次数和试验距离反映了轴箱应用时的运行条件。而现场试验则要求尽可能将轴承安装在走行公里数多、最高运行速度高、轴重高的车辆上。对限速在 200km/h 的干线车辆，试验至少要进行 2 年或 60 万 km，如果限定速度超过 200km/h，则至少要进行 100 万 km[8]。

图 6.1 为试验装置原理图，轴承试验装置主轴、测试轴承、支撑轴承的结构布置如图所示。

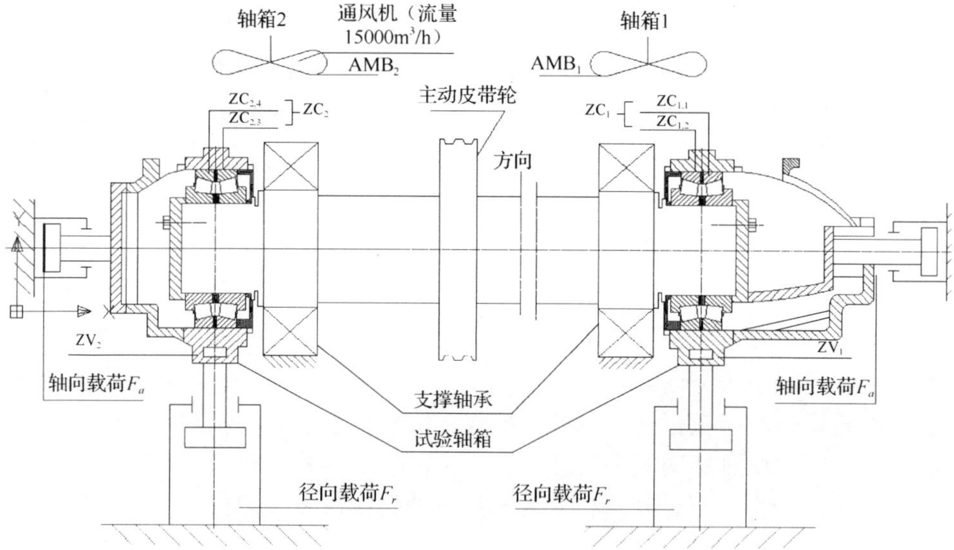

ZC. 负荷区；ZV. 观察区；AMB. 环境温度

图 6.1 铁路轴承试验装置原理图

6.1.2 测控系统设计

根据图 6.1 铁路轴承试验装置原理图，针对高速列车轴承的特性，本章研制了其测控系统。以工业控制触摸屏和工业控制计算机作为并行监控上位机，带高速脉冲输入、A/D 转换模块和数模（digital-to-analog，D/A）转换模块的西门子

S7-200PLC 作为下位机，西门子 MM440 变频器控制三相异步电动机作为执行机构，系统由一个闭环控制系统和开环控制系统组成，如图 6.2 所示。

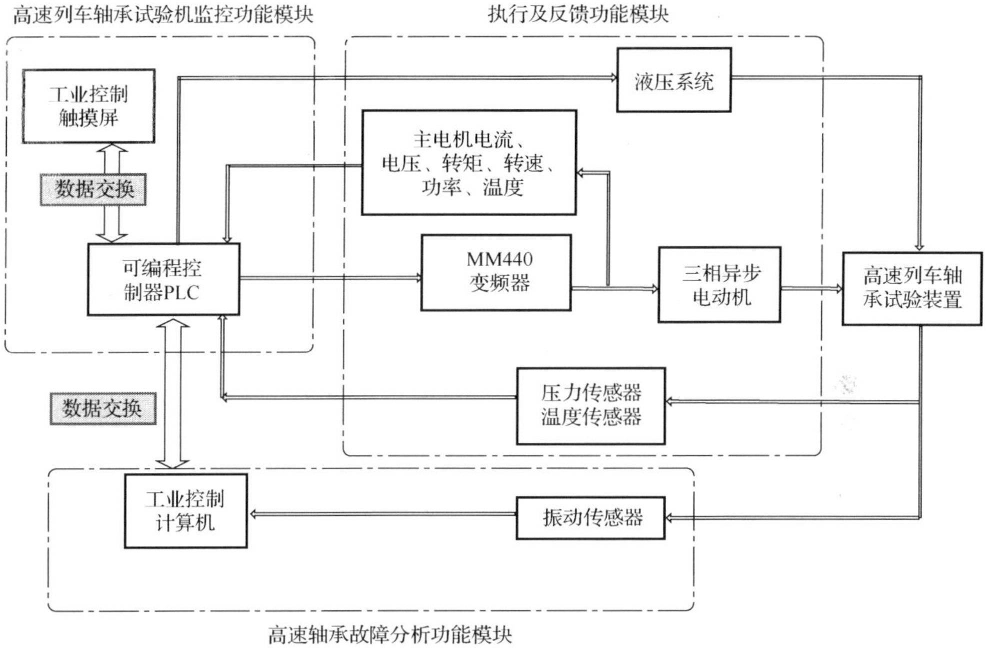

图 6.2　铁路轴承试验装置测控系统原理框图

（1）闭环控制系统。昆仑通态触摸屏作为上位机，与西门子 S7-200 可编程控制器（programmable logical controller，PLC）采用点对点接口（point to point interface，PPI）通信方式，PLC 与变频器采用通用串行接口（universal serial interface，USS）协议通信方式，试验装置上的温度、压力信号由 A/D 转换模块进入 PLC，主电机的电流、转速、变频器温度等信号通过 USS 协议进入 PLC。加载系统由液压系统完成，其比例伺服阀由 PLC 的 D/A 转换模块控制阀门开度。

（2）开环控制系统。试验装置上的振动信号由 INV3020C 采集，并送入工业控制计算机的板卡，由专门的数据分析系统完成其分析处理。工业控制计算机与 PLC 通过 PPI 通信方式实现数据交换。

本装置的设计参数主要有：①温度；②载荷；③振动信号；④主电机电流、电压、转速、转矩、功率。轴承温度、载荷为模拟信号，由变送器直接送到 PLC 的 A/D 转换模块变成数字信号。振动传感器通过数据采集装置将振动信号送到工业控制计算机进行处理。主电动机电流、电压信号、转速、转矩、功率信号由变频器通过 USS 通信协议传递到 S7-200PLC。温度信号传感器采用数字温度传感器，轴承温度是轴承试验装置必测参数，轴承温升的高低是确定轴承质量的特征参数之一。由于温度参数变化缓慢，因此测试频率要求不高，测试精度一般为1%，要求较高的场合可达 0.5%或更高，普通轴承的外圈温度传感器测试范围在 0～200℃。

本装置的测控系统由三个模块组成：高速列车轴承试验机监控功能模块、执行及反馈功能模块和高速轴承故障分析功能模块。监控功能模块包含自动加载、自动调速、温度、速度、载荷的自动监控功能；执行及反馈功能模块包含液压系统、变频器、压力传感器和温度传感器，以及主电机电流、电压、转矩、转速、功率、温度等；高速轴承故障分析功能模块包含振动传感器和工业控制计算机，完成振动分析、故障诊断功能。

6.1.3 试验装置硬件设备组成

设备组成及外观如图 6.3 所示。图 6.3（a）为试验装置机械床身主体；图 6.3（b）为控制柜及控制面板，控制面板采用触摸屏，通过与柜内 PLC 通信来控制现场变频器等；图 6.3（c）为液压系统，由比例阀控制径向加载和轴向加载的动力；图 6.3（d）为触摸控制屏的系统控制界面；图 6.3（e）为主设备监控界面。

（a）试验装置机械床身　　（b）控制柜及控制面板

（c）液压系统　　（d）系统控制界面　　（e）主设备监控界面

图 6.3　轴承试验装置外观图

根据 3.2 节对高速列车轴承受力分析可知，轴承的径向载荷主要是由车厢及走行部的重量传递给轴承外圈的，某高速列车车轴轴重为 16～17t，按照最大轴重为 17t，其径向载荷大约为 85kN，方向是垂直于轮对与钢轨接触表面。轴承的轴向载荷为径向载荷的 0.2～0.3 倍，故轴向载荷为 17～25.5kN。由此可知，液压系统轴向和径向加载的载荷是试验装置测试的重要参数，其加载值的准确率直接影响轴承的试验结果。为了更准确测量其载荷，直接用压力传感器测试。为了模拟复杂的高速环境，变载荷加载系统设计成闭环控制系统。为满足动态测试的需要，测试频率、响应速度均要高于载荷的变化速度。图 6.4 和图 6.5 分别为径向加载和轴向加载机构。

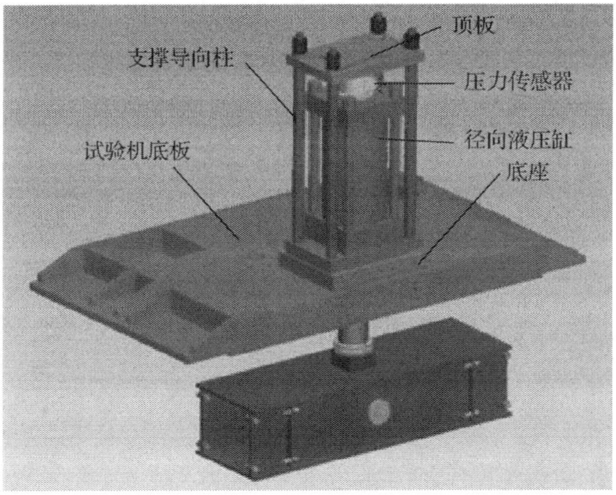

（a）三维设计图

（b）实际结构图

图 6.4　径向加载机构

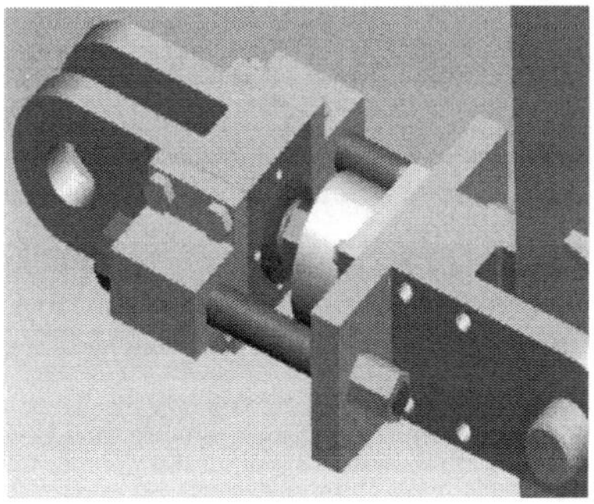

（a）三维设计图

（b）实际结构图

图 6.5　轴向加载机构

图 6.6 为温度传感器的安装位置。本装置温度传感器采用 PT100，输出的模拟信号通过 PLC 进行 A/D 转换后参与算法控制。本装置可以根据系统进行升级，其温度传感器亦可采用 DS18B20 单线数字温度传感器，通过系统编程直接读取其温度值。

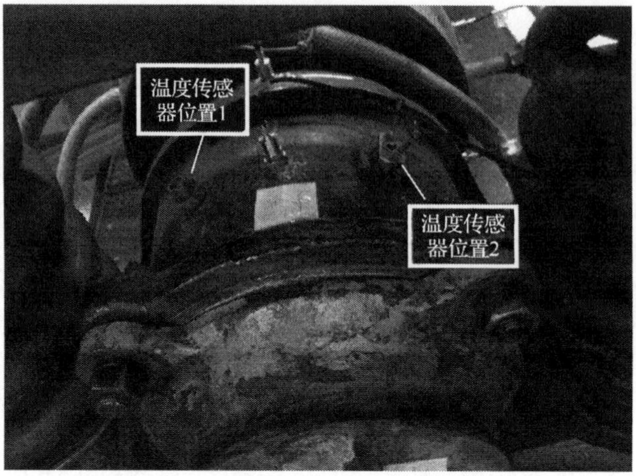

图 6.6　温度传感器的安装位置

图 6.7 为所采用的振动加速度传感器的型号及安装位置。该传感器带磁力，接触面需要打磨后直接吸在底座上。

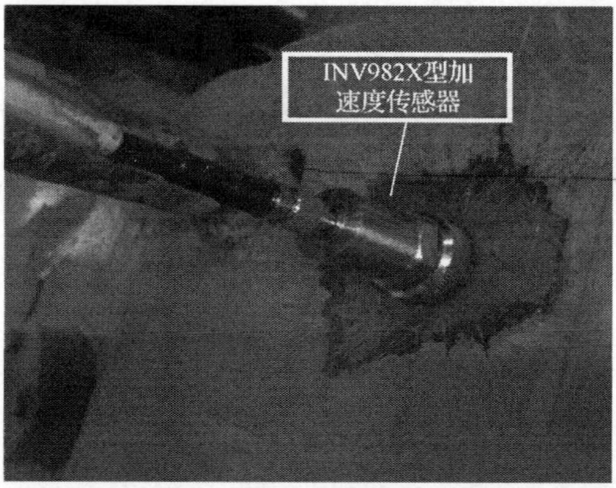

图 6.7　INV982X 型加速度传感器及其安装位置

振动信号数据通过加速度传感器与 INV3020C 高性能数据采集分析仪来进行采集。该数据采集仪内置嵌入式电脑模块和硬盘存储，可达 104 个通道，每个通道可以以 102.4Hz 高速度采样，且各通道都有独立的 A/D 转换电路，并行无时差，因此该采集仪能够满足轴承试验要求，达到多通道、高速度、高精度的振动物理量信号采集。图 6.8 为采集仪与传感器的硬件连接图。当连接完成后，运行采集仪自带的 DASP 软件，即可进行所需要的数据采集。

液压加载控制原理图如图 6.9 所示。该液压加载系统由径向加载回路和轴向加载回路组成，其动力源来自柱塞泵产生的压力油。对于径向加载液压缸，需要完成加载与卸载动作，故采用两位四通电磁换向阀即可满足其方向控制；对于轴向加载液压缸，不仅要满足拉压两个方向的加载与卸载动作，还要实现回中位的加载与卸载动作，故采取三位四通换向阀来完成这一操作过程。

图 6.8　采集仪与传感器的硬件连接图

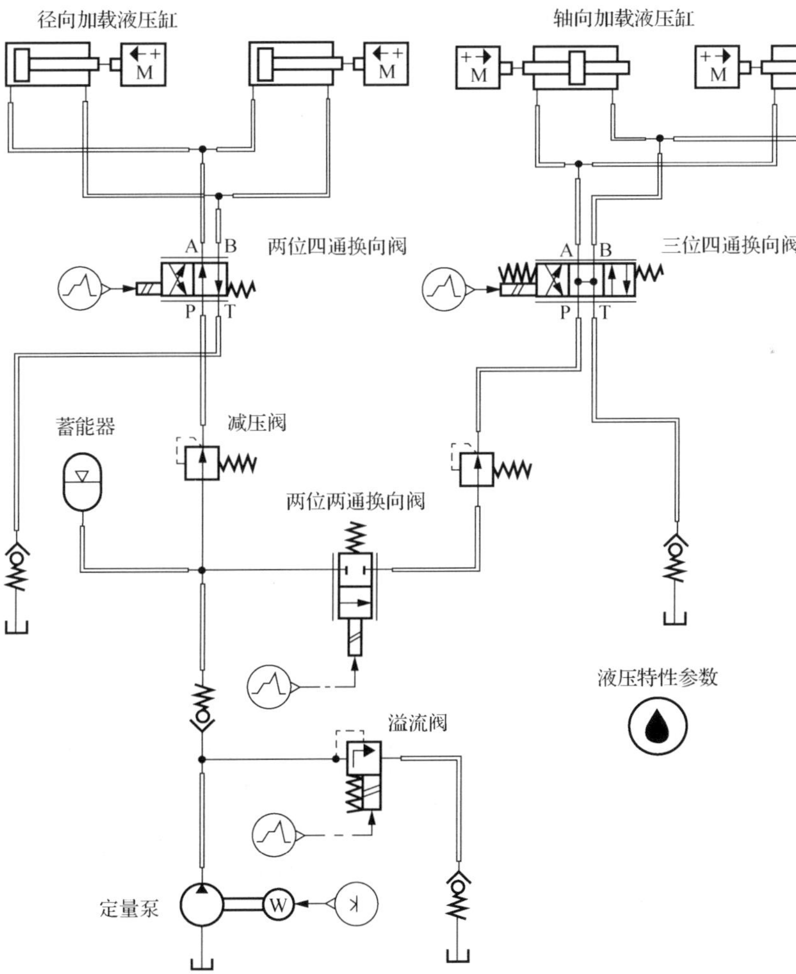

图 6.9　液压加载控制原理图

6.1.4 基于峭度和谱峭度、EMD 的铁路轴承试验

本节试验采用了铁路列车轴承性能试验装置，研究了峭度和谱峭度对轴承性能的测试技术。本节设计了对新轴承的性能测试方法，利用一台试验装置同时对两个轴承进行对比试验。利用 EMD 对信号进行降噪处理，通过对比两个轴承振动信号的峭度对其性能进行初步判断，针对峭度异常的信号再进行谱峭度分析，定位导致峭度异常的频带范围。试验结果表明：在振动峰值和有效值正常的情况下，峭度和谱峭度可以有效地检测出轴承的异常，为铁路轴承的出厂质量评价提供了一种切实可行的方法。

1. 轴承测试装置与测试条件

本节试验轴承选用的是瓦房店某公司城市轨道交通轴承国产化项目研制的双 808025 型单列圆柱滚动体轴承。该轴承的设计尺寸为外圈直径 220mm、内圈直径 130mm。为了进行性能对比，用两个新轴承同时进行试验。测试装置使用了如图 6.3 所示的大连交通大学研发的轨道车辆轴承性能试验装置。试验装置选用 INV982X 型加速度传感器进行振动参数采集，该传感器内有微型集成电路（integrated circuit，IC）放大器，它将传统的压电加速度传感器与电荷放大器集于一体，能直接记录、显示以及与采集设备连接，简化了试验装置的测试系统，提高了轴承测试精度和可靠性。传感器标配电缆为 STYV-Ⅰ型号的低噪声电缆，可以有效降低试验过程中噪声等因素引发的干扰性，进而提高测得的振动数据精度。

如图 6.10 所示，总共采用 12 路振动传感器进行振动监测，左右两侧的测试轴承对称布置了 4 个传感器，分别监测主轴的轴向振动、被测试轴承的径向垂直振动和径向水平振动，其中径向、垂直振动分为两路，左右对称，共计 8 路。支撑轴承布置 4 路振动传感器，监测支撑轴承的径向振动，如图 6.11 所示。

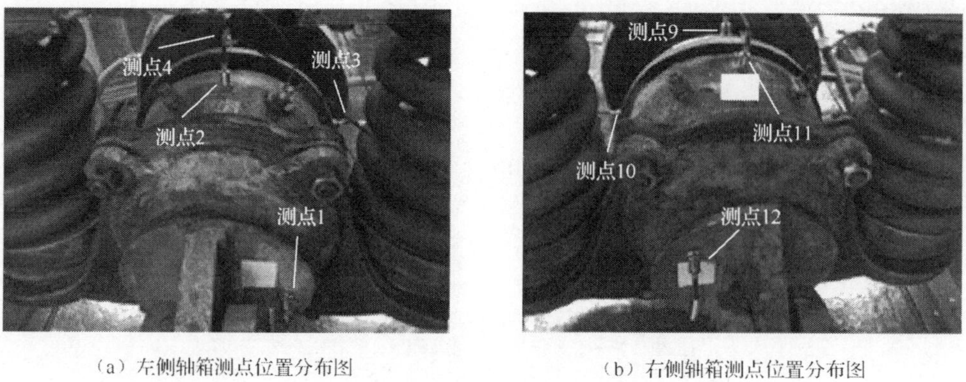

（a）左侧轴箱测点位置分布图　（b）右侧轴箱测点位置分布图

图 6.10 轴承测点位置分布图

图 6.11　支撑轴承测点位置分布图

为了便于对比和分析，用控制变量法的思想来设置试验参数，即控制某些参量不变而只改变一个参量来查看振动情况。采用了 4 组有实际意义的对比试验，从试验装置监控界面上设置试验参数（表 6.1），利用振动数据采集系统 Coinv DASP 分别对 4 组试验进行数据采集。第 1 组和第 2 组是空载情况下的试验，第 3 组和第 4 组是负载情况下的试验；第 1 组和第 3 组是低速情况下的试验，第 2 组和第 4 组是高速情况下的试验。图 6.12 是测取的第 1 组数据经 EMD 降噪后的时域波形。

表 6.1　各组试验的参数

序号	主轴转速 /(r/min)	频率 /Hz	径向加载 /kN	电流 /A	电压 /V	变频温度 /℃	功率 /W	扭矩 /(N·m)
1	172.84	5.79	0	32.14	46.57	28.53	1.85	51.55
2	301.06	10.09	0	30.66	79.04	29.06	3.20	49.29
3	172.8	5.79	53	39.81	46.57	33.38	1.86	61.69
4	301.06	10.09	53	35.77	79.23	34.25	3.70	59.01

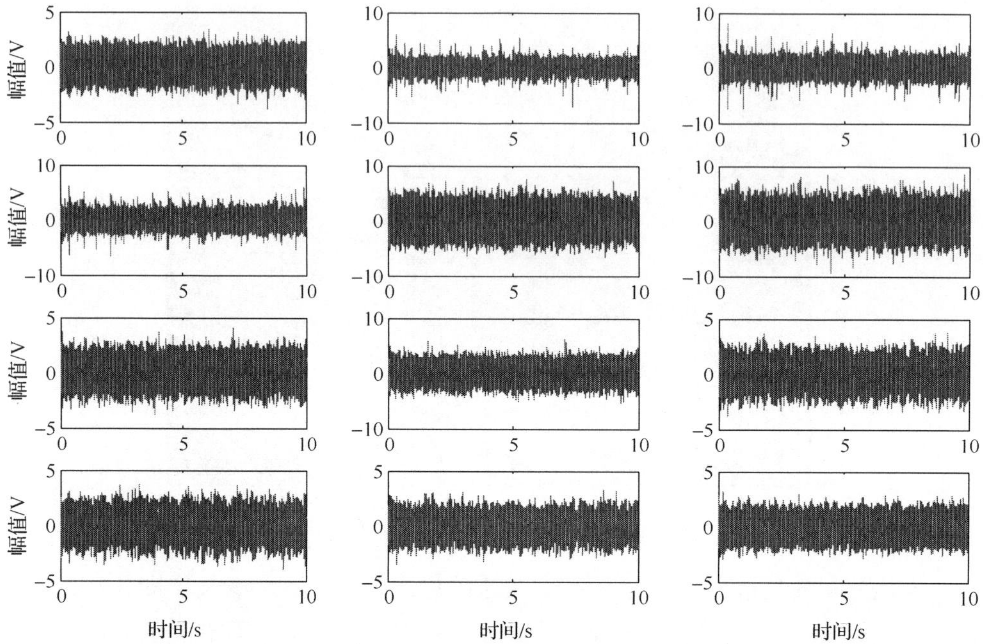

图 6.12　第 1 组振动信号的时域波形

2. 轴承振动信号的峭度分析

对采集的信号进行对比分析，计算每个信号的峭度指标、峰峰值和有效值。将第 1 组和第 3 组数据进行对比，也就是在同样转速情况下，比较空载和负载情况下轴承的振动情况，如图 6.13 所示。

由图 6.13 可以观察到三个现象。①在空载情况下，左侧被测试轴承的峭度比较大，测点 2 的峭度接近 3.8，测点 3 的峭度接近 3.2；而右侧被测试轴承的峭度相对较小，测点 10 和测点 11 的峭度均在 3.0 附近。②在 53kN 负载的作用下，左侧被测试轴承的峭度反而明显变小，测点 2 和测点 3 的峭度回落到 2.8 附近；而右侧被测试轴承的峭度变化很小，测点 10 和测点 11 的峭度依然在 3.0 附近。③在空载和负载情况下，左侧和右侧被测试轴承的有效值和峰峰值不大，而且变化较小。经过对两个被测试轴承的对比，初步可以发现左侧被测试轴承的性能可能要略差。

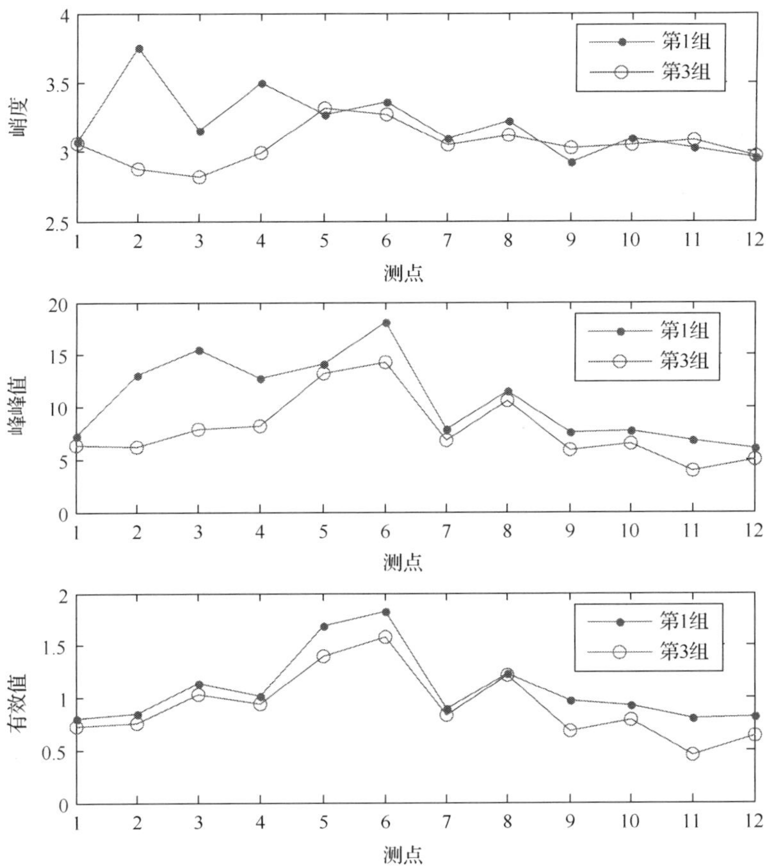

图 6.13　低转速下轴承振动情况对比

为了进一步分析，将高速情况下两个轴承的振动情况进行对比，即将第 2 组和第 4 组数据进行对比，如图 6.14 所示。类似的，由图 6.14 中也可以观察到存在的三个现象。另外，图中比较突出的是：空载情况下，左侧被测试轴承的峭度变得非常大，测点 2 的峭度接近 7，测点 3 的峭度接近 6，两个测点的峭度均大大超过了峭度的报警值 4；而右侧被测试轴承无论是空载还是负载情况下，峭度和有效值的变化都很小。由此可知，左侧被测试轴承的性能确实要比右侧被测试轴承的性能差。

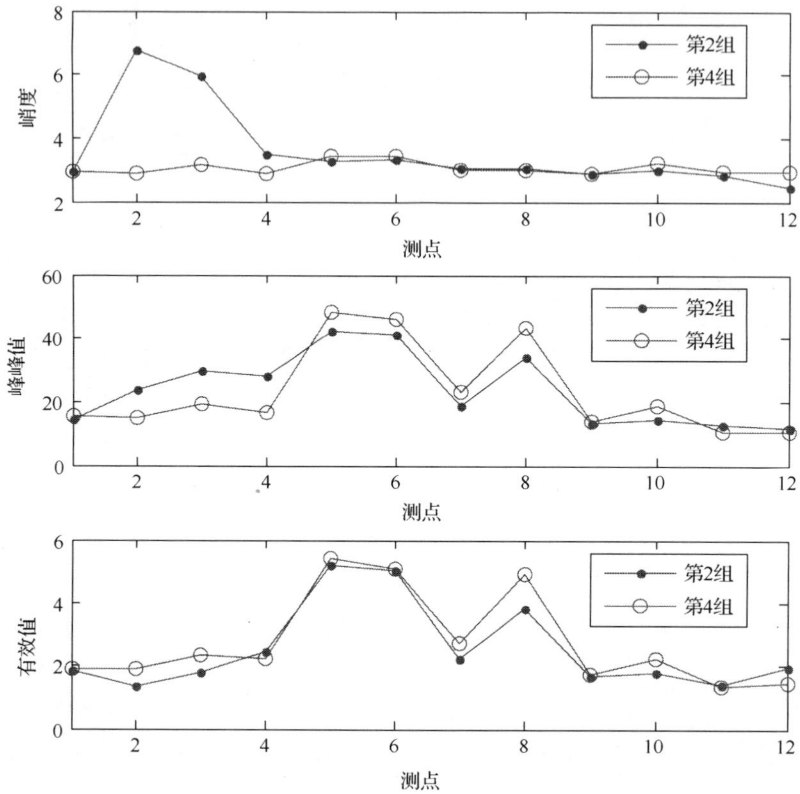

图 6.14　高转速下轴承振动情况对比

根据有效值和峰峰值的大小，并结合信号的频谱（第 2 组测点 2 信号的频谱如图 6.15 所示），可以看出两个轴承没有任何异常。因此，峭度可以用于新轴承的质量检测和性能评估。

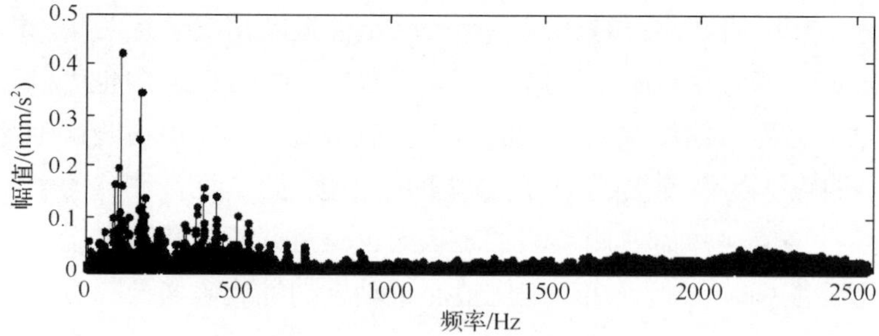

图 6.15　第 2 组测点 2 信号的频谱

3. 轴承振动信号的谱峭度分析

为了进一步分析左侧被测试轴承的性能，对测点 2 和测点 3 的信号进行谱峭度分析，寻找导致峭度大的频带范围。低速空载情况下，测点 2 和测点 3 的谱峭度分别如图 6.16 和图 6.17 所示。

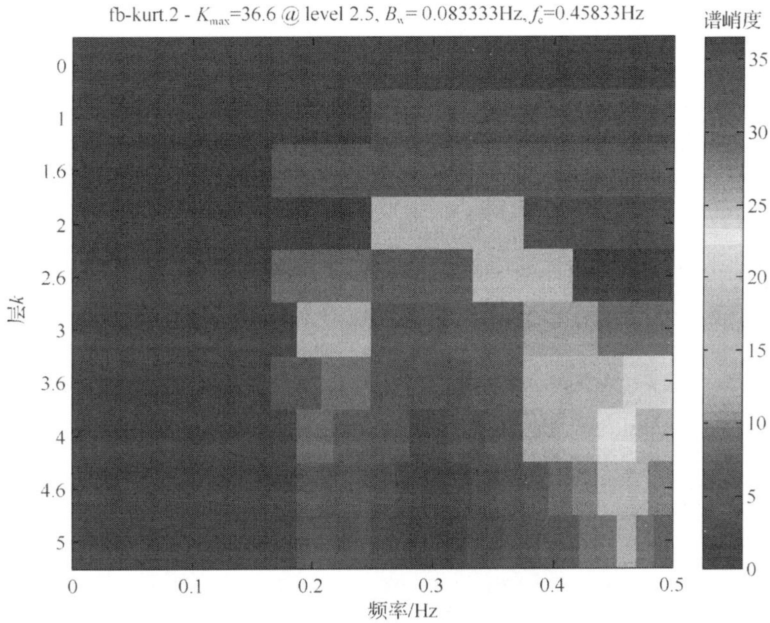

图 6.16　低速空载情况下测点 2 的谱峭度

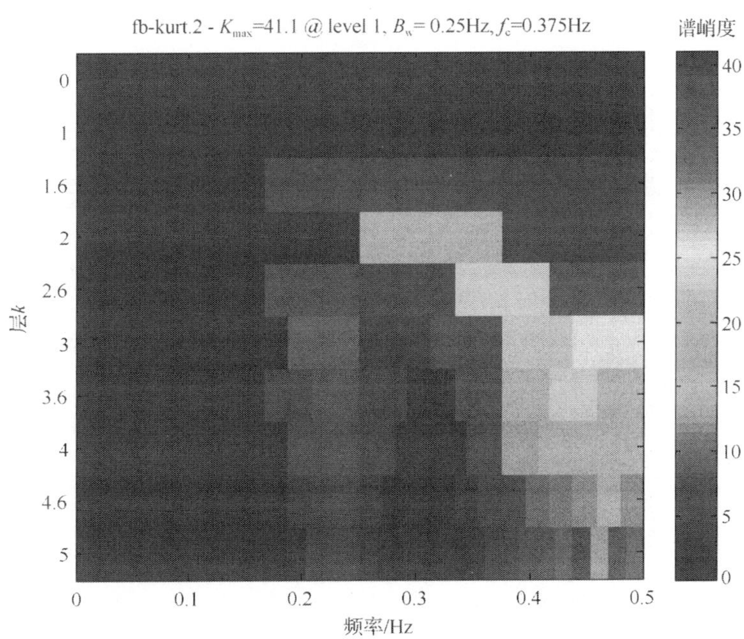

图 6.17　低速空载情况下测点 3 的谱峭度

图 6.16 表明，峭度大是高频段造成的；图 6.17 更清楚地表明了这一点，而且在高频段峭度变得更大。

高速空载情况下，测点 2 和测点 3 的谱峭度分别如图 6.18 和图 6.19 所示。类似的，由图中也可以观察到导致左侧轴承异常的是一些高频的信号。

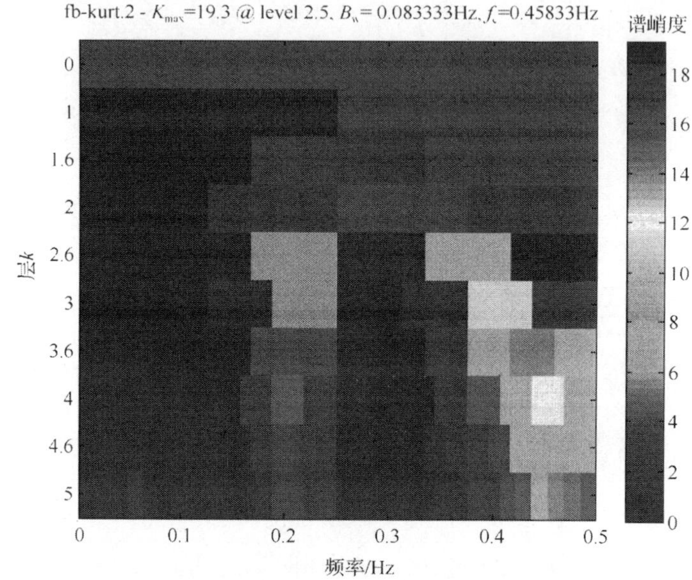

图 6.18　高速空载情况下测点 2 的谱峭度

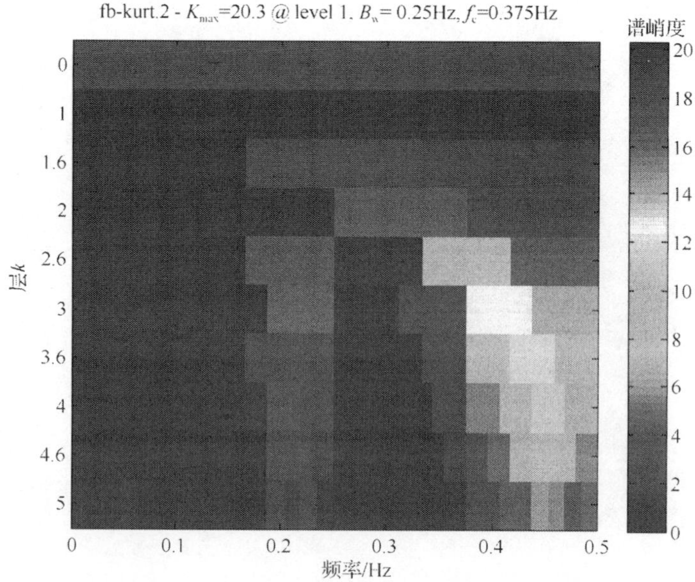

图 6.19　高速空载情况下测点 3 的谱峭度

4. 本节试验的结果

（1）利用轴承试验装置对铁路轴承进行了性能试验，采集振动信号进行分析来评估轴承的性能，设计了两个轴承同时进行对比试验的方案。

（2）峭度可以反映轴承的早期裂纹情况，利用峭度分析了铁路轴承的振动信号。试验检测到一个轴承峭度异常的情况，用谱峭度对振动异常的轴承进行了进一步的分析，定位了导致轴承振动异常的频带范围。

（3）试验结果表明：峭度和谱峭度可以用于新轴承的性能测试。

6.2　双列圆锥滚动体轴承试验装置

上节所述的铁路列车轴承性能试验装置机械设备老化，支撑轴承在长时间运行的时候会出现过热现象，安装替换测试轴承不方便，试验成本过高。为了更有效、更方便地为所开发的高速列车轴承动态监测系统做试验，设计了小型的双列圆锥滚动体轴承试验装置。试验所采用的轴承是比例缩小的双列圆锥滚动体轴承，能模拟高速列车轴承的部分特征。这两套试验装置互为补充，各有优缺点。

6.2.1　试验装置原理与硬件组成

小型双列圆锥滚动体轴承试验装置组成结构图如图 6.20 所示。此试验装置主要由机械试验装置本体（包括轴箱、支撑轴承、底座、润滑孔）、机械加载装置、电机及传动系统、试验装置控制系统、信号采集系统、计算机分析系统组成。计算机分析系统的硬件部分主要由红外温度传感器、加速度传感器、压力传感器、变送器、数显表、接线端子板、串口扩展卡、数据采集卡、变频器、可编程控制器、固态继电器、电机以及计算机等组成。

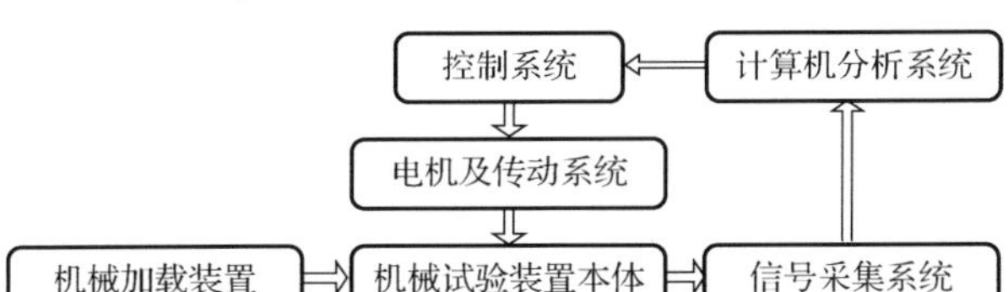

图 6.20　小型双列圆锥滚动体轴承试验装置组成结构图

图 6.21 为机械试验装置本体结构。其加载机构为机械式加载，加载值通过传感器和变送器送到数显表记载，被测轴承放在方形的轴箱里面。

该试验装置的计算机分析系统和数据采集系统可采用不同的两套系统：一套是本书研发的基于 LabVIEW 与 MATLAB 混合编程的分析系统，振动数据采集的硬件设备是 NI USB-6009 数据采集卡，系统组成如图 6.22 所示；一套是北京东方振动和噪声技术研究所的 INV3020C 振动应变噪声测量仪，实物如图 6.23 所示。

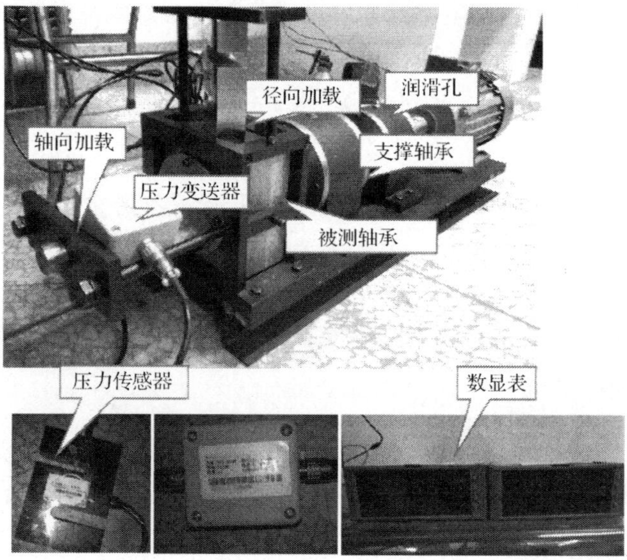

图 6.21　机械试验装置本体结构

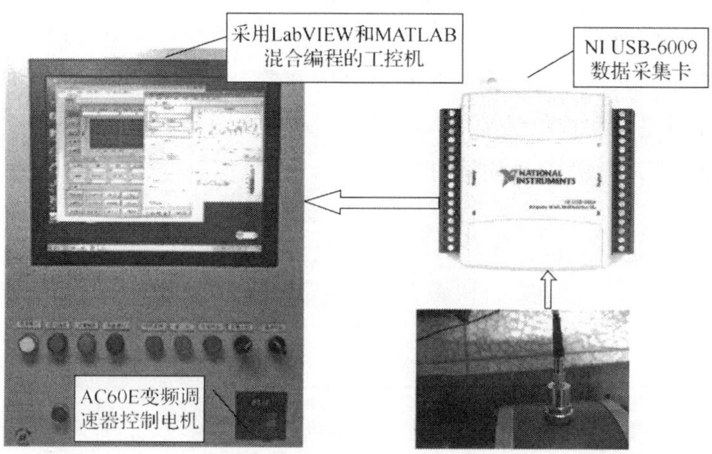

图 6.22　基于 LabVIEW 与 MATLAB 混合编程的分析系统

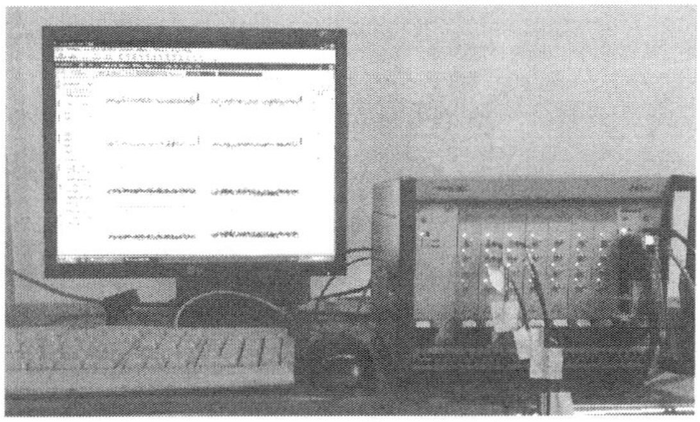

图 6.23　INV3020C 振动应变噪声测量仪

传感器两套系统选用的是同型号的 INV982X 型压电式加速度传感器，并配有 STYV 低噪电缆。

在轴承试验装置控制测量系统中有三个控制路径。

（1）控制电机变速。通过触摸电脑一体机输入程序，通过 PLC 控制变频器；电机主轴的转速调整是依靠变频器实现的，变频器具有串口通信功能，计算机通过串口扩展卡向变频器发送指令和读取返回指令，实现电机主轴启停、转速控制、电流和功率的显示；或者手动调节变频器，控制电机的转速，电机可实现无级变速。

（2）温度信号的采集。红外温度传感器测试轴承外圈温度、轴承内圈温度、电机温度。由于轴承外圈为带有弧度的金属结构，采用非接触式测量，可以轻松、准确、快速测出外圈表面温度。

（3）振动信号的采集。振动加速度信号通过加速度传感器传送到数据采集卡，然后数据采集卡将振动信号传送到计算机。

6.2.2　技术指标与主要参数

小型双列圆锥滚动体轴承试验装置测试对象：配对的 SKF31306 圆锥滚动体轴承。

试验装置技术指标与主要参数如下。

（1）试验轴承最高转速：1400r/min。

（2）试验轴承类型：双列圆锥滚动体轴承（31306）。内径为 30mm，外径为 72mm，厚度为 19mm。试验轴承最大轴向载荷为 2000N，最大径向载荷为 600N。

（3）轴承润滑类型：油脂润滑。

（4）控制方式：手动和程序自动控制。

（5）测试参数：轴承外圈温度、轴承内圈温度、电机温度、试验轴承振动加速度、支撑轴承振动加速度、轴向载荷、径向载荷、转速。

试验装置的加载方式分为轴向加载和径向加载，载荷加载系统要求能够对被测轴承施加一定的载荷，并且误差在 2%以内。由于条件限制，试验采取手动机械加载，对被测轴承分别施加一个垂直向下的径向载荷和一个水平的轴向载荷。在被测轴承的轴向、径向各安放一个压力传感器，通过数显表来精确控制加载在被测轴承上的载荷。在压力传感器上增加一个压板，两边用螺栓固定，通过螺栓带动压板对轴承施加载荷，具体结构如图 6.24 所示。在试验过程中考虑到设计试验过程的标准要求，需要轴承所受的载荷保持一定的时间。

图 6.24 压力传感器及加载位置图

选用两个相同的压力传感器，型号为 MIK-LCS2，供电为 24V DC，精度为 0.3%FS，压力范围为 0～2t。将它们外接数显表，将手动加载在被测轴承上的外加载荷转化成数值，方便观察和记录。双列圆锥滚动体轴承受到轴向载荷 F_a、径向载荷 F_r，如图 6.25 所示。

为了保证轴承具备足够的润滑，能在一个正常的试验环境下工作，本试验采用油润滑。润滑装置如图 6.26 所示。在轴承座上设计注油孔，定期检查，定期加注；注油孔上设计接头式压注油杯，该油杯结构很有特点，注入油脂时，油枪摁下球珠即可注油，油枪离开时，由于该油杯内部有弹簧装置，油孔自动闭合。

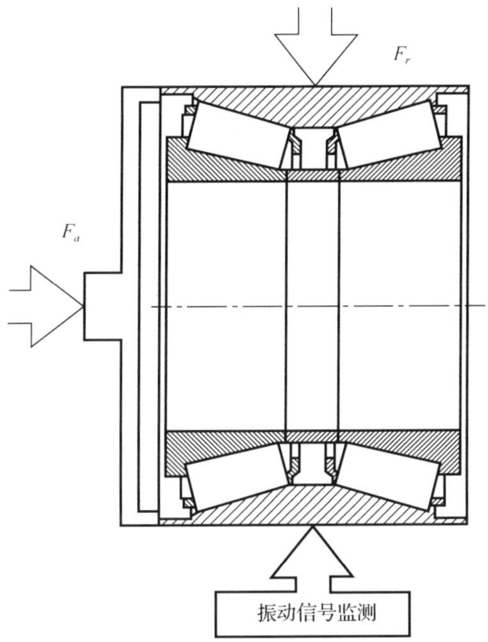

图 6.25　双列圆锥滚动体轴承受力图

图 6.26　试验装置的润滑装置

本试验装置属于简易试验装置，但是能完成双列圆锥滚动体轴承试验的基本要求。其选用的设备属于普通元件，轴承试验装置元件的参数如表 6.2 所示。

表 6.2 轴承试验装置元件的参数

名称	型号	参数
数据采集卡	NI USB-6009	模拟量输入（AI）分辨率：14 位差分，13 位单端 最大 AI 采样率：48kS/s DIO（数字量输入输出）配置：集电极开路或有源驱动
变频器	AC60E-S2-R75G	功率：750W 输入：220V AC，50/60Hz 输出：3 相位，4A AC，0～400Hz
支撑轴承 1，被测轴承	SKF31306 轴承	内径：30mm，外径：72mm，厚度：19mm
支撑轴承 2	SKF31308	内径：40mm，外径：90mm，厚度：23mm，大锥角圆锥滚动体轴承（30000 型）
压力传感器	MIK-LCS2 型	压力量程：2t 供电电源：10V（推荐电压） 综合精度：0.050%FS 工作温度：-20～80℃ 滞后：≤±0.018%FS 灵敏度温度系数：≤±0.010%FS/10℃ 零点温度系数：≤±0.010%FS 灵敏度：(2.0000±0.0020)mV 输入电阻：(770±10)Ω 安全过载：≤150%FS 非线性参数：≤±0.020%FS 蠕变参数：≤±0.015%FS/30min 绝缘电阻：≥5000MΩ（1000V DC） 温度补偿范围：-10～60℃
变送器	MIK-BSQW	供电方式：24V DC 输出信号：4～20mA 精度等级：0.3 级 非线性度：±0.3%FS 量程：2t
数显表	MEA1100	单回路数字显示，0.3 级测量精度，双四位 LED（发光二极管）显示，可支持热电偶、热电阻、电压（可开方运算）、电流（可开方运算）及变送器输入，适用温度、压力、流量、液位、湿度等工业过程量的监测。支持 2 路报警功能，支持 1 路变送输出或支持采用标准 MODBUS 协议的 RS485 通信接口，1 路 24V DC 输出，输入端、输出端、电源端光电隔离，100～240V AC/DC 或 20～29V DC 开关电源供电，标准卡入式安装，工作环境温度在 0～50℃，且相对湿度 5%～85%RH 无凝结
红外温度测试仪	AS852B	测量范围：-50～750℃ 测量误差：±1.5%或±1.5℃ 工作环境温度：0～50℃ 物距比：12∶1 响应时间：500ms 响应波长：8～14μm

6.3　双列圆锥滚动体轴承故障试验

在小型双列圆锥滚动体轴承试验装置上，本节利用 LabVIEW 和 MATLAB 软件混合编程，编制了三种信号分析方法：①时域指标故障特征提取；②小波包分解故障特征提取；③EMD 故障特征提取。并编制了如第 5 章所述的诊断方法程序，以验证其效果。诊断方法包括：时域指标分析方法、频谱分析方法以及 9 种神经网络诊断方法。硬件部分主要由数据采集卡、信号调理器、温度和振动传感器构成。通过软硬件的结合可以实现轴承在线实时的故障监测及诊断。

6.3.1　软件开发

软件部分主要功能是将采集到的振动信号进行分析处理，从而判断轴承的运行状况。硬件部分主要是实现振动及温度信号的实时采集和信号调理，以供软件进行进一步的分析。将软件和硬件结合以实现轴承故障监测及诊断的仪器设计，主要的结构设计如图 6.27 所示。

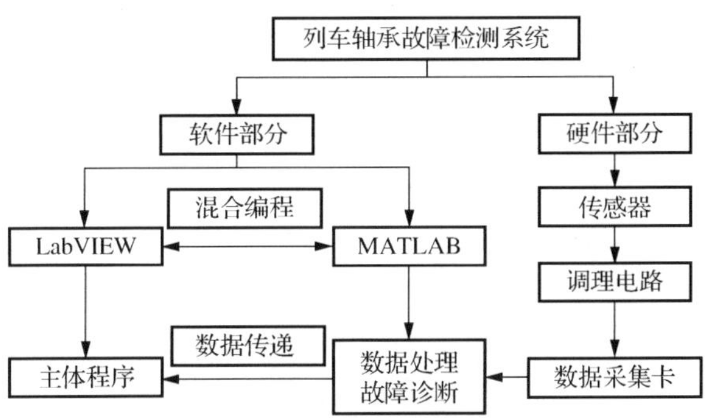

图 6.27　试验机轴承故障诊断平台结构图

软件的界面主要包含数据采集界面和分析界面两个部分，其中数据采集的硬件主要采用 NI USB-6009 数据采集卡。在采集界面控制硬件进行振动信号的采集处理，温度信号作为辅助信号。在分析界面中可以实时显示振动信号图谱，并且可以进行信号的分析及故障诊断分析。软件系统结构如图 6.28 所示。

1. 数据采集界面

数据采集界面及程序框图如图 6.29 所示，主要是设置所采集信号的参数，包括通道设置、定时设置、数据记录设置、数据采集显示窗口、触发设置、温度计和停止按钮。

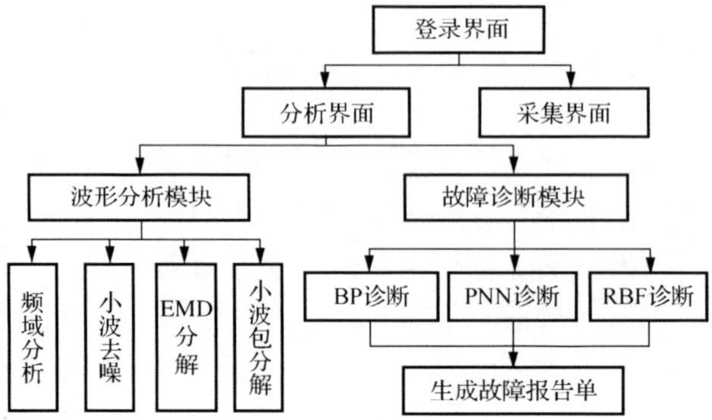

图 6.28　软件系统结构

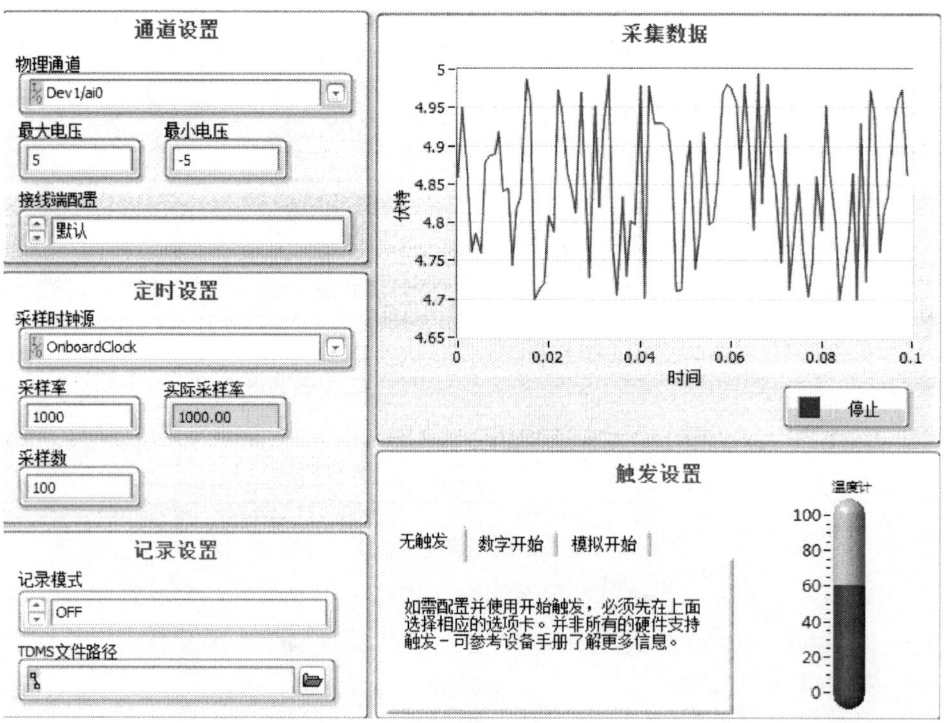

（a）数据采集界面

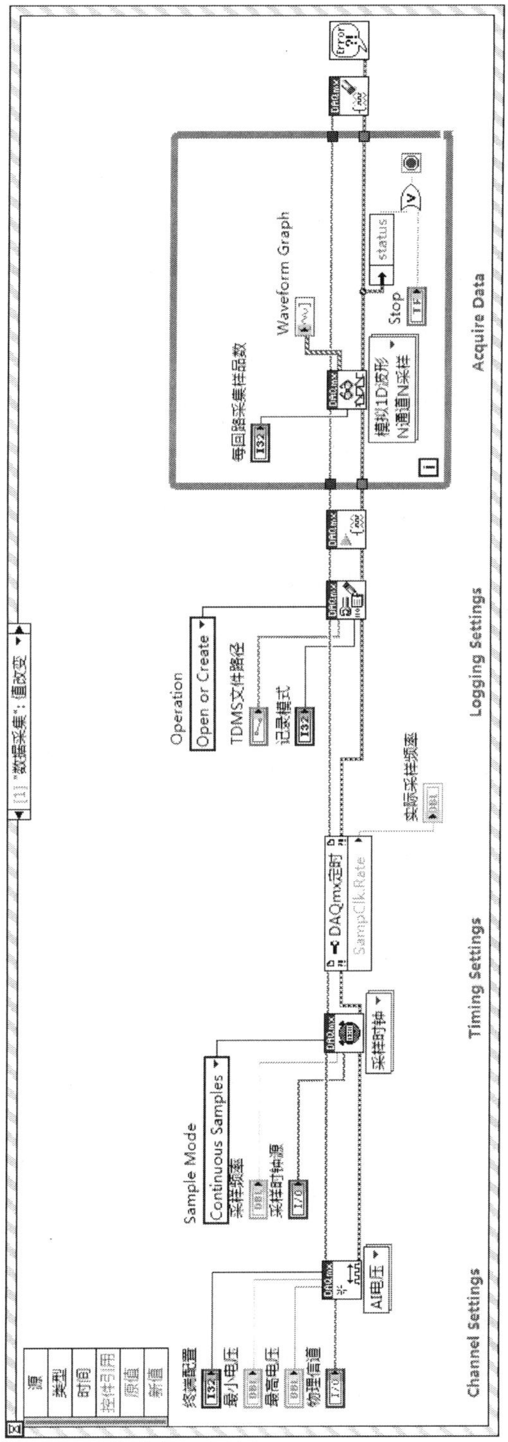

（b）数据采集界面程序框图

图 6.29　数据采集界面及程序框图

为了能够准确采集到试验轴承的各种数据，并且有对比的信号存在，本次试验设置 5 个采集通道，在试验装置上布置 5 个振动传感器，测点位置如图 6.30 所示。重点是测点 1、2、3，分别为径向加载、轴向加载和水平无直接加载三个方向。4 号和 5 号传感器分别安装在支撑轴承 1 和支撑轴承 2 的外轴套处，并且尽量使 3 号、4 号和 5 号传感器处于同一水平位置，确保轴承信号采集过程的一致性，方便后续信号之间的对比观察。

图 6.30　测点布置图

2. 故障诊断界面

诊断界面（图 6.31）采用模块化设计，主要分为以下 6 个模块：数据选择模块、轴承参数模块、波形分析模块、时域指标及故障特征频率模块、故障诊断模块、故障诊断结果模块。

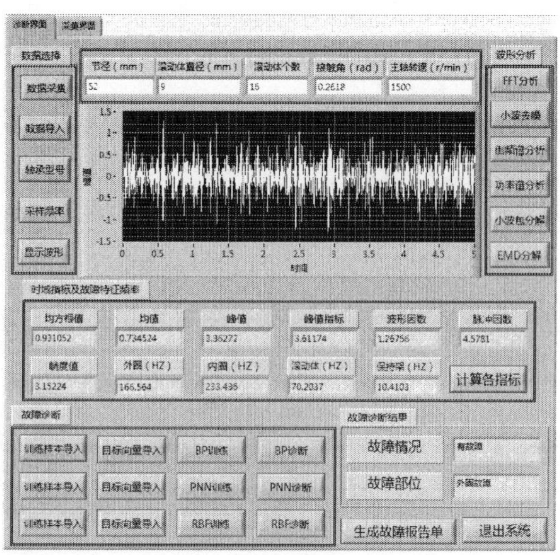

图 6.31　轴承故障诊断界面

3. 轴承故障测试及数据分析诊断

在进行分析诊断之前，需要先将实际采集到的数据和其他后续分析能用到的相关数据导入诊断分析系统，然后进行下一步的信号分析及诊断。试验数据的来源有三种：一是美国西储大学轴承实验中心的数据；二是用北京东方振动和噪声技术研究所的 INV3020C 振动应变噪声测量仪所采集的振动数据；三是 NI USB-6009 数据采集卡所采集的振动数据。采用多种数据来源的目的主要是印证其动态特性监测分析方法的准确性，为后续开发系统提供试验依据。

基于 LabVIEW 与 MATLAB 混合编程的分析系统的数据来源既可以直接来源于 NI USB-6009 数据采集卡，也可以导入其他系统得来的数据，比如 INV3020C 振动应变噪声测量仪或者美国西储大学轴承实验中心的数据进行数据分析处理。但对导入的数据进行处理分析之前，最好将采集到的数据整理成方便 MATLAB 软件识别的数据格式，即 mat 格式。

波形分析模块和故障诊断模块的试验验证是本节重点研究的部分。波形分析模块分为时域指标计算、FFT 分析、小波去噪、EMD、小波包分解等，通过多种分析法进行分析就可以进一步保证分析结果的可靠性。诊断模块主要运用的是三种神经网络与信号分析法相结合的诊断方法，以实现对轴承故障部位的诊断。

分析诊断之前，需要确认轴承型号参数和采样频率，确保采集时所设置的轴承型号和采样频率与分析时的设置是一致的（系统默认的采样频率为 1024Hz）。

根据第 5 章的研究内容，在故障诊断模块中本章最终采用的三种方法是：①基于 BP 神经网络与小波包分解相结合的诊断方法；②基于 PNN 与 EMD 相结合的诊断方法；③基于 RBF 神经网络和 EMD 相结合的故障诊断方法。利用这三种方法，重复对同一组数据进行诊断，并利用已知试验结果验证诊断结果，从而提高最终诊断结果的准确性。系统将诊断的结果显示在界面上，显示故障情况是否有故障，以及故障出现的部位。故障诊断结果示例如图 6.32 所示。

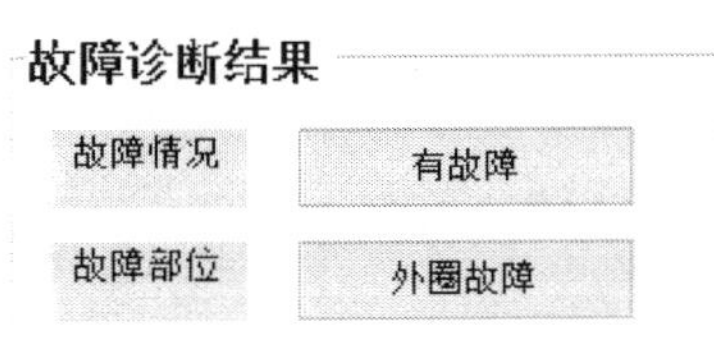

图 6.32　故障诊断结果示例

系统对轴承进行故障诊断以后，诊断的结果可生成故障报告单，报告单可以以日期时间存储成文件格式，方便系统调阅历史记录。本章所设计的故障诊断结果导出模块内容主要包括：检测日期、检测人员、轴承型号、诊断结果、故障部位、修程（包括小修、大修和更换三种情况）和其他备注信息（记录诊断和检测过程中出现的异常情况，或是轴承的其他相关信息）。除了形成文件格式，这些内容也可以存入后台数据库。图 6.33 为一个故障报告单示例。

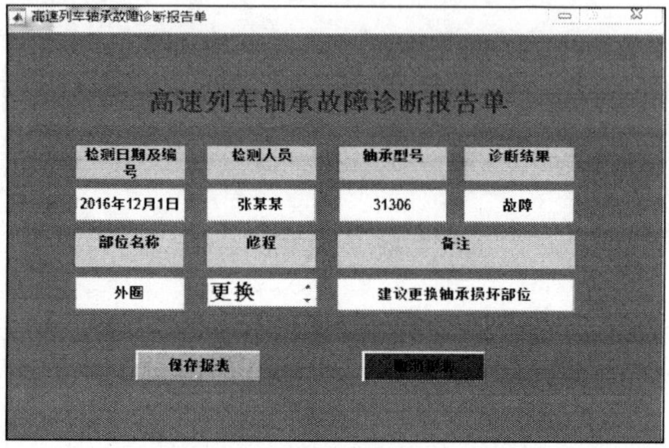

图 6.33　故障报告单示例

6.3.2　试验设计

本章设计的试验是针对模拟高速列车轴承的双列圆锥滚动体轴承故障诊断试验。此处的模拟包括两个概念：一是利用配对的双列圆锥滚动体轴承模拟高速列车轴承；二是在双列圆锥滚动体轴承上人为地制造故障模拟实际故障。因试验条件有限，只能在某种程度上模拟，达不到和实际轴承、实际故障一样的效果。但对于高速列车轴承故障诊断方法的研究可提供相对可靠的试验依据。

依据欧洲标准化委员会（Comité Européen de Normalisation，CEN）提出的 BS EN 12080:2007 试验标准，应确保轴承试验中轴承、轴承箱箱体、轴箱密封及轴承润滑等满足试验要求。本次试验设备均是按照试验标准设计，能满足试验需求。试验分为预热试验和正式试验两个阶段。

1. 预热试验

预热试验的主要目的是让轴承及机械设备进行充分的磨合，以达到试验要求，尽量模拟轴承实际运行状态。另外，预热试验还可以检测试验设备的软硬件设计是否满足试验要求，以及让试验人员熟练试验流程，以便为后期的正式试验做准备。预热试验安装正常轴承，并按照轴向、径向和混合顺序，在每种转速下均进行加载。具体的试验参数如表 6.3 所示。

表 6.3　试验参数

转速/(r/min)	轴向单独加载/N	径向单独加载/N	混合加载(轴向,径向)/N
350	600	800	(400,600)
700	1000	1200	(800,1000)
1050	1200	1600	(800,1200)
1400	1200	2000	(800,1600)

2. 正式试验

正式试验主要分为轴承的五种状态试验，即轴承正常、外圈故障、内圈故障、滚动体故障和保持架故障。根据第 2 章所统计的实际高速列车轴承运行时的故障类型，选用 SKF31306 圆锥滚动体轴承进行故障设置，模拟其轴承故障状态。如图 6.34 所示，轴承内外圈和滚动体设置剥落故障，保持架设置断裂故障。故障设置好之后进行数据采集及故障诊断试验。

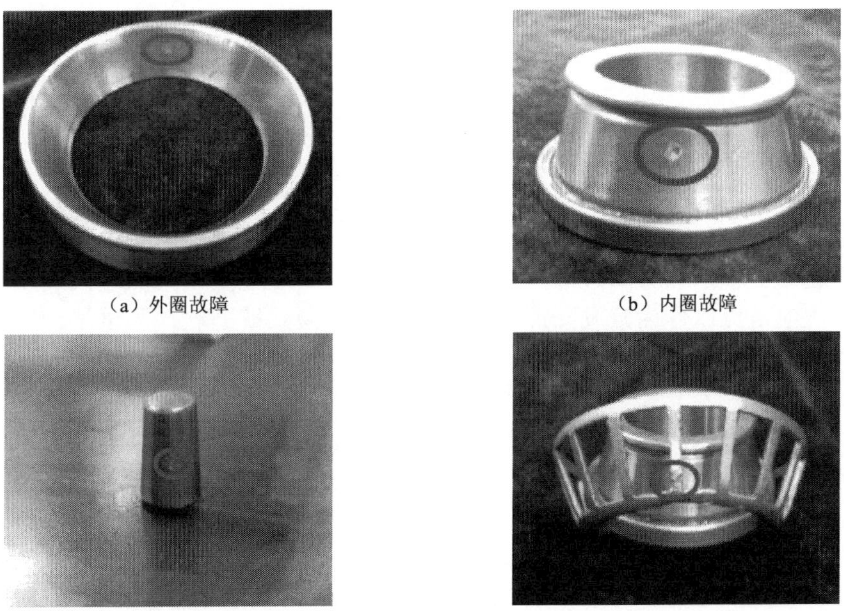

(a) 外圈故障　(b) 内圈故障

(c) 滚动体故障　(d) 保持架故障

图 6.34　人为设置试验轴承故障

试验的转速及加载设置如表 6.4 所示，要求每组运转时间不小于 1h，在加载和转速参数改变后，需运转 5min 后方可进行数据采集，且每一状态采集样本数不得少于 3 组。试验过程中应记录试验轴承及支撑轴承温度，当轴承连续运行后，若温度超过正常试验要求，应停止试验，待温度恢复正常值才可继续试验。

表 6.4 数据采集试验转速及加载设置

转速/(r/min)（对应变频器频率/Hz）	试验序号及相应加载/N
350（12.5）	（1）轴向单独加载：0、200、400、600 （2）径向单独加载：0、200、400、600、800、1000 （3）混合加载：轴向为 200，径向为 200、400、600、800 （4）混合加载：轴向为 400，径向为 200、400、600、800 （5）混合加载：轴向为 600，径向为 200、400、600、800
700（25）	（1）轴向单独加载：0、400、800、1200 （2）径向单独加载：0、400、800、1200、1600、2000 （3）混合加载：轴向为 400，径向为 400、800、1200、1600 （4）混合加载：轴向为 800，径向为 400、800、1200、1600 （5）混合加载：轴向为 1200，径向为 400、800、1200、1600
1050（37.5）	（1）轴向单独加载：0、400、800、1200 （2）径向单独加载：0、400、800、1200、1600、2000 （3）混合加载：轴向为 400，径向为 400、800、1200、1600 （4）混合加载：轴向为 800，径向为 400、800、1200、1600 （5）混合加载：轴向为 1200，径向为 400、800、1200、1600
1400（50）	（1）轴向单独加载：0、400、800、1200 （2）径向单独加载：0、400、800、1200、1600、2000 （3）混合加载：轴向为 400，径向为 400、800、1200、1600 （4）混合加载：轴向为 800，径向为 400、800、1200、1600 （5）混合加载：轴向为 1200，径向为 400、800、1200、1600

圆锥滚动体轴承故障模拟试验的目的是模拟高速列车圆锥滚动体轴承故障状态，采集轴承故障数据，通过分析故障数据建立轴承故障检测及诊断系统，从而实现高速列车轴承的故障诊断的仪器开发。虽然不能完全模拟高速列车轴承的运行工况，但是可以作为开发高速列车轴承故障诊断系统的软件测试平台，也可以验证第 5 章所研究的方法是否有效。

试验内容分五部分，分别是正常轴承信号测试诊断、外圈剥落信号测试诊断、内圈剥落信号测试诊断、滚动体剥落信号测试诊断和保持架断裂信号测试诊断。按照试验转速及加载表（表 6.4），每种轴承状态需要采集 88 组试验数据，共 440 组数据。

整个试验过程确保不会出现润滑问题导致的温升情况。每一个基本的行程都应测量温度并以相对于环境温度 20℃的形式来表达；每一个位置的传感器应该记录最高温度及同一个时刻两轴箱的温度差；持续的基本行程应该记录每个轴承的最高温度变化。为方便起见，本试验采用的测温仪为 AS852B 型红外温度测试仪，元件参数如表 6.2 所示。因此，记录的都是外表面的温度和环境温度变化，虽然不是很精确，但是有一定的参考意义。

根据试验方案记录试验数据共 84 组，当径向载荷 400N 时，4 种不同电机转速下的轴承振动数据时域指标的故障特征向量提取值中的部分数据如表 6.5 所示。

表 6.5　时域指标故障特征向量部分试验数据

轴承状态	电机旋转频率/Hz	时域指标故障特征向量
		均方根值、均值、峰值、峰值指标、波形因数、脉冲因数、峭度
正常	12.5	0.4785、0.3744、2.3055、4.8179、1.2783、4.2587、2.5065
	25	0.9311、0.7345、3.3627、3.6117、1.2676、4.0781、2.6522
	37.5	1.1880、0.9335、4.8490、4.0817、1.2726、4.1945、2.8456
	50	1.5398、1.2223、5.9517、3.8652、1.2598、4.4693、2.9886
外圈故障	12.5	0.7352、0.5752、3.1424、4.2744、1.2781、5.4632、3.5087
	25	1.9803、1.5931、6.6088、3.3372、1.2431、4.1848、3.0227
	37.5	1.7148、1.3638、5.9857、3.4907、1.2573、4.3889、3.0741
	50	2.3058、1.8298、8.7928、3.8134、1.2601、4.8052、3.0387
内圈故障	12.5	0.5248、0.4092、2.3464、4.4714、1.2826、5.7351、3.6013
	25	0.9735、0.7760、3.7380、3.8397、1.2546、4.8174、3.0219
	37.5	1.7592、1.3989、6.8685、3.9038、1.2577、4.9099、3.1264
	50	1.8307、1.4495、8.4175、4.5980、1.2630、5.8072、3.2623
保持架故障	12.5	0.6772、0.5296、3.2285、4.7678、1.2787、6.0967、3.4890
	25	1.4994、1.1777、6.3837、4.2577、1.2731、5.4203、3.5020
	37.5	1.9310、1.5173、8.9387、4.6290、1.2727、5.8913、3.4624
	50	2.7407、2.1889、1.2001、4.3788、1.2521、5.4828、3.0758
滚动体故障	12.5	0.1552、0.1235、0.6136、3.9534、1.2570、4.9694、3.0862
	25	0.4358、0.3478、1.7028、3.9070、1.2531、4.8957、2.9182
	37.5	0.7364、0.5842、3.6292、4.9281、1.2605、6.2120、3.2082
	50	1.0210、0.8057、4.2903、4.2022、1.2672、5.3251、3.2414

6.3.3　高速列车轴承故障诊断试验验证

根据 5.3 节对高速列车轴承故障诊断研究的内容，本节试验针对高速列车轴承模拟故障进行了试验验证。此处的模拟包含了两方面，一是利用配对的双列圆锥滚动体轴承模拟高速列车轴承，二是人为地制造故障模拟高速列车轴承的故障。

本节采用第 5 章所研究的数据分析方法和故障诊断方法，首先对采集信号进行时域指标显示，再对信号进行小波去噪处理，之后进行频谱分析和时频分析，最后进行神经网络故障诊断。

1. 时域指标分析

信号的时域波形一定程度上反映了轴承的振动信号状态，为了方便对比观察，选用第二组数据即电机旋转频率为 25Hz，径向载荷为 400N，数据时域图如图 6.35 所示。由不同轴承状态下的时域图可以看出，当轴承发生故障后时域波形的形状没有明显变化，但是信号的幅值发生较大变化，尤其当外圈和保持架故障时，信号幅值变化较大。

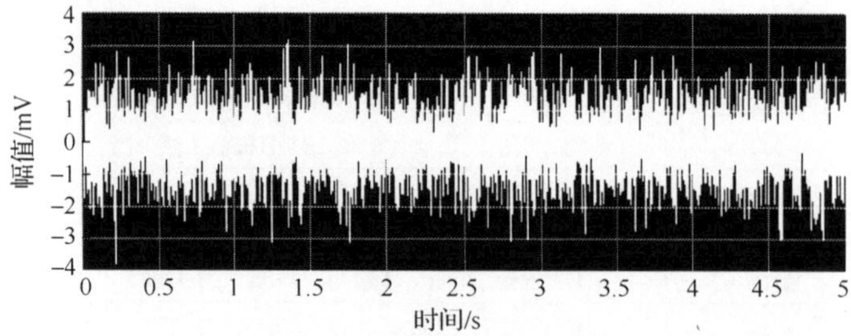

（a）外圈故障

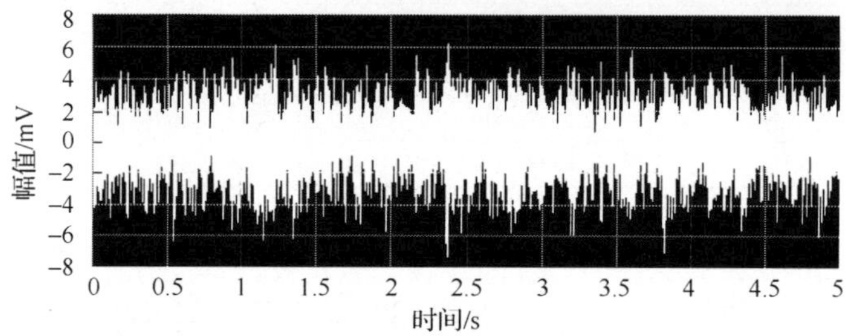

（b）内圈故障

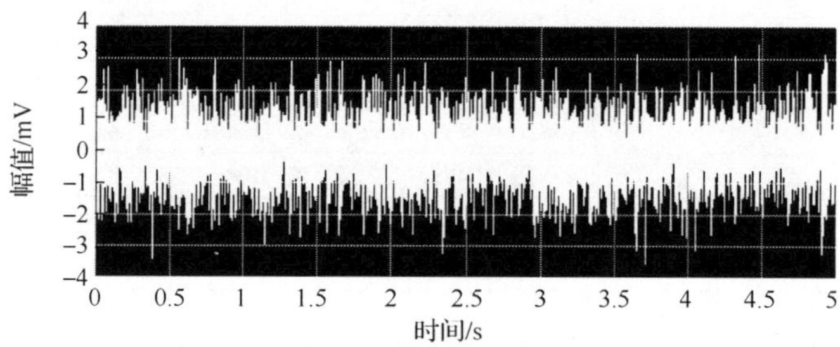

（c）滚动体故障

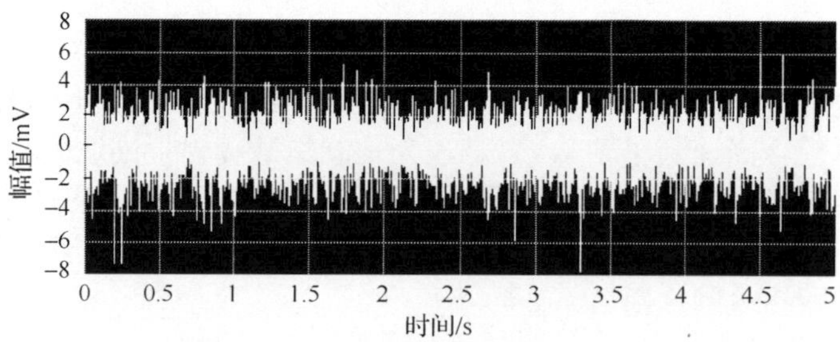

（d）保持架故障

图 6.35　轴承振动信号时域图

另外，通过对不同状态下的轴承振动信号进行时域指标计算分析，在一定程度上可以反映轴承的状态。当轴承发生故障后，峰值、脉冲指标绝对值以及峭度出现较大变化。可检测到故障轴承的峭度均达到 3，可以看出时域指标对轴承的故障具有一定的诊断能力。

2. 小波去噪

由于通过试验设备采集的轴承信号中会混有不同程度的噪声信号，所以在对信号进一步诊断之前需要进行信号的降噪处理。本节采用小波去噪的方法，用与之前时域指标统计时相同的数据进行去噪处理，以方便对比去噪效果，去噪后的时域图如图 6.36 所示。通过对比可知，去噪后信号时域图更为清晰，更具规律性，用去噪处理后的数据进行分析与诊断，结果更准确。

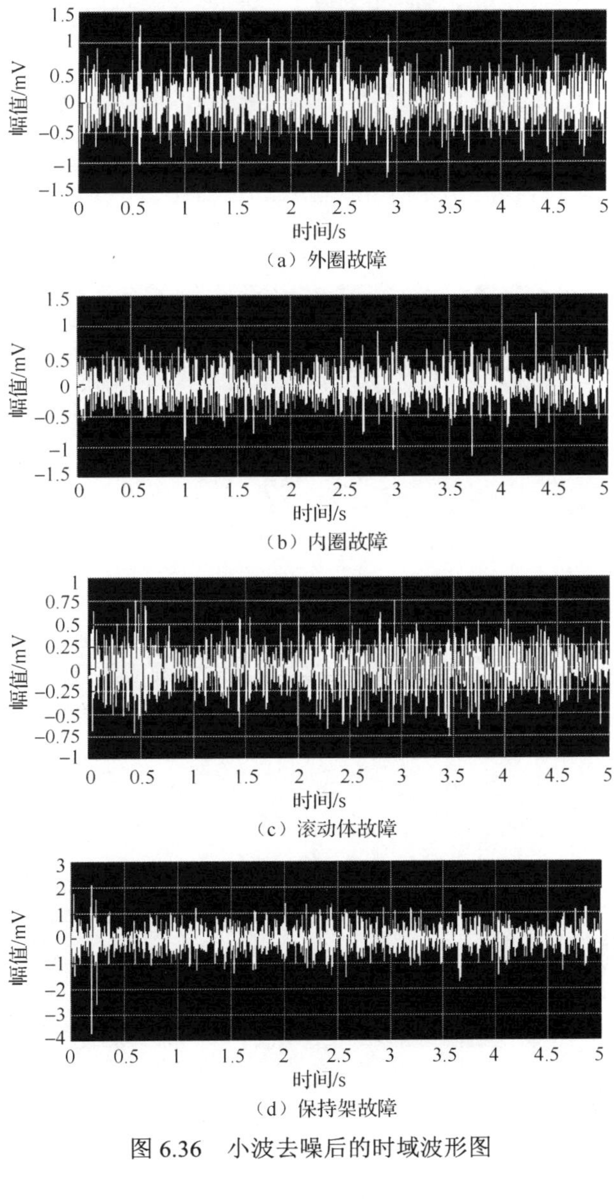

（a）外圈故障

（b）内圈故障

（c）滚动体故障

（d）保持架故障

图 6.36　小波去噪后的时域波形图

3. 频谱分析

本书设计的频谱分析部分包括FFT分析、功率谱分析和倒频谱分析，其中FFT是将时域图转换到频域，使得观察轴承振动信号频率更为直观，同时也可通过FFT频谱图与理论计算的轴承故障特征频率进行对比，具有一定的轴承故障诊断能力，但是FFT频谱对轴承状态诊断的准确性有限，还需要进一步分析。FFT频谱如图6.37所示。

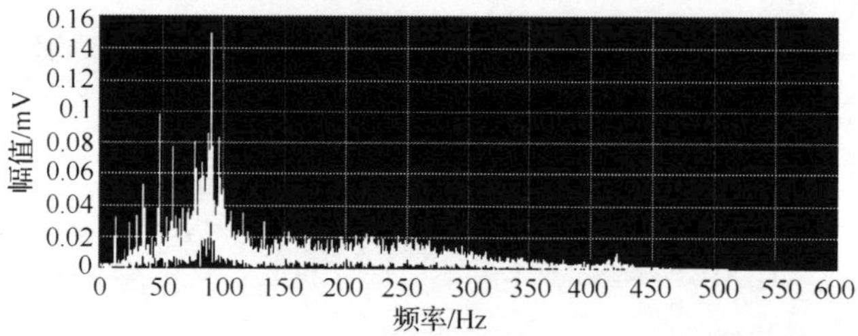

（a）外圈故障

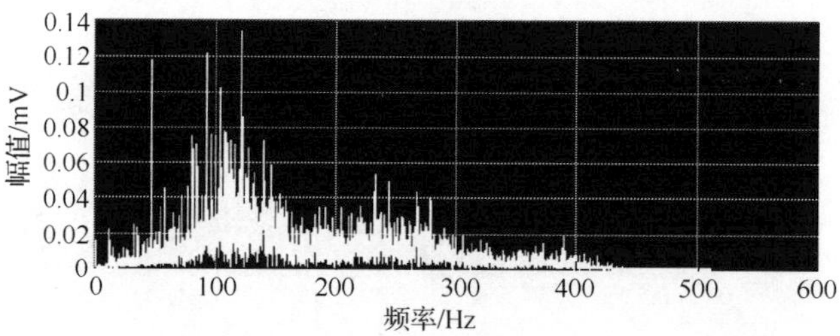

（b）内圈故障

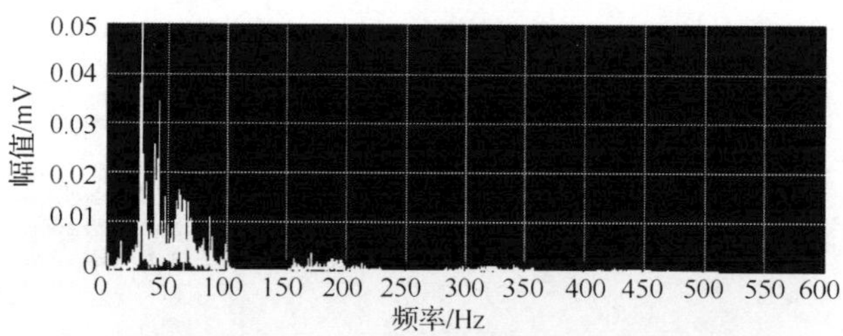

（c）滚动体故障

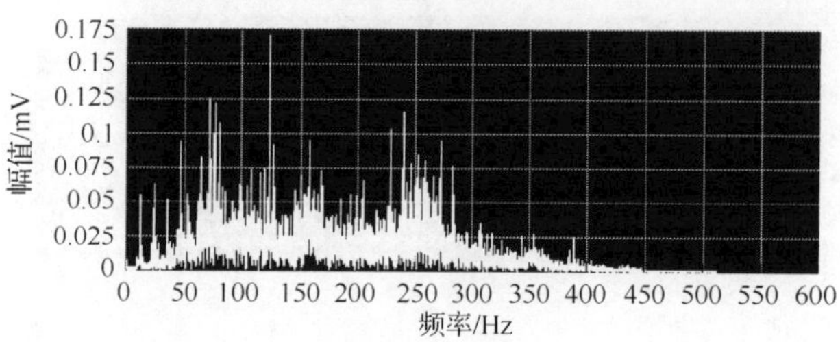

（d）保持架故障

图6.37　轴承振动信号FFT频谱分析

选用表 6.5 中对应的第 2 组数据为例，即电机旋转频率为 25Hz，径向载荷为 400N，计算得到的理论故障特征频率如图 6.38 所示。

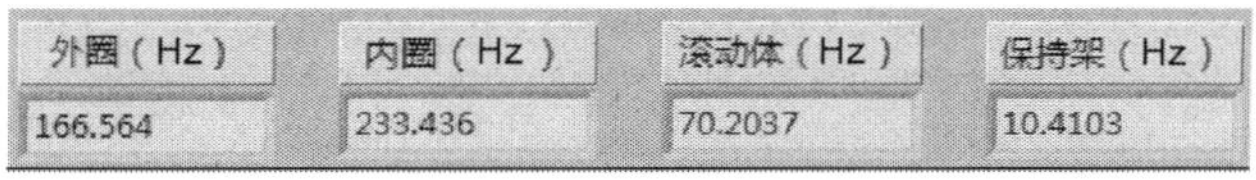

图 6.38　轴承故障特征频率

功率谱分析和倒频谱分析都属于频谱分析，它们都是将信号从时域转换到频域进行分析，但是相较于 FFT 分析，功率谱分析显示信号特征更加明显。图 6.39 为试验测得的功率谱图，其峰值频率与理论计算的故障特征频率对比，从图中可以看出，两组数据相差不大，且不同故障之间频率区分比较明显，可以进行轴承故障类型的识别诊断。

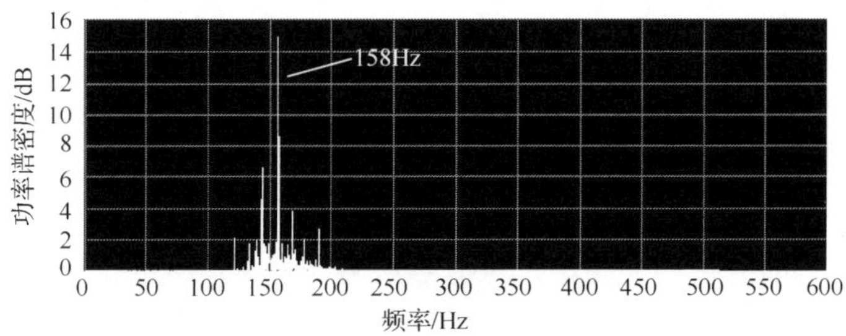

（a）外圈故障

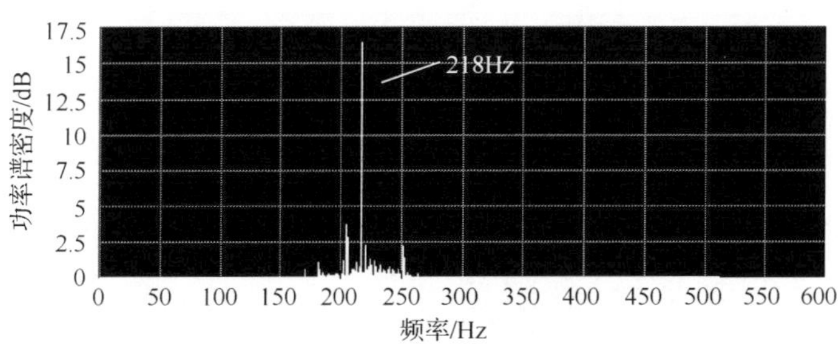

（b）内圈故障

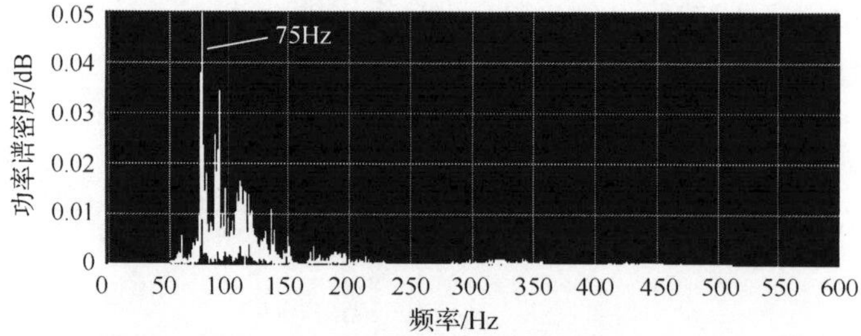

（c）滚动体故障

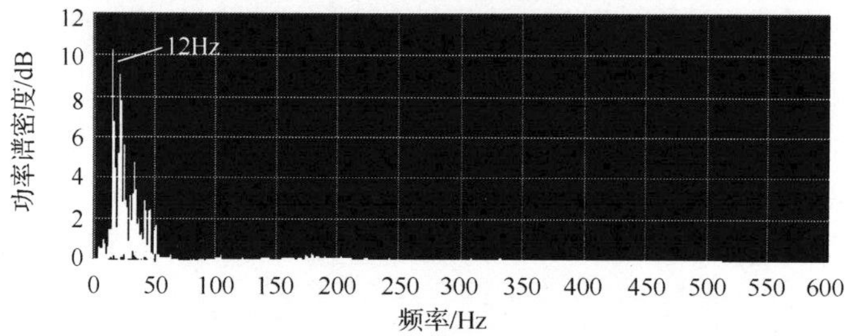

（d）保持架故障

图 6.39 轴承振动信号功率谱

4. 小波包分解及能量包络谱分析

利用小波包多频带能量分解特点，对轴承振动信号进行三次小波包分解，分解后得到各频带的能量特征图谱，对能量最高的频带信号进行重构，再对重构信号进行包络分析。将包络谱中特征频率与理论轴承故障特征频率进行对比，就可以达到轴承故障诊断的目的，如图 6.40、图 6.41 所示。图 6.42 为小波包高能量频段包络谱特征向量与故障特征频率对比图。

5. EMD 包络分析

用 EMD 方法将信号分解为若干个内蕴模式分量之和，内蕴模式分量突出了信号的局部特征。为进一步的故障诊断做准备，将 EMD 后得到的信号特征较突出的 IMF 分量数据进行希尔伯特变换，绘制包络谱，再将包络谱中的特征频率与理论故障特征频率相对比，就可进行轴承的故障诊断。

结合第 4 章计算公式，可以得到每个 IMF 分量的希尔伯特变换形式：

$$H[c_i(t)] = \frac{1}{\pi}\int_{-\infty}^{\infty} \frac{c_i(\tau)}{t-\tau}\mathrm{d}\tau \tag{6.1}$$

对应包络信号为

$$A(t) = \sqrt{c_i^2(t) + H^2[c_i(t)]} \tag{6.2}$$

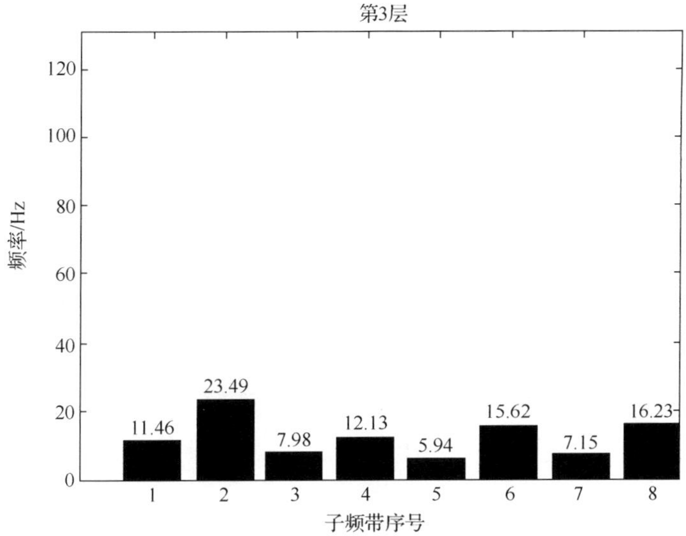
第3层
频率/Hz
120
100
80
60
40
20
0
11.46
23.49
7.98
12.13
5.94
15.62
7.15
16.23
1
2
3
4
5
6
7
8
子频带序号

（a）外圈故障

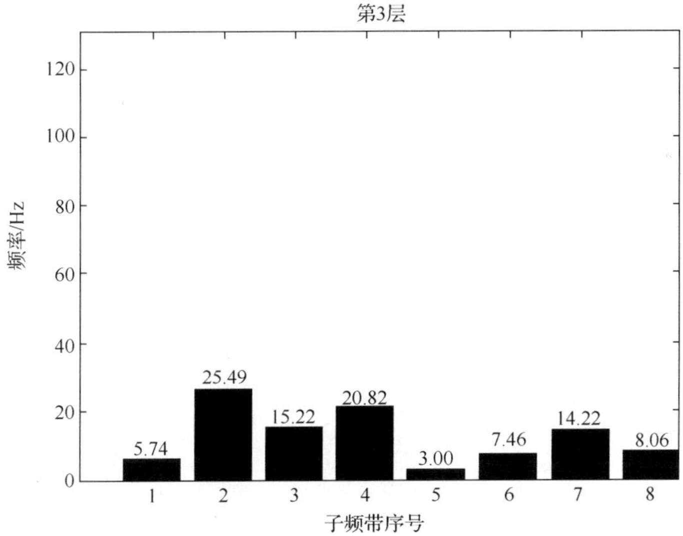
第3层
频率/Hz
120
100
80
60
40
20
0
5.74
25.49
15.22
20.82
3.00
7.46
14.22
8.06
1
2
3
4
5
6
7
8
子频带序号

（b）内圈故障

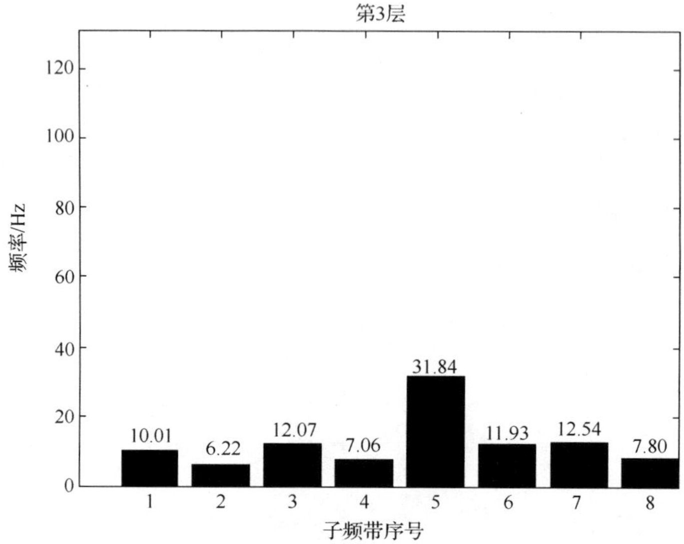

（c）滚动体故障

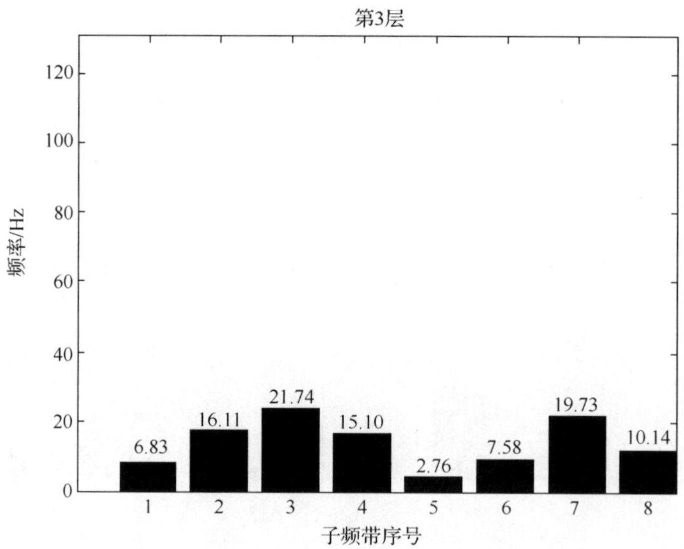

（d）保持架故障

图 6.40 轴承振动信号小波包能量谱

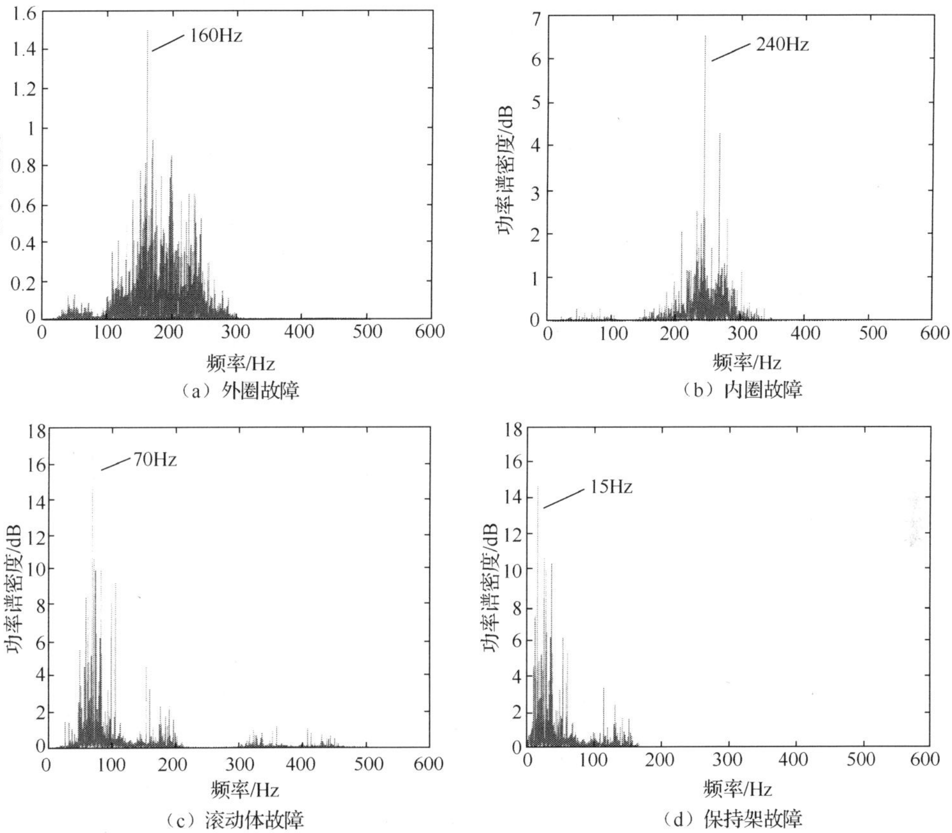

（a）外圈故障　（b）内圈故障　（c）滚动体故障　（d）保持架故障

图 6.41　小波包高能量频段包络谱

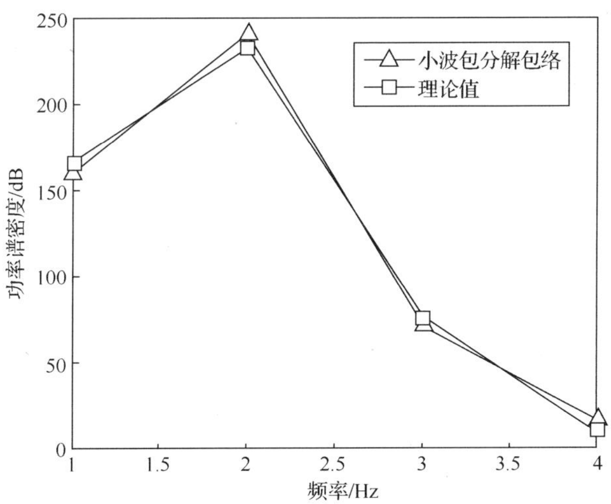

图 6.42　小波包高能量频段包络谱特征向量与故障特征频率对比

对不同故障信号进行 EMD，如图 6.43 所示。纵坐标显示的是信号经过分解后 Imf1～Imf11 的分量。

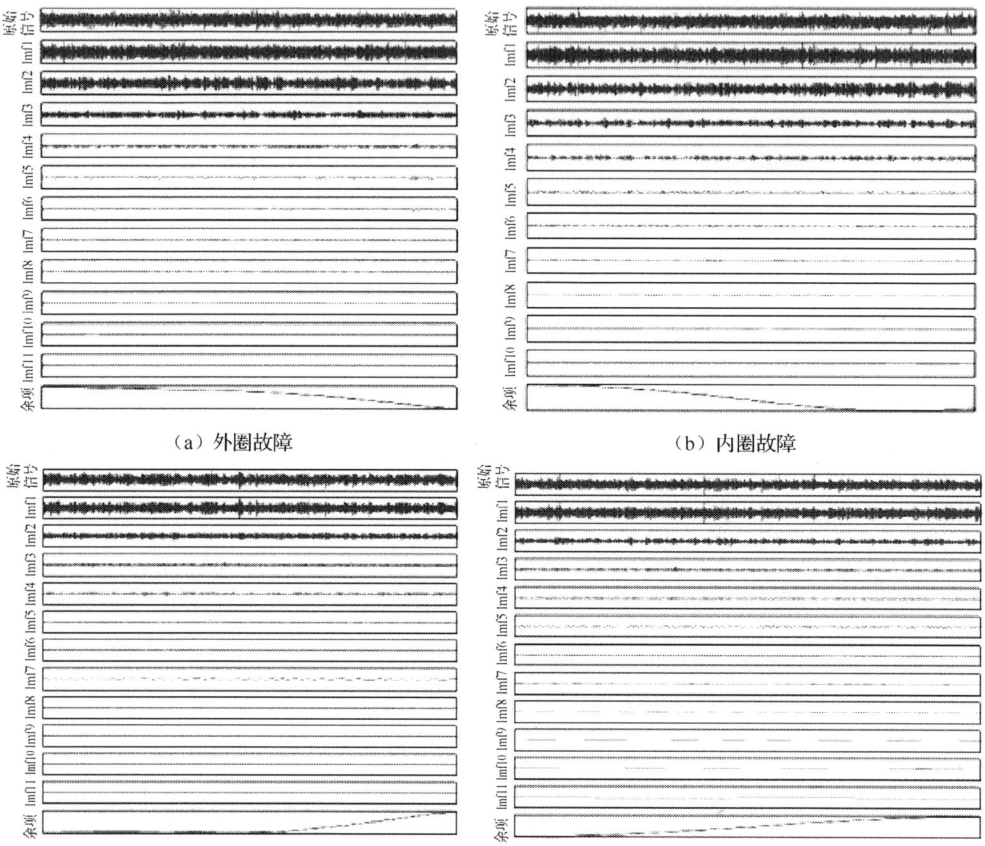

（a）外圈故障　（b）内圈故障

（c）滚动体故障　（d）保持架故障

图 6.43　轴承振动信号 EMD

将特征较为突出的 IMF 分量进行包络分析得到不同故障信号包络谱，将包络谱中突出信号频率与故障特征频率进行对比，即可大致判断轴承故障。不同故障信号 IMF 包络谱如图 6.44 所示，IMF 包络特征频率与理论故障特征频率对比如图 6.45 所示。

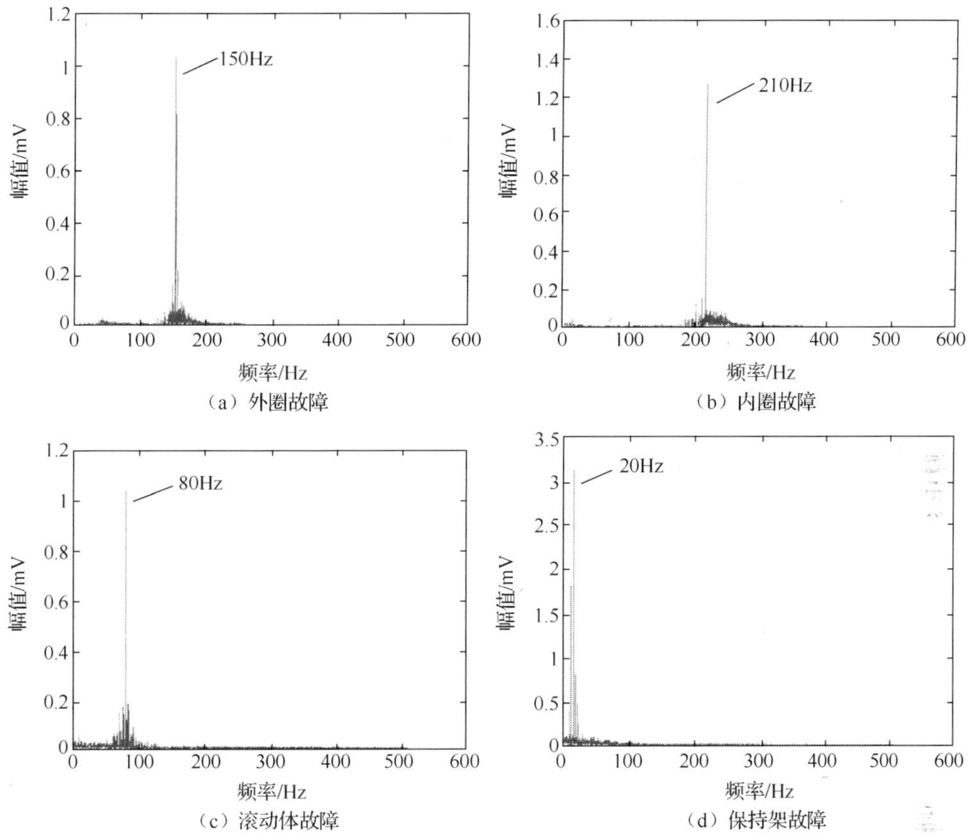

图 6.44　不同故障信号 IMF 包络谱

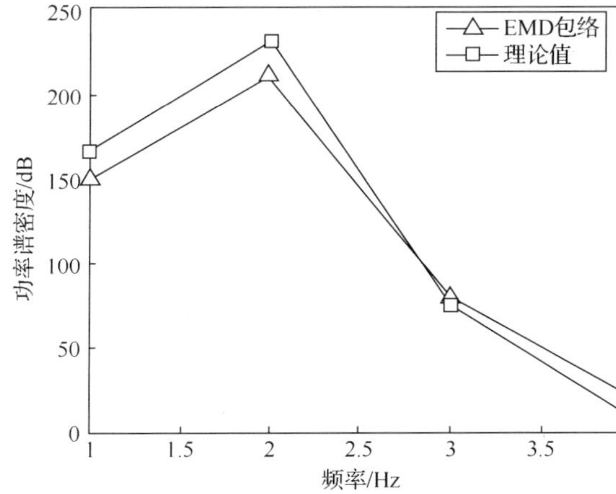

图 6.45　IMF 信号包络谱特征频率对比

6. 频谱分析故障诊断试验结果总结

通过试验轴承每种状态获得84组试验数据，选用较为准确的方法作为判断方法进行人工判断记录。选用功率谱分析、小波包包络谱分析和EMD包络谱分析三种方法，诊断结果总结如图6.46所示。

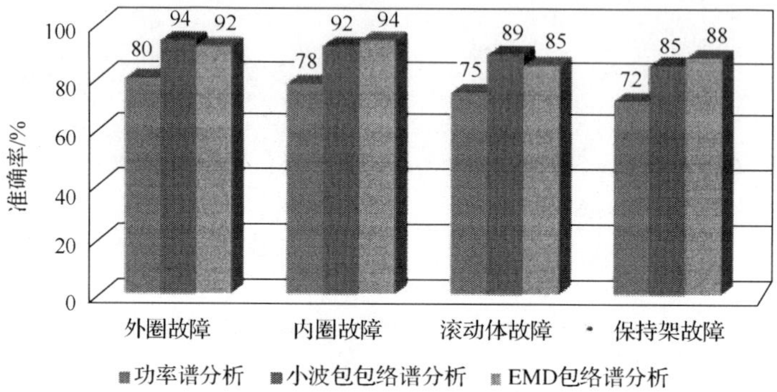

图6.46 频谱分析诊断结果对比

从图6.46中可以看出，相较之下小波包包络谱分析方法和EMD包络谱分析方法的诊断准确率较高；从故障类型来看，外圈故障判断最准确，小波包包络谱分析方法和EMD包络谱分析方法判断准确率相差不多，但针对不同的故障，两种方法诊断准确率有所不同，针对滚动体故障小波包包络谱分析准确率较高。

7. 神经网络故障诊断

1）网络训练

将试验采集到的440组数据提取200组作为神经网络的训练样本。选用数据要求包含所有转速及加载状态，其中包括外圈故障、内圈故障、滚动体故障及保持架故障等四种类型。对这部分数据进行小波包分解和EMD，再对分解后的数据进行归一化处理，用处理后的数据对BP神经网络、PNN和RBF神经网络三种神经网络进行训练。具体方法在第5章已有论述，在此不再赘述。

2）神经网络故障诊断验证

用训练完成后的神经网络进行故障诊断，选用除训练样本以外的试验数据进行故障诊断的准确率验证。应用建立的9种诊断模型进行故障诊断试验，对试验结果进行记录，如表6.6所示，对比图如图6.47所示。PNN的诊断准确率较高，虽然样本数量有限，但总体诊断准确率在80%以上。最重要的一点是，我们设计的神经网络诊断系统为开放模式，可以通过细化和扩充训练数量来提高诊断的准确率，还可通过调整样本数据来确定系统是针对单一轴承专一化应用，还是包含不同轴承样本进行综合性应用。

表 6.6　神经网络故障诊断结果

分析方法	外圈故障数量（百分比）	内圈故障数量（百分比）	滚动体故障数量（百分比）	保持架故障数量（百分比）
时域指标-BP	73（89%）	71（87%）	70（85%）	67（82%）
小波包分解-BP	69（84%）	71（87%）	65（79%）	70（85%）
EMD-BP	72（88%）	67（82%）	68（83%）	66（80%）
时域指标-PNN	77（94%）	71（87%）	70（85%）	73（89%）
小波包分解-PNN	73（89%）	69（84%）	72（88%）	75（91%）
EMD-PNN	69（84%）	68（83%）	74（90%）	80（98%）
时域指标-RBF	71（87%）	70（85%）	69（84%）	73（89%）
小波包分解-RBF	68（83%）	75（91%）	71（87%）	70（85%）
EMD-RBF	70（85%）	74（90%）	66（80%）	71（87%）

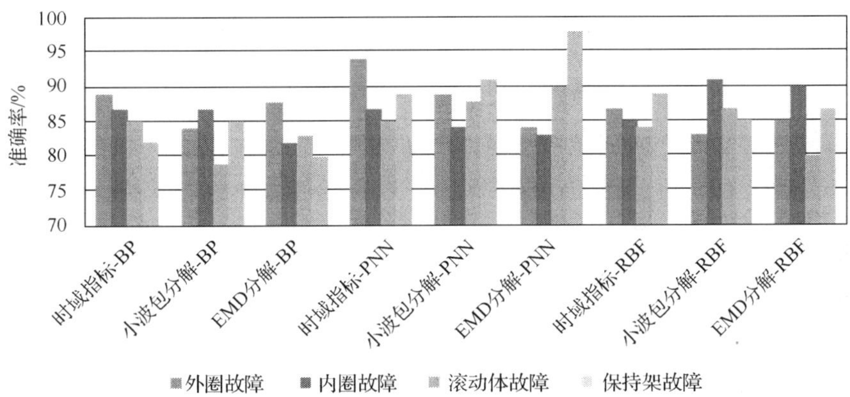

图 6.47　神经网络故障诊断对比

6.4　本章小结

（1）参考欧洲标准 BS EN 12080:2007，本章研制了铁路轴承试验机。该试验机符合铁道行业标准，其工作原理符合中华人民共和国铁道行业标准《机车车辆轴箱滚动轴承在轴箱试验机上的热试验方法》（TB/T 3000—2000）和《机车车辆轴箱滚动轴承在轴箱试验机上的耐久试验方法》（TB/T 3017—2001）中对试验机原理的相关规定。

（2）应用铁路轴承试验机针对温度场分析做了验证试验，证明了温度场理论分析的正确性。另外，利用该试验机做了基于峭度和谱峭度、EMD 的铁路轴承试验，试验结果表明，在振动峰值和有效值正常的情况下，峭度和谱峭度可以有效地检测出轴承的异常，为铁路轴承的出厂质量评价提供了一种切实可行的方法。

（3）本章研制开发了基于 LabVIEW 和 MATLAB 混合编程的软件平台的双列圆锥滚动体轴承试验装置，分别用时域指标、小波包分解、EMD 与各神经网络结合进行双列圆锥滚动体轴承故障诊断，并与故障特征频率对比进行初步的故障诊断。试验证实了本章所选用的不同的分析方法对不同的轴承故障诊断具有不同的准确率，可以为后续进一步研究提供参考和思路。

第7章

高速列车轴箱轴承动态监测系统设计开发

在理论分析和试验验证基础上，本章针对高速列车轴箱轴承开发了动态监测系统。该系统是在轴箱轴承试验台监测系统的技术基础上，基于无线通信研发的一个移动在线系统，目的是监测高速列车轴箱轴承的动态状况，及时反馈信息。该系统可以扩展应用到整个高速列车走行部的在线监测。

7.1 设计开发背景

为了彻底排除因高速列车轴承故障引起的行车事故，应该从两个方面来解决：一是动态监测高速列车轴承的运行环节；二是对高速列车轴承的生产环节进行质量控制。本章主要对第一方面进行研究，分析列车运行中如何进行动态监测，及时发现并解决问题。第二方面如高速列车轴承在生产时进行严格的检测以保证质量等，则不在本书的讨论范畴。

众所周知，我国近年来引进、吸收、消化了国外高速列车的设计与制造技术，但作为关键走行部的高速列车轴承，却没有完全实现国产化。如果能实现高速列车轴箱轴承的动态监控，那么其国产化之路能少走许多弯路。因为有了动态实时监控的安全保障，国产高速列车轴承就能够用于高速列车；只有在实践中敢于使用，才能在实践中检验其缺陷与不足。

列车关键走行部故障包括轴箱故障、一系悬挂故障、构架端部折断、二系悬挂故障、一系横向止挡靠等。通过车辆系统输出的振动信号来评价车辆状态是个复杂的问题，与通常的振动故障检测有共性部分，也有特性部分。共性点在于都可以通过振动信号和信号模式识别技术进行故障判断；特性点在于列车系统振动与行车速度和线路状况有关，是复杂的非线性耦合关系。

正常工况下，列车各部件的振动是有规律的，这种规律与列车自身的参数有着密切的关系，当部件出现故障时，正常的规律被破坏，出现有故障的规律。系统先学习无故障的规律，通过自学习方式建立故障的判别标准，利用判别依据对运行中的各部件进行故障判断。在特定工况下，车辆系统特定部位的输出信号具有一定的规律，通过监测信号的变化情况可以评价车辆的状态，同时也可以识别车辆振动部件的某些故障。走行部故障识别系统框图如图 7.1 所示。本章所设计研发的动态监测系统，首先针对轴箱轴承，后续可扩展到整个走行部的在线监测。

走行部处于行驶车辆车体之下，监测环境较恶劣，布线较困难。随着计算机技术、传感器技术、通信技术及相关技术的迅速发展，远程动态监控成为可能。

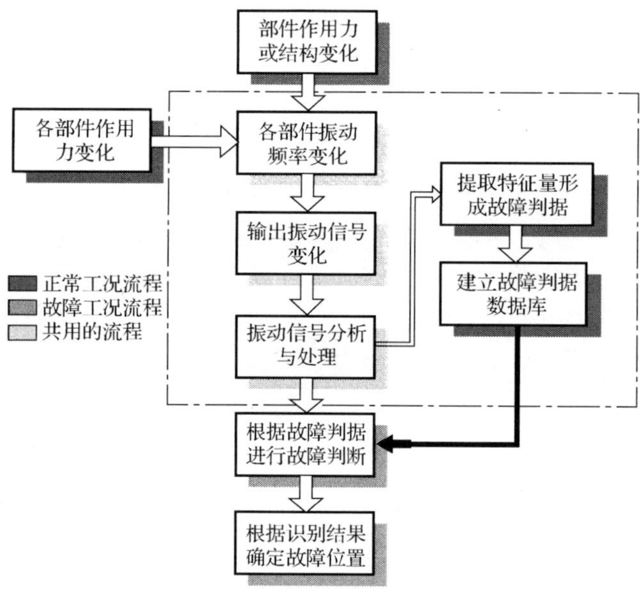

图 7.1 走行部故障识别系统框图

7.2 系统结构框架设计

目前，我国高速列车都具备司机显示单元。司机显示单元包括驾驶台上的两个监视器 TS（主监视器）和 TD（诊断监视器）。TS 和 TD 互为冗余。TS 显示信息：列车速度（实际值和设定值）、牵引力和制动力（实际值和设定值）、线电压、线电流、线电流极值、电池电压、时间。TD 显示信息：相关设备状态、警告、维修信息。该单元放置在每辆车内部的机柜或乘务员室，主要功能：①显示本地主要信息，如制动缸压力；②发送本地命令，如设置车内空调温度、灯光；③显示报警；④显示车辆设备状态；⑤显示车辆故障信息。

本章研发的高速列车轴箱轴承动态监测系统主要针对轴箱轴承在列车运行中的动态监测。工程应用的系统结构框架如图 7.2 所示。

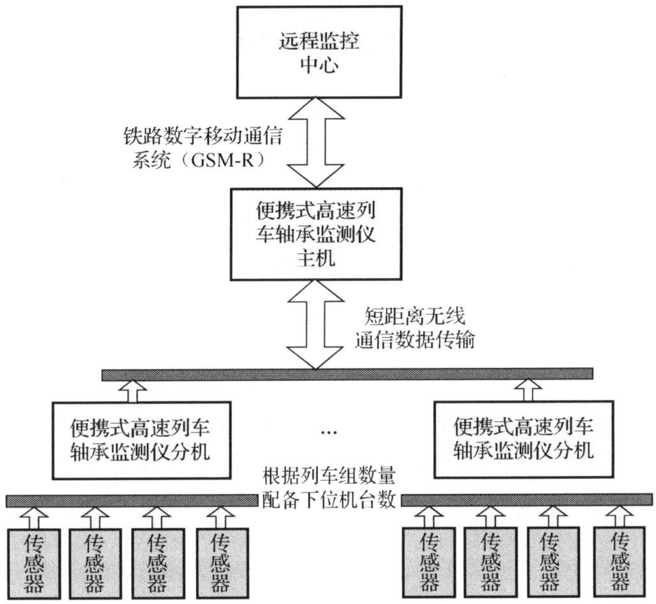

图 7.2　动态监测系统结构框架

实际工程应用中，轴箱轴承处于行驶车辆车体之下，监测环境较恶劣，布线较困难。因此，底层通信采用短距离无线方式。分机负责数据采集、无线数据传送；主机负责分析、预报警。主机与分机采用主从通信方式。

根据本书的理论研究和试验结果，本章研制了高速列车轴箱轴承动态监测系统，为了不影响现有的列车控制系统，采用如图 7.3 所示的硬件组成结构。硬件采用自供电技术，减少车体布线，软件采用基于跨平台的软件系统。后续还可以开展以下两方面工作：①装车运行，实际采集在线数据并对轴箱轴承在线监测系统的精度与响应进行探究，不断丰富故障数据库，与实验室构建的数据库共享，不断丰富试验数据，探究有效算法，完善高速列车轴箱轴承在线故障诊断系统；②丰富完善其他监测手段，比如开发手机应用，授予运维人员一定的权限，可以 24h 随时监测列车状态。

关键技术点如下：

（1）如何建立有效的试验数据库；

（2）如何对实时数据有效处理；

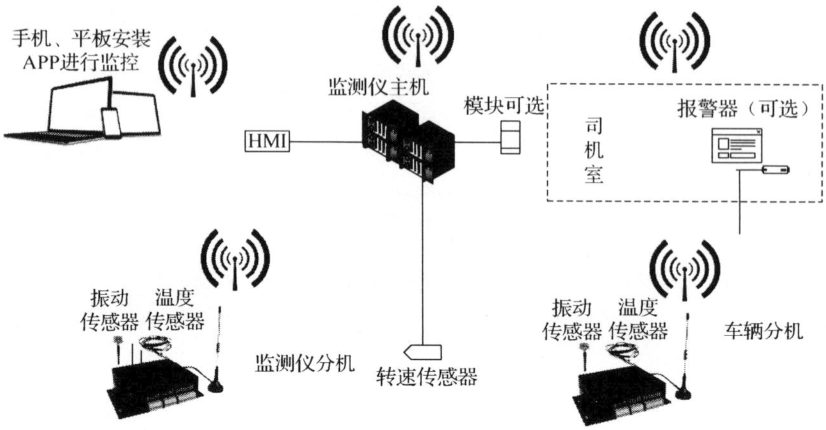

图 7.3　硬件组成结构

（3）如何利用统计分析、时频域分析、时序模型分析、相关分析、参数辨识、倒频谱分析、共振解调分析、全息谱分析以及基于非平稳信号的短时傅里叶变换、Winger 分布、希尔伯特-黄变换和小波变换等手段有效分辨高速列车轴箱轴承的前期细微的不同种类的故障信息。

主要技术指标如下：

（1）自供电，无须额外安装电源线；

（2）无线通信，无须额外铺设通信线，具有断点续传功能；

（3）具备多种通信协议；

（4）高可靠性、强抗电磁干扰；

（5）轴承运行状态的高效辨识与估测，对主要故障类型正确识别率达 90%。

7.3　硬件系统设计

本章开发的高速列车轴箱轴承动态监测系统具体表现形式是一种便携式高速列车轴承在线监测仪。不用改变现有的列车控制系统，监控界面有两种方式。一是可以单独开槽加个监控屏（含主机），通过无线通信协议监控各分机的数据，分析后直接将判断结果显示给司机；二是无须装监控屏，只需在手机上安装移动APP，设置好参数，即可直接对轴箱轴承进行动态监测。第二种方式更适合地面运维人员，可 24h 随时监测所管辖列车的轴承状态。

监测仪分机安装在轴箱附近，从复合传感器输出信号经过前置处理后，原始信号直接发送到监测仪分机。每个分机接受八路复合信号（温度及振动）。分机负责通信、信号数据处理，接收采集传感器信号、发送经过处理后的数据到主机。

主机根据传送来的数据，通过一定的数据分析手段进行状态识别，做出故障判断，从而识别和提示运行中发生的故障，提高动车组运营的安全性。诊断的原始数据和结论信息可输出到人机界面或手机 APP 界面，同时也可以传输到地面系统。地面监控需要建立轴承运行的原始数据库，并进行维护，提炼故障轴承数据，建立故障诊断大数据库，从而进行后续的精密分析诊断。数据越多其诊断也准确，而且也可以进行历史数据查询。

系统硬件由以下几部分组成：①复合无线轴承振动传感器；②便携式监测仪分机；③轴承监测仪主机。

7.3.1　无线通信技术要求

本章设计的监测仪分机拟采用“锂电池+自发电”形式，安装在轴箱轴承附近位置。

首先，要考虑无线传送距离。根据设计，每节车厢设置一个监测仪分机，而现有动车组的型号不一样，长度也不一样。据统计各车型的长度如下：CRH1——头车车辆长度 26950mm，中间车辆长度 26600mm；CRH2——头车车辆长度 25700mm，中间车辆长度 25000mm；CRH3——车辆的长度与 CRH2 相同；CRH5——头车车辆长度 27600mm，中间车辆长度 25000mm；CRH380A——头车车辆长度 26500mm，中间车辆长度 25000mm；CRH380B——头车车辆长度 25850mm，中间车辆长度 24825mm。因此，每节车厢按照 30m，每列高速列车按照 8 节车厢设计。监测仪主机假设放在车头司机室，则监测仪主机与分机通信距离最长为 250m 左右。设计时至少再留出 10%余量，所选的无线通信器件起码通信距离要达到 275m。

其次，无线通信的抗干扰性要求高，误码率要求低。

最后，无线通信的器件必须重量轻，体积小，耗电低。

监测仪分机包括自发电及锂电装置、无线通信模块、数据采集模块。

根据目前无线技术进展情况，主要有红外无线通信技术、蓝牙无线通信技术、射频无线通信技术、Wi-Fi 技术、超宽带技术[104]。

红外无线通信技术、蓝牙无线通信技术由于通信距离太短，不符合本系统对无线通信的要求。Wi-Fi 技术成本偏高，技术标准复杂，通信质量难以保证。超宽带技术虽然还在发展，未来可能会很有优势，但是目前所能达到的通信距离还不够。射频无线通信技术的最大优势是抗干扰能力强、传输距离较远，此外还有消耗功率低、体积小等，在工业及民用领域应用广泛，如移动通信中的码分多址（CDMA）、全球移动通信系统（GSM）等。

本系统选择采用射频无线通信技术的器件作为无线通信器件。

7.3.2 监测仪分机设计

监测仪分机外观组成如图 7.4 所示，由无线传输信号线、信号处理装置、风力自供电装置以及振动传感器和温度传感器组成。

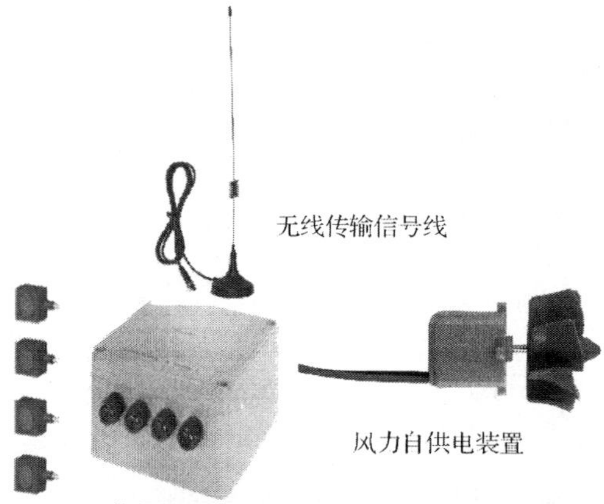

图 7.4 监测仪分机组成

功能如下：

（1）外接加速度传感器进行振动测量。

（2）外接 DS18B20 单线数字温度传感器进行温度测量。

（3）一个监测仪分机处理四路振动（工作频宽 10～2kHz；振动烈度 200mm/s；包络值 5m/s²）、四路温度信号（测量范围-30～100℃）。

（4）含射频无线通信模块。

（5）内嵌锂电池，调试时可充电，运行时外接风力自供电装置，无须额外电源线。

（6）内置数据分析处理系统，减轻监测仪主机负担。

该分机是基于不改变现有高速列车运行系统的前提下设计的，风力自供电系统也是如此。通过自供电系统和无线数据传输，整个分机的电源实现了自给自足，无须电源线或传感器输出线，安装后即可运行。但如果可以改变现有高速列车控制系统，本书认为更好的设计思想还是从源头设计考虑，在轴承内部内嵌振动、温度、速度传感器，传感器的供电直接由轴承旋转等应用环境中获取电能。

7.4　软件系统设计

软件监测仪主机开发平台基于开源Linux操作系统，可不依赖于微软Windows系统。

7.4.1　软件开发平台

软件系统特点如下：

（1）部署远程服务器。供远程访问的服务器可部署在任何一个有网络服务的地方，客户端可通过内网或 Internet 外网方便快捷地访问服务器。客户端和服务器之间采用 HTML5 协议，使用 WebSockets 作为通信协议。

（2）跨平台的用户访问体验。用户可以通过各个终端来自由地访问试验台系统，由于系统采用 HTML5 平台来开发，所以各大平台上的主流浏览器均支持这项技术。

支持的操作系统平台：Windows、Linux、Mac OS 操作系统等。

支持的浏览器：IE9 以上，Opera12.0 以上，Firefox 4.0 以上，Safari 5.0 以上，Chrome 5.0 等。

支持的设备终端：安装有 Windows、Linux、Mac OS 操作系统等的电脑。

平板：支持 Android 4.0 以上，iOS7.0 以上。

手机：支持 Android 4.0 以上，iOS7.0 以上，并且分辨率≥480×320。

7.4.2　软件系统功能

该软件开发后首先在试验台上使用，成功后可应用在高速列车上。

软件系统的基本功能模块可按照系统组成划分，软件系统可以分为以下模块：试验台管理系统、数据采集系统、适配控制系统（采用 PLC 通信控制）、机械及电气设备（实验台架）系统。试验台软件系统功能结构示意图如图 7.5 所示。

试验台管理系统功能如图 7.5 所示，具体功能模块如图 7.6 所示，分为 8 个功能模块。

该系统的操作界面简洁明了，更适用于工业控制自动化系统的特点，方便用户在现场和远程来查看和使用试验台系统。

用户可以直接通过试验台的触摸屏来操作系统，也可以通过连接鼠标和键盘的方式来操作。用户可以完全通过试验台管理系统完成高速列车轴承的试验检测。试验台设备控制方式有两种：手动方式和自动方式。

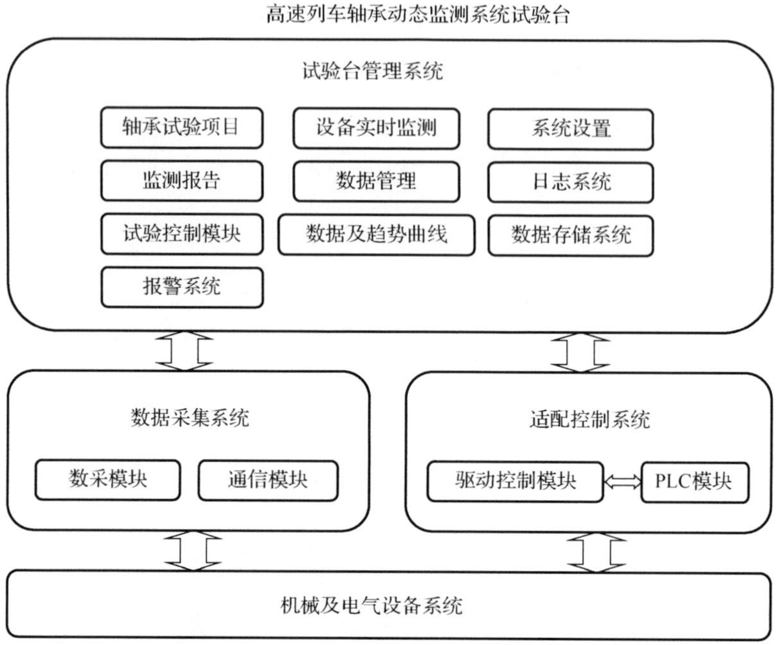

图 7.5 试验台软件系统功能结构示意图

手动方式：通过控制面板来手动控制试验台设备的运行。

自动方式：通过试验台系统根据定义的检测项目，自动控制试验台设备的运行，完成全程的轴承检测试验。

实时数据采集系统完成针对检测高速列车轴承的定制采集。

对应高速列车轴承的特点和运行参数，系统定制了适合铁路轴承检测的采样频率，能够保障数据采集的流畅和对数据采集的效率。系统有独立的数据采集模块，负责数据采集和与主系统的数据通信，为控制模块、报警模块等提供准确实时的现场真实数据。

车载高速列车轴承在线监测仪具备以下特点：

（1）安装方便，既可自成体系，亦可纳入其他系统。预留与其他系统的通信接口，具备多种通信协议。

（2）综合考虑了高速列车轴承的振动与行车速度和线路状况的复杂的非线性耦合关系。在列车运行工况下，可以通过振动信号和信号模式识别技术进行高速列车轴承的故障预判，为列车安全运行提供辅助手段。

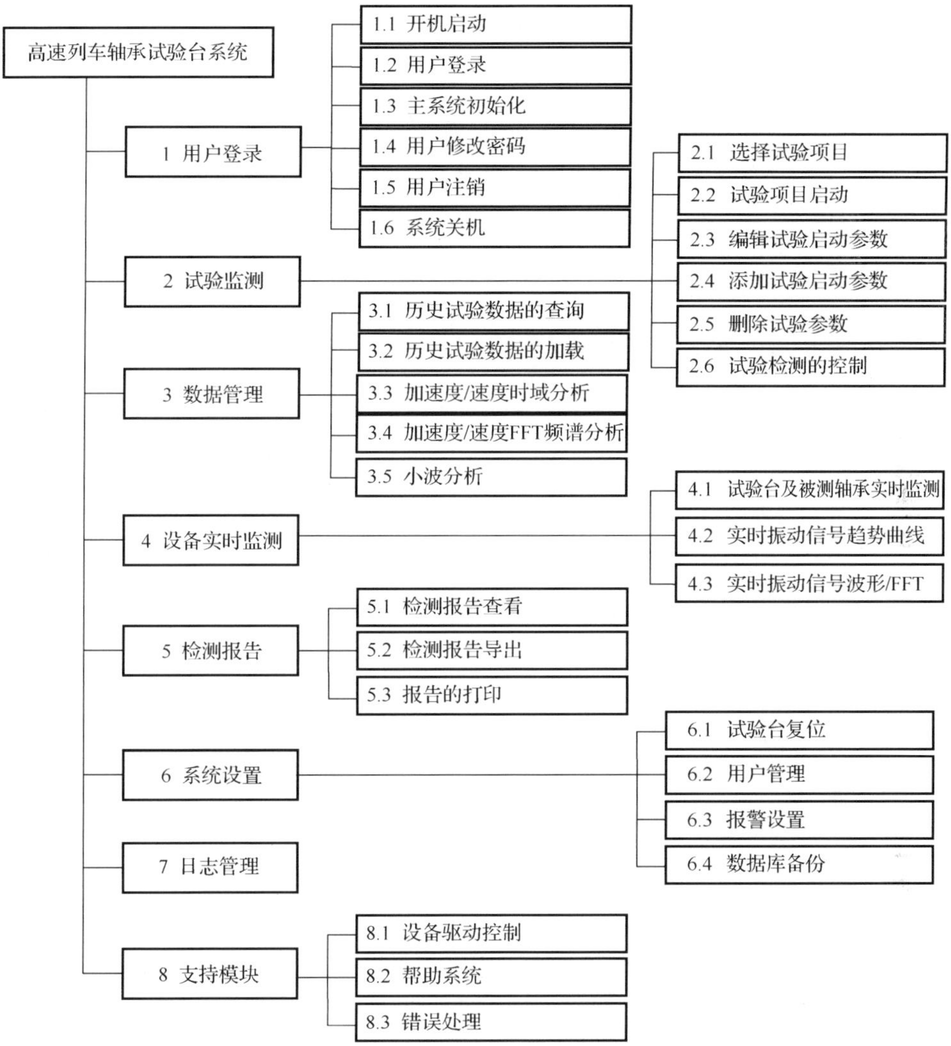

图 7.6　系统功能模块组成

7.5　本章小结

在铁路列车轴承性能试验装置和小型双列圆锥轴承试验装置的基础上，本章针对高速列车轴箱轴承研究设计了动态监测系统。该系统的设计特点如下：

（1）基于无线通信研发的一个移动在线系统。

（2）采用自供电技术，无须额外增加电路。

（3）所开发系统提供跨平台的用户访问体验，不依赖于 Windows 系统。

（4）该系统可以扩展到整个高速列车走行部的在线监测。

软件系统基于 Linux 开源操作系统，利用跨平台开发工具开发完成了与部分测振硬件的通信。

第 8 章

高速列车轴承振动质量分析及其控制方法

我国铁路发展正处于由量的积累到质的飞跃的关键阶段。铁路速、密、重并举的运输模式将在相当长的时期存在，其中轴承的质量对铁路运输安全的影响是十分重要的。因此，对高速列车轴承质量的研究是一个特别重要的课题。

当前，我国高速列车上绝大部分都是采用国外进口轴承，但是对高速列车轴承的质量管理和控制仍不尽完善，特别是对轴承振动质量的监管，还没有一套比较成熟和完善的管理措施。一旦不合格轴承投入运用，必然增加高速列车安全运输的隐患。所以，开展高速列车轴承振动质量的研究是十分必要的。

8.1 轴承振动（噪声）质量及检测技术概述

8.1.1 国内外现状

早在 20 世纪 30 年代欧洲就已经开始滚动轴承振动与噪声技术的研究，当时主要是针对电机轴承减振降噪来展开的。1945 年，第二次世界大战结束后，日本轴承的研究方向由军工转向民用市场，开始对轴承振动与噪声进行系统的研究，并于 1960 年制定出世界第一个有关轴承噪声的国家标准《滚动轴承声压级测量方法》(JIS B 1548:1960)。美国从军用角度开始对滚动轴承噪声进行研究，1954 年针对军舰、潜艇所用轴承制定出《船舰技术条件》(MIL-B-17931)，该标准对世界低噪声、低振动轴承的技术发展有着广泛的影响。

随着轴承生产制造技术的不断提高，低噪声轴承从 20 世纪 80 年代开始就已经可以批量生产，但主要还是应用在电机和家电产品上。后来机床主轴对低噪声轴承的精度、振动和噪声的要求进一步提高，导致机床行业对变速箱轴承提出降低异常声响的要求，逐渐发展到对轴承振动有效值和噪声的声压级提出具体要求。

铁路轴承低振动、低噪声的研究是伴随着铁路运输一次次提速而逐步展开的。早期的列车车厢所用轴承都是滑动轴承，这种轴承具有承载大、噪声低的优点。但其缺点也是致命的，一是启动力矩大，二是极限转速低，远不能满足铁路轴承的高速要求。因此，在 20 世纪中叶，发达国家就普遍采用滚动轴承替代滑动轴承。我国从 20 世纪 80 年代起开始在铁路运输中大规模采用滚动轴承，90 年代开始对铁路轴承振动噪声质量进行研究。

随着我国铁路进入高速发展阶段，低噪声、低振动轴承技术的应用不仅可以提高轴承的使用寿命，提高运行品质，也可以提高铁路运输的安全性和可靠性。

8.1.2 问题的提出

在铁路轴承方面，铁路货车轴承行驶寿命达 150 万～200 万 km，可实现十年不更换；铁路客车轴承，如日本、意大利的高速列车速度可达 350km/h，行驶寿命为 150 万～300 万 km，80 万 km 可靠度达 90%。

若想进一步提高铁路轴承的可靠性，就必须提高铁路轴承振动噪声质量检测水平，因为振动也可以看作一系列大小、速度不等的脉冲运动的集合，这种脉冲连续不断地作用在轴承工作表面上，其结果轻则导致轴承工作温度过高，重则造成轴承工作表面早期疲劳，对轴承的可靠性影响极大。

8.2 高速列车轴承振动对列车可靠性的影响

8.2.1 系统模型建立

列车车厢在高速运行中由于种种原因，不可避免地要产生一系列振动，这些振动会对车厢和轴承产生哪些影响，这些影响是怎样产生的，这是我们必须要关注的问题。将列车车厢轴系简化为如图 8.1 所示模型[105]。

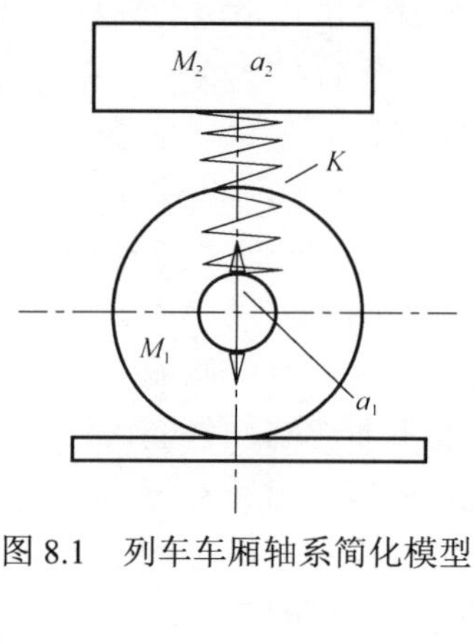

图 8.1 列车车厢轴系简化模型

这是一个简化的单自由度无阻尼的弹性系统，其力平衡方程为

$$a_1 M_1 + K X_1 = 0 \tag{8.1}$$

或

$$a_2 M_2 + K X_1 = 0 \tag{8.2}$$

式中，M_1 为轮系质量；M_2 为车厢质量；a_1 为轴承产生的振动加速度；a_2 为车厢产生的振动加速度；K 为弹性系数；X_1 为弹簧在 M_2 重力下的变形量。比较式（8.1）和式（8.2）可得

$$a_2 = a_1 \frac{M_1}{M_2} \tag{8.3}$$

由 $M_2 \gg M_1$ 可知，$a_2 \ll a_1$。因此，在一般情况下，旋转系产生的振动对车厢振动影响较小，也可以理解为轴承的振动对车厢的影响较小。

但是，轴承自身的振动对轴承可靠性的影响又是怎样呢？下文再做进一步分析。

8.2.2　轴承振动产生机理

一般来讲，轴承旋转时产生的振动主要是由轴承工作表面微观几何误差所引起的。为便于分析，我们将轴承内圈滚道展开（图 8.2），并做两个假设：

（1）滚动体和外圈滚道表面是一个理想刚性几何图形。

（2）内圈滚道展开的波形是正弦波。

图 8.2　轴承旋转时产生的振动

当滚动体向前滚动时，滚动体中心产生的振动位移可以近似用下式来描述：

$$X = A\sin\alpha \tag{8.4}$$

对式（8.4）求导，得振动速度表达式为

$$V = A\omega\cos(\omega t) \tag{8.5}$$

对式（8.5）求导，得振动加速度表达式为

$$a = -A\omega^2 \sin(\omega t) \tag{8.6}$$

式中，V 为振动速度；a 为振动加速度；A 为波纹峰值；ω 为角频率；t 为时间。

当时间一定时，振动速度与 $A\omega$ 成正比，振动加速度与 $A\omega^2$ 成正比。由此看来，轴承的振动加速度不仅与波纹峰值有关，而且与频率 ω 有关。当列车运行速度提高一倍时，基频振动频率 ω 也增加一倍，依据式（8.6），振动加速度将增加 4 倍。当质量一定时，根据牛顿第二定律，基频振动冲击力

也增加 4 倍。

以内圈滚道为例，按现行技术条件，内圈圆度偏差 8μm。对于 352226X2-2RZ 铁路货车轴承来说，以滚道中部核算，其波距为 4mm 的棱圆个数 Z 约为 40 个；以波纹峰值为 1μm（远远小于 8μm 圆形误差要求），若车轮每分钟转速 N=1000r，则产生的振动加速度峰值可由下式求得：

$$a = A\omega^2 = A\left(\frac{2\pi N}{60}Z\right)^2 \tag{8.7}$$

将上述数据代入式（8.7）中得振动加速度有效值为 17.5m/s^2。

根据式（8.3）可以看出，a_1 的增大，也会导致 a_2 相应地增大，使得车厢振动加大，对客车而言要影响乘员的舒适度。

8.2.3 振动对轴承疲劳寿命评估的作用

在不同工况条件下，轴承表面失效形貌和载荷均值的变化对轴承寿命和失效行为都有影响[106]。

在原始载荷和振动载荷共同作用下，车轮轴箱上产生的冲击力为

$$F = F_1 + F_2\cos(\omega t) \tag{8.8}$$

式中，$F_1=M_2g$ 是一个恒定载荷；$F_2=a_1M_1$ 是一个交变载荷。二者叠加如图 8.3 所示。

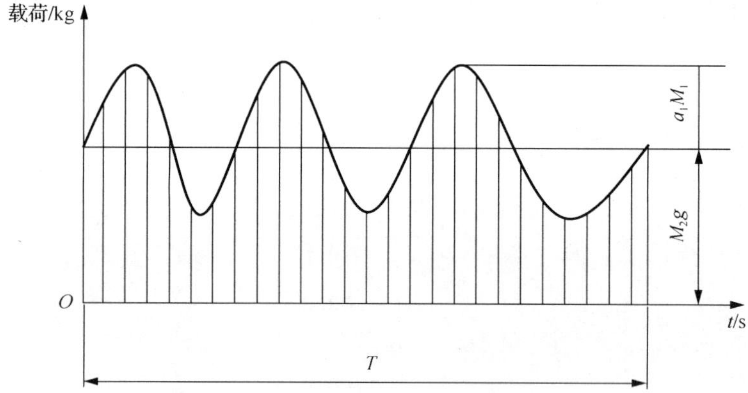

图 8.3　原始载荷和振动载荷叠加图

这样，平均载荷 F_m 可由下式估算：

$$F_m = F_1\left\{\frac{1}{T}\int_0^T\left[1+\frac{F_2\cos(\omega t)}{F_1}\right]^\rho \mathrm{d}t\right\}^{\frac{1}{\rho}} \tag{8.9}$$

式中，ρ 为轴承寿命指数。

以上述 40 个棱圆为例，假设 F_1=100kN，轮对系统质量为 1000kg，则用牛顿第二定律计算，F_2=10000×17.5m/s^2=17.5kN。

当取 F_1=100kN，T=10，ω=1300π；对于滚动体轴承，寿命指数 ρ=4，一并代入式(8.9)中，求得叠加后的平均载荷为 F_{m2}=102kN，而原平均载荷 $F_{m1}=F_1$=100kN，则此时轴箱轴承的寿命与正常寿命的倍数 S 为式（8.10）所示：

$$S=\frac{\left(\dfrac{C}{F_{m2}}\right)^4}{\left(\dfrac{C}{F_{m1}}\right)^4}=\left(\frac{F_{m1}}{F_{m2}}\right)^4=\left(\frac{100}{102}\right)^4\approx 0.92 \tag{8.10}$$

式中，C 为轴承额定动载荷，即轴承理论寿命是原寿命的 92%，寿命降低 8%。

以上是以内圈滚道圆形偏差中某一个特例来说明，如果从更广泛的角度来看，又是一个什么趋势呢？将式（8.7）、式（8.9）和式（8.10）整理后得

$$S=\left\{\frac{1}{T}\int_0^T\left[1+\frac{A(\pi NZ)^2M_1\cos(\omega t)}{900F_1}\right]^\rho \mathrm{d}t\right\}^{-1} \tag{8.11}$$

从式（8.10）可以看出，当车辆载荷、运行速度、轴系质量一定时，内圈滚道棱圆个数和棱圆幅值越大，寿命倍数越小。取波纹峰值 1～10μm，棱圆个数 1～40 代入式（8.10）中，求得比值列入表 8.1。

表 8.1　正常寿命的倍数 S 计算表

波纹峰值	棱圆个数 Z									
A/μm	4	8	12	16	20	24	28	32	36	40
1	1.00	1.00	1.00	1.00	0.99	0.99	0.98	0.96	0.94	0.92
2	1.00	1.00	1.00	0.99	0.98	0.95	0.92	0.87	0.80	0.73
3	1.00	1.00	0.99	0.98	0.95	0.90	0.83	0.74	0.64	0.54
4	1.00	1.00	0.99	0.96	0.92	0.84	0.74	0.62	0.50	0.39
5	1.00	1.00	0.98	0.94	0.87	0.77	0.64	0.50	0.38	0.28
6	1.00	0.99	0.97	0.92	0.83	0.70	0.55	0.41	0.30	0.21
7	1.00	0.99	0.96	0.90	0.78	0.63	0.47	0.33	0.23	0.16
8	1.00	0.99	0.95	0.87	0.73	0.56	0.40	0.27	0.18	0.12
9	1.00	0.99	0.94	0.84	0.68	0.50	0.34	0.22	0.14	0.09
10	1.00	0.99	0.93	0.81	0.63	0.44	0.29	0.19	0.12	0.07

将表 8.1 中数据绘制成图，见图 8.4。

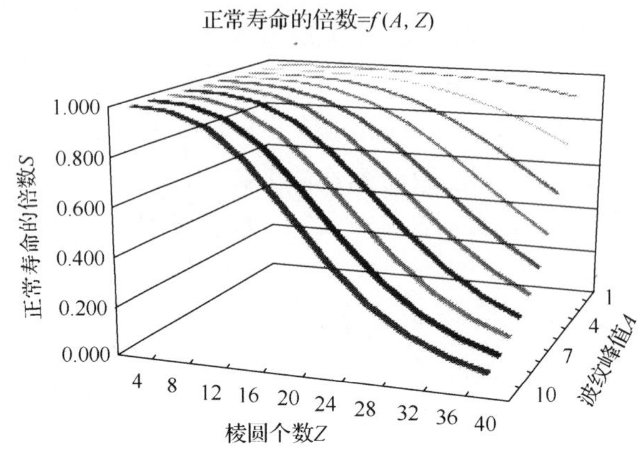

图 8.4　正常寿命的倍数曲线

从图 8.4 中可以直观地看出，轴承内圈滚道棱圆个数和波纹幅值与轴承寿命倍数具有以下相关趋势：

（1）棱圆幅值越大，对轴承可靠性影响越大；

（2）一个圆周内棱圆个数越多，对轴承可靠性影响越大；

（3）棱圆幅值与棱圆个数相比，棱圆个数对可靠性影响更大。

当波纹个数为 40、波纹幅值为 10μm 时，轴承寿命仅为正常的 7%。由此可见，轴承零件滚动表面的波纹产生的冲击载荷会很大程度上缩短轴承的疲劳寿命。

以上仅仅是以波纹产生的基频来进行寿命评估，如果考虑基频引起的高次谐振以及滚动体通过频率的其他振动，情况还要恶劣一些。

鉴于以上原因，对高速列车轴承的振动质量进行检测是十分必要的。目前我国对铁路货车轴承振动质量的在线检验在某些制造厂家已经开始应用，对高速列车轴承的振动检测却还在起步中。

8.3　圆度、波纹度与轴承振动质量

通过上一节的分析可以看出，轴承的振动质量不仅与轴承零件工作表面微观几何精度的幅值有关，而且与组成这组幅值的波纹个数有关。因此，为有效控制高速列车轴承的振动质量，首先必须对控制轴承零件微观几何精度的手段做进一步了解。

8.3.1　轴承零件圆周方向几何精度的评定

从微观的角度，轴承零件工作表面都不是一个真圆，图 8.5 是一个圆锥轴承外圈滚道的圆度检测报告。从图中我们可以看出，这个轴承外圈滚道在放大 2000

倍后其表面形状是丰富多样的，既有椭圆的低波成分，又有棱圆的密波成分。下面来探讨一下当前是如何评定这些几何精度的。

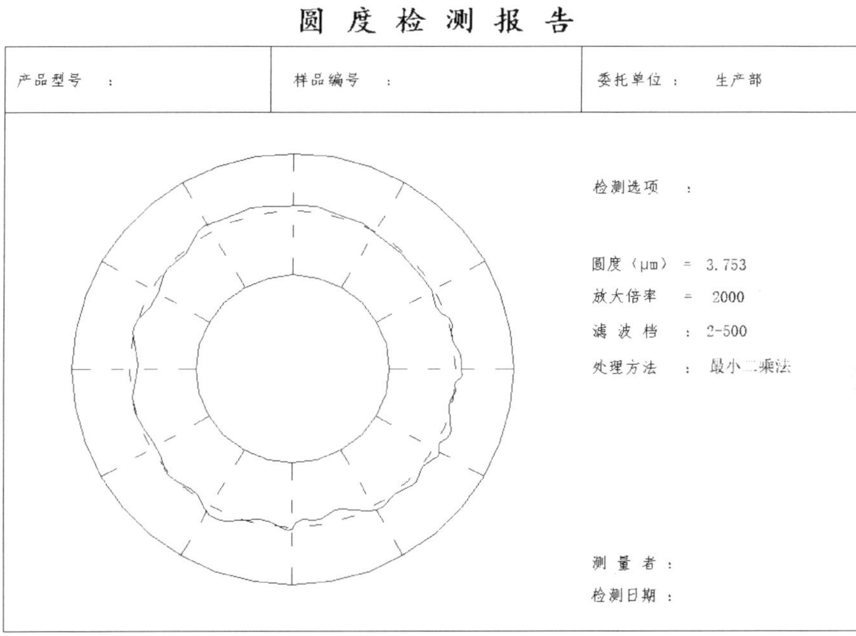

图 8.5　圆度检测报告

目前，我国铁路轴承零件工作表面微观几何精度主要靠圆度仪来对轴承零件工作表面微观几何精度进行检测和评估。图 8.6 为圆度测量原理图。图 8.6 中，传感器从旋转的轴承滚道表面拾取波纹信号，信号经放大后，通过 0～500 波带通滤波器滤波后输出检测结果。这个测量结果中，包含了零件表面 0～500 波/周的丰富信息。如何对这些信息进行评估，并给出比较切合实际的评估结果，这就是圆度质量的评定方法。按轴承行业标准《滚动轴承零件圆度和波纹度误差测量及评定方法》（JB/T 6642—2004）规定，轴承圆度有以下两种方法来评定圆度误差：最小区域圆法和最小二乘方圆圆心法。（注：标准《滚动轴承零件圆度和波纹度误差测量及评定方法》（JB/T 6642—2004）在 2017 年废止，但是当前，铁路轴承生产厂家对于零件圆度（波纹度）控制大多仍采用该标准，因此本书仍以此为依据，有其现实意义。）

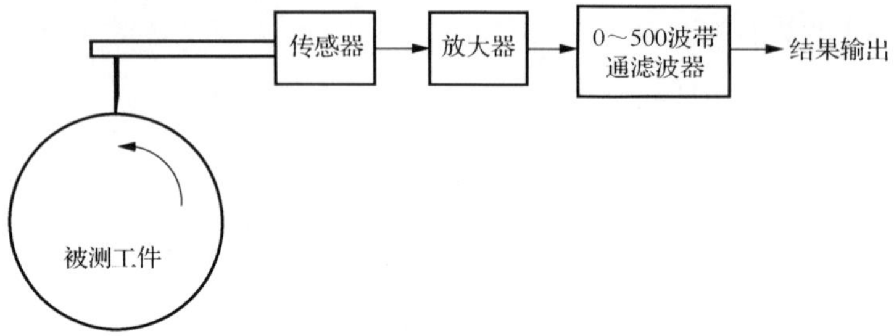

图 8.6 圆度测量原理

（1）最小区域圆法评定圆度误差 ΔZ_z，见图 8.7。

以包容被测圆轮廓的两同心圆的半径差 ΔZ_z 作为圆度误差。

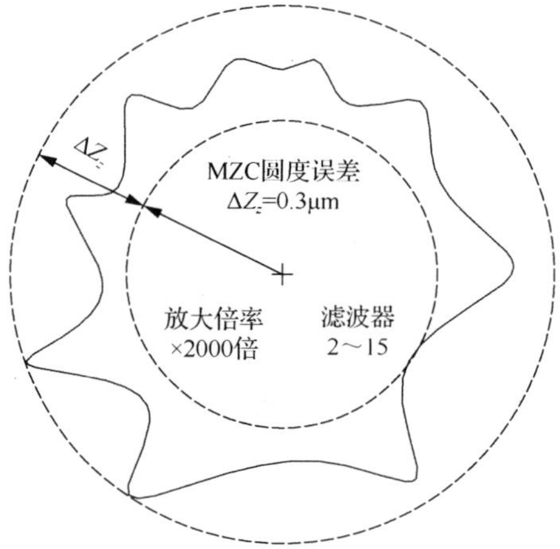

MZC 表示用最小区域圆法评定圆度误差

图 8.7 最小区域圆法测圆度误差

（2）最小二乘方圆圆心法评定圆度误差 ΔZ_q，见图 8.8。

以被测圆轮廓上相应各点至圆周距离的平方和为最小圆的圆心为圆心，所包容被测圆轮廓的两同心圆的半径差 ΔZ_q，即为最小二乘方圆圆心法所评定的圆度误差。

《滚动轴承零件圆度和波纹度误差测量及评定方法》（JB/T 6642—2004）中还规定，当两种评定方法产生争议时，以最小区域圆法为准。

可以看出，上述圆度评定方法给我们展现的是零件最大不圆度误差，它反映了零件偏离真圆的最大程度，对零件不圆度给出了比较宏观的度量。

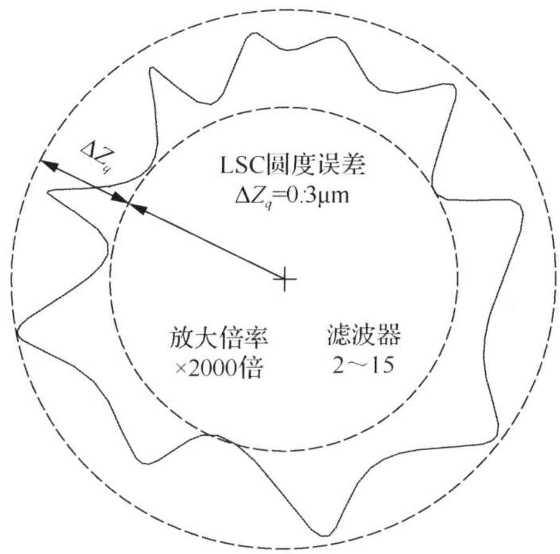

LSC 表示用最小二乘方圆圆心法评定圆度误差

图 8.8　最小二乘方圆圆心法评定圆度误差

显然，按上述方法对轴承零件不圆度的评估是不全面的，它不能反映零件圆周方向的微观几何精度。对此，《滚动轴承零件圆度和波纹度误差测量及评定方法》（JB/T 6642—2004）在圆度评估的基础上，还给出了轴承波纹度的两个评定方法。

波纹度的测量与评估原理如图 8.9 所示。

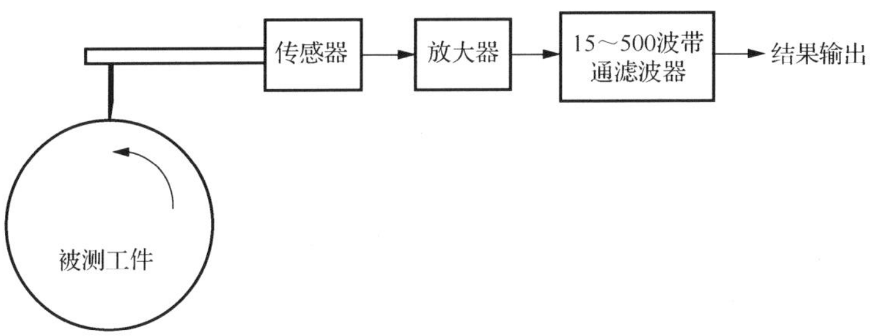

图 8.9　波纹度的测量与评估原理

测量时，将带通滤波器的滤波范围改为 15～250 波/周。这时再采用以下两种方法。

（1）最小区域圆法评定波纹度误差 ΔW_z，见图 8.10。

与圆度误差评定方法类似，以包容被测圆轮廓的两个同心圆的半径差 ΔW_z，作为 MZC 波纹度误差。

（2）最小二乘方圆圆心法评定波纹度误差 ΔW_q，见图 8.11。

同样，以被测圆轮廓上相应各点至圆周距离的平方和为最小圆的圆心为圆心，所作包容被测圆轮廓的两同心圆的半径差 ΔW_q，即为最小二乘方圆圆心法所评定的波纹度误差。

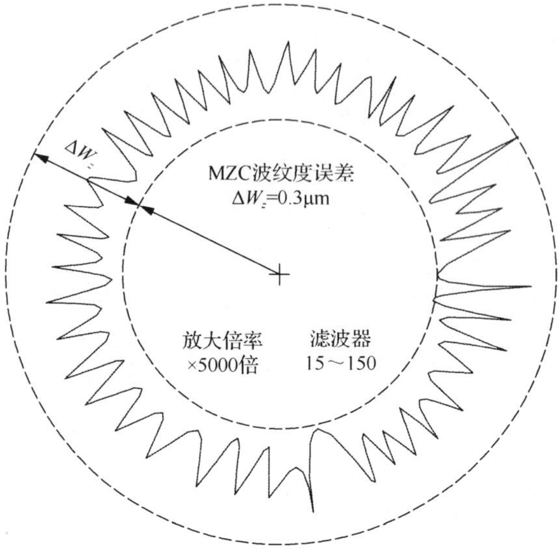

图 8.10 最小区域圆法评定波纹度误差

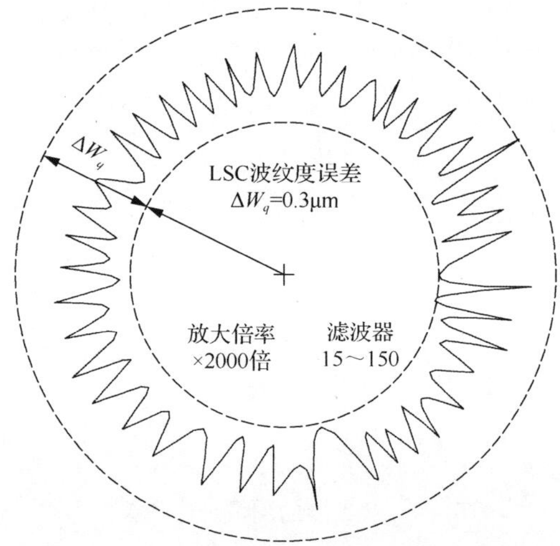

图 8.11 最小二乘方圆圆心法评定波纹度误差

在滤波选择上，《滚动轴承零件圆度和波纹度误差测量及评定方法》（JB/T 6642—2004）中还做了如下推荐：在圆度测量时，滤波波段应选择 2～15 波/周及 2～50 波/周，推荐采用 2～15 波/周；波纹度测量时，滤波波段应选择 15～150 波/周及 15～50 波/周。内圈滚道和滚动体推荐采用 15～150 波/周。

8.3.2 成品轴承质量的效果检验试验

该试验采用《滚动轴承零件圆度和波纹度误差测量及评定方法》（JB/T 6642—2004）提供的方法对成品轴承质量的效果进行检验。首先，以 32312 圆锥滚动体轴承外圈为例，做一组相关性试验。

试验方案如下：

（1）取一个各项检测指标都合格的内圈组件（将滚动体和保持架与内圈装好）；

（2）取 15 件尺寸精度都合格的外圈，分别对外圈滚道进行圆度、波纹度检测；

（3）将内圈组件与不同的外圈组合，进行振动幅值检测；

（4）振动检测采用速度物理量的检测方式。

全部试验样本检测结果见表 8.2。

表 8.2　全部试验样本检测结果

序号	外圈圆度/μm	外圈波纹度/μm	低频振动/(μm/s)	中频振动/(μm/s)	高频振动/(μm/s)
1	1.720	0.22	107	185	214
2	1.750	0.62	140	227	237
3	2.265	0.28	78	156	180
4	2.481	0.52	141	211	218
5	2.905	0.31	117	220	242
6	2.558	0.18	126	180	198
7	2.722	0.18	115	190	227
8	2.770	0.61	124	221	266
9	3.038	0.63	242	214	184
10	3.753	0.65	399	265	227
11	3.804	0.55	230	238	210
12	3.878	1.23	119	201	248
13	4.178	0.21	104	210	229
14	4.334	0.75	278	214	214
15	4.610	0.48	114	220	219

分别以表 8.2 中圆度和波纹度为 X 轴，低、中、高频振动幅值为 Y 轴，按式（8.12）计算相关系数：

$$r=\frac{\sum xy-\frac{\left(\sum x\right)\left(\sum y\right)}{n}}{\sqrt{\left[\sum x^{2}-\frac{\left(\sum x\right)^{2}}{n}\right]\left[\sum y^{2}-\frac{\left(\sum y\right)^{2}}{n}\right]}} \tag{8.12}$$

查相关系数检验表得临界相关系数为 0.6。绘制相关折线图。圆度值与低频振动幅值相关检验折线图见图 8.12，相关系数为 0.37，小于临界值 0.6，判定为不相关。

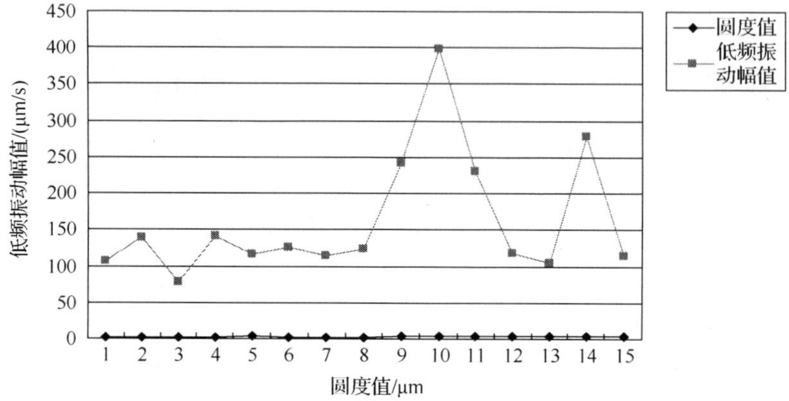

图 8.12 圆度值与低频振动幅值相关检验折线图

圆度值与中频振动幅值相关检验折线图见图 8.13，相关系数为 0.427，小于临界值 0.6，判定为不相关。

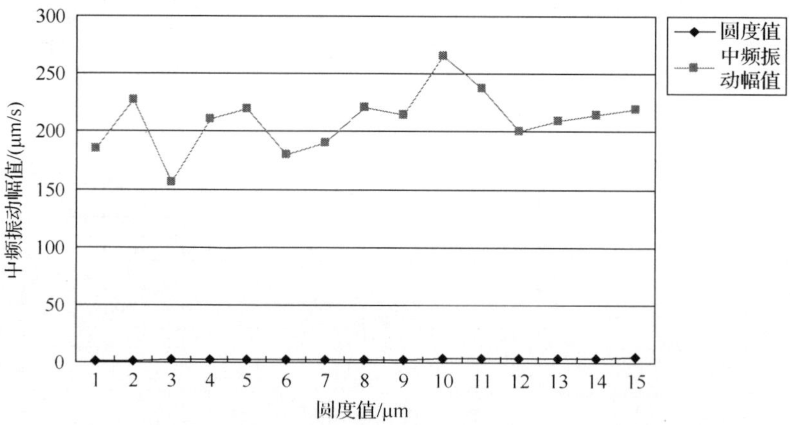

图 8.13 圆度值与中频振动幅值相关检验折线图

圆度值与高频振动幅值相关检验折线图见图 8.14，相关系数为 0.11，小于临界值 0.6，判定为不相关。

再来看看波纹度，波纹度值与低频振动幅值相关检验折线图见图 8.15，相关系数为 0.367，小于临界值 0.6，判定为不相关。

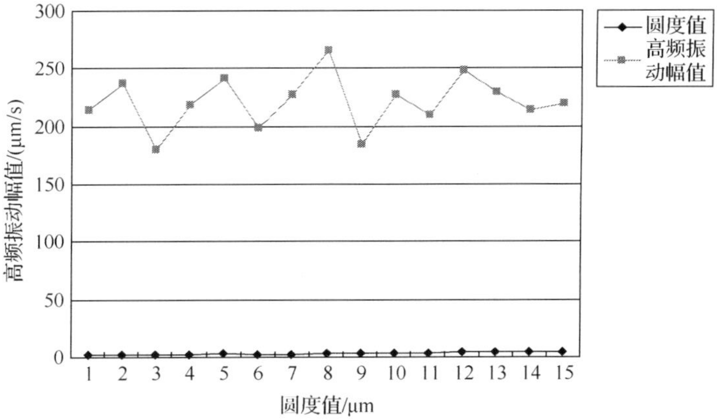

图 8.14　圆度值与高频振动幅值相关检验折线图

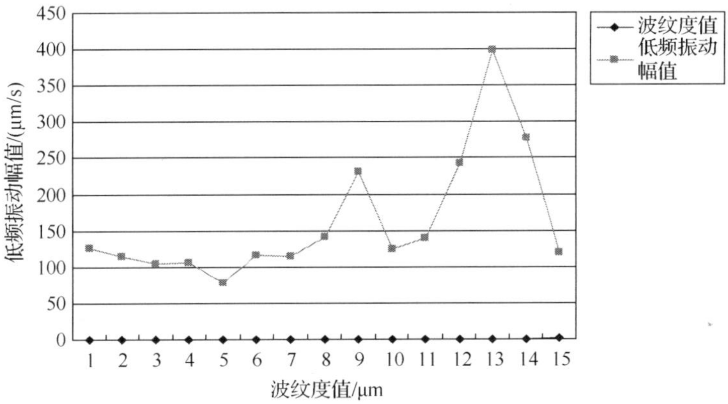

图 8.15　波纹度值与低频振动幅值相关检验折线图

波纹度值与中频振动幅值相关检验折线图见图 8.16，相关系数为 0.397，小于临界值 0.6，判定为不相关。

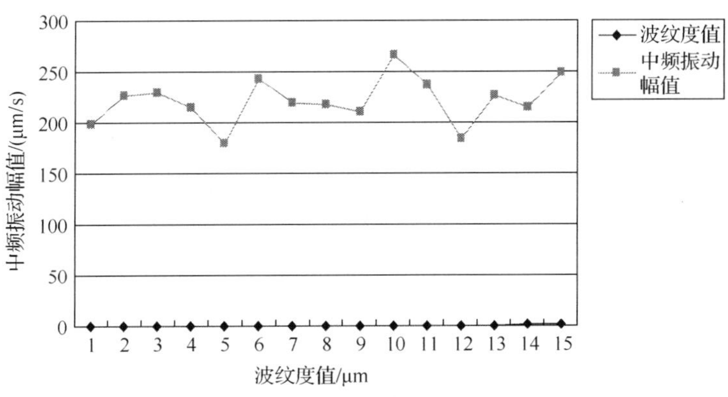

图 8.16　波纹度值与中频振动幅值相关检验折线图

波纹度值与高频振动幅值相关检验折线图见图 8.17，相关系数为 0.335，小于临界值 0.6，判定为不相关。

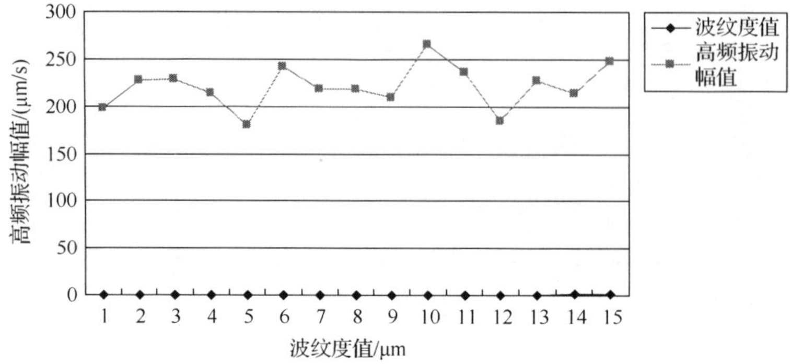

图 8.17 波纹度值与高频振动幅值相关检验折线图

由以上分析可知，用《滚动轴承零件圆度和波纹度误差及评定方法》（JB/T 6642—2004）提供的方法来控制铁路轴承振动质量是满足不了需要的。

从式（8.5）来看，轴承振动加速度与 $A\omega^2$ 成正比。以圆度测量为例，其测量波段为 2～15 个波，如果同是 1μm 幅值 2 个波和 15 个波，平方后一个是 4，另一个是 225，相差 56 倍多。而圆度测量两者质量水平处在同一水平，这与试验验证的结果是相吻合的。

但是，目前我国对铁路轴承零件微观几何精度的控制还仅仅限于《滚动轴承零件圆度和波纹度误差及评定方法》（JB/T 6642—2004）提供的检测方法。因此，我们需要寻找一种更好的测量和评定波纹度质量的方法，以确保高速列车轴承的振动质量。

8.3.3 波纹度评定新方法

利用 Talyrond 365 XL 圆度仪在测量套圈表面圆度的同时，通过 FFT 进行计算，将时域圆度图形转换成频（波）域。

每个谐波幅值与一个固定的门限曲线相比较。该门限曲线是一个指数方程，见式（8.13）：

$$A_w = \frac{C_1}{(W-1)^s} \tag{8.13}$$

式中，C_1 为圆度偏差（根据图纸要求）；A_w 为整个测量波段谐波的最大允许振幅（谐波限值）；W 为谐值数量；s 为加权系数；内圈滚道的加权系数取 1.01；外圈滚道的加权系数取 1.21。

显然，利用式（8.13）所控制的谐波幅值限值是一组数值，其变化为指数曲线，见图 8.18（b）中的虚线部分。

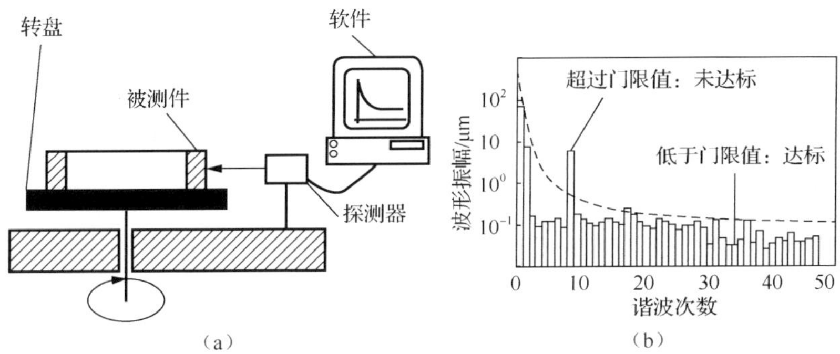

图 8.18　谐波幅值限值

从式（8.13）可以看出，谐波限值是随着谐波数量的增加而减少的，也就是增加了对高次谐波的控制。

以内径 130mm 的高速列车轴承为例，如果内圈滚道大端直径为 162mm，我们要控制波距为 0.5mm 以上的波纹，其最大控制谐波数为 162×3.14/0.5≈1017；如果圆度偏差 C_1 取 4μm，代入式（8.13）中，得

$$A_w = \frac{4}{(1017-1)^{1.01}} = 0.0037(\mu\text{m}) = 3.7(\text{nm})$$

从以上计算结果来看，控制严格度是非常苛刻的。理论上，用这种波纹度评定方法要比《滚动轴承零件圆度和波纹度误差及评定方法》（JB/T 6642—2004）提供的方法先进得多，也与成品轴承振动质量相关性显著许多，是高速列车轴承零件圆度微观几何精度应该采用的一种新的方法。

8.3.4　高速列车轴承振动检测参数

对成品轴承的质量评估是这一节主要讨论的问题。这也是解决高速列车轴承振动质量评估的首要问题。通常在轴承的振动检测中可以用耳朵听到轴承运转的噪声，通过直接感知，我们也能感觉到轴承旋转时产生的振动。振动通过空气的传播就产生噪声，因此可以认为噪声是振动通过空气传播的体现。振动是噪声的发源地，振源通过固体传播就产生振动，振动是振源通过固体传播的具体体现。

从检测的角度来看，噪声的检测受环境干扰很大，需要在特定的环境下对产生噪声的物体进行检测。检测过程中，传感器（声级计）不与被测物体接触即可完成测量。振动的检测受环境的干扰相对较小。在检测过程中，只要不对被测物体进行干扰，就可以通过安装在被测物体上的振动传感器完成振动测量。

鉴于以上原因，高速列车轴承振动质量的检测还是要通过对被测轴承接触式的方法来完成。这也是在实际工作中比较容易实现的一种检测方法。若想很好地

完成对轴承振动质量的检测，首先我们就要对轴承振动信号有较为透彻的了解。

1. 轴承振动信号频率特征

图 8.19 就是一个新轴承在高速旋转时产生的噪声，这是一个杂乱无章的振动波形。用耳朵听起来有点像海浪的噪声，在声学范畴称为白噪声。声学领域，白噪声就是在整个频带内，所有频率成分的幅值都一样大。

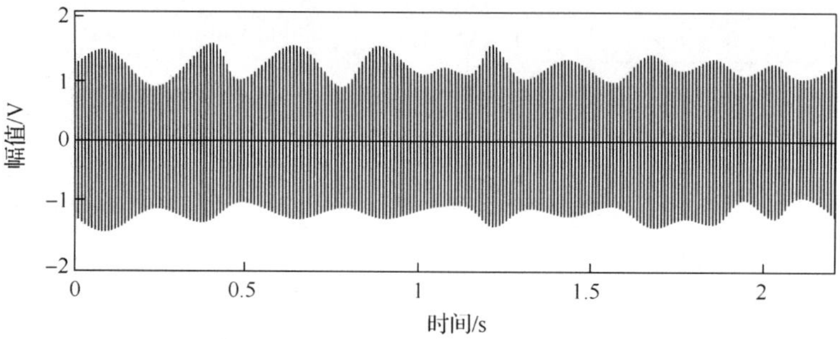

图 8.19 新轴承在高速旋转时产生的噪声

对于新轴承所产生的振动与噪声是一个伪随机振动（噪声），特征是：

（1）频率成分非常丰富，接近于白噪声。

（2）在这接近白噪声的频率中，还有轴承旋转产生的周期噪声（振动）。

这就是轴承振动信号的基本频率特征。因此，在了解轴承信号特征后，我们首先就要确定高速列车轴承动态检测的频率范围。在《滚动轴承 振动测量方法 第 1 部分：基础》（GB/T 24610.1—2019）中规定，轴承检测通频带为 50～10000Hz，在一个或多个频带内测出速度信号。对于不同的轴承类型，建议采用特定的频率范围。

对于高速列车轴承，可以采用低频带为 50～300Hz、中频带为 300～1800Hz、高频带为 1800～10000Hz 的频率范围。

2. 轴承振动检测参数

轴承振动检测的物理量主要有振动位移、振动速度、振动加速度、安德鲁。

1）振动位移

对于上述非常复杂的轴承振动信号，我们是如何检测的呢？为便于问题的讨论，我们还是以简谐振动为例，在不考虑初始相位的情况下，简谐振动的幅值 X 可以由式（8.14）来描述：

$$X = A \cdot \sin(\omega t) \tag{8.14}$$

式中，X 为瞬态振动幅值；A 为简谐振动的峰值；ω 为振动角频率；t 为时间。式（8.14）描述的是一个随时间变化的正弦信号，我们经常听到的纯净单一频率的声音就是这种振动产生的声音。式（8.14）还是一个振动位移的描述模型，它向我们展现了简谐振动随时间变化的幅值变动情况。如果我们用位移传感器来测量振动位移，就能得到一个随时间变化的振动位移信号。这就是振动检测的第一个参数即振动位移检测。振动位移检测中，我们只能得到被测物体的振动位移变化。对于低速、高精度回转机械的动态精度检测非常有用。利用式（8.14）描述的振动位移，在机械行业仅仅利用振动位移来评价振动质量的实际意义不大，因为振动不仅仅是机械系统的位移变化，更重要的它是机械系统振动能量的反映。以简谐振动为例，其振动能量 E 可以用式（8.15）来描述：

$$E = \frac{1}{2} m\omega^2 A^2 \tag{8.15}$$

从上式可以看出，当把工作时不动的轴承外圈作为振子，对一种轴承来说，m 为常量，所以轴承的振动能量不仅与振幅 A 有关，还与轴承的振动频率有关。因此，仅仅用位移来评定轴承的振动是不完整的。这就引出轴承振动测量的另一个物理量，即振动速度。

2）振动速度

将式（8.13）对时间求导，就得出简谐振动的速度表达式：

$$V = A \cdot \omega \cdot \cos(\omega t) \tag{8.16}$$

式中，V 是瞬态振动速度。

从式（8.16）中可以看出，振动速度不仅与振动幅值有关，而且与振动频率有关。从物理的角度，振动速度与质量的乘积就是动量，因此可以认为，振动速度的检测实质上就是对振动物体振动动量的评估。在实际工作中，我们感觉到某一物体振动大小，就是对该物体振动动量的感知。与振动位移相比，振动速度所包含的内容就更丰富一些。利用该物理量对轴承振动质量进行评估，能更真实反映轴承的振动质量。

3）振动加速度

对式（8.16）再次求导，我们就得到简谐振动的加速度表达式：

$$a = -A \cdot \omega^2 \cdot \sin(\omega t) \tag{8.17}$$

式中，a 为振动加速度瞬时值。

在简谐振动的加速度表达式（8.17）中，“-”号表示振动加速度与振动速度相位差 180°。

从式（8.17）中可以看出，振动加速度除了与振动幅值 A 成正比外，还与振动频率的平方成正比。这表明振动频率对振动加速度的贡献比振动幅值要大得多。根据牛顿第二定律，振动加速度与振动物体质量的乘积就是振力的大小，因此振动加速度反映的是振动物体振力的大小。对于轴承来说，是反映轴承零件滚动表面冲击力的大小。用该物理量来评估轴承振动冲击力，可以有效地提高轴承运行的可靠性。

4）安德鲁

在《船舰技术条件》（MIL-B-17931）中明确规定测取（轴承振动）的物理量应为安德鲁。安德鲁的定义是：内圈 1800r/min 时测得的轴承外圈径向振动速度［以μin/s（1in=2.54cm）、均方根值表示］除以常数 297。

由以上定义可知，安德鲁是作为速度的函数而规定的一种特殊的振动单位，其数学表达式为

$$A_i = \frac{W \times D}{\sqrt{N}} \tag{8.18}$$

式中，A_i 为安德鲁物理量；W 为内圈一周上的波数；D 为半径方向位移，μin（均方根值）；N 为测量信号频带宽度系数（倍频程的个数）。安德鲁的单位是μin/rad。

安德鲁量纲属于速度量纲还是位移量纲，在业界颇具争议。一般认为安德鲁是一种与速度有关联的量纲，也可以理解为一种特殊的速度量纲。因为轴承在 1800r/min 下，安德鲁值就是测量速度方法测得的速度值除以 297。

3. 轴承振动检测参数物理量的特点及应用

（1）振动位移测量是对轴承振动幅值进行评估的物理量，量纲是位移，单位一般是 μm，可以评定轴承振动位移精度，多用于对低速、精密回转机械的回转精度进行测量。该量纲与轴承振动频率无关。

（2）振动速度测量是对轴承振动动量的评估，单位是 μm/s。由于该量纲包含了频率分量，因此适用于对机械系统所产生的振动进行评估。对应用于机械加工领域的大型轴承来说，应用此量纲是一个不错的选择。目前欧美国家采用该量纲的较多。

（3）振动加速度是评定轴承振力大小的一个量纲，单位是 $\mu m/s^2$。该量纲对频率敏感程度远超过振动速度，特别是控制对人耳敏感的高频振动（噪声），该量纲的效果比速度量纲要好。在控制家电产品中应用的中小型轴承振动（噪声）质量中多采用此量纲。该量纲在日本、中国应用较为广泛。

（4）安德鲁与速度量纲基本相同，这里就不再重复。

（5）振动测量的有效值。

根据式（8.14）、式（8.16）～式（8.18），我们得到的是一个振动瞬时值。仅仅依靠瞬时值很难评估轴承振动的好坏。这就引出了振动测量的一个重要评估方法，即均方根值评估。其数学定义如式（8.19）所示：

$$\mathrm{RMS} = \sqrt{\frac{1}{T}\int_0^T X^2(t)\mathrm{d}t} \tag{8.19}$$

式中，RMS 为均方根值；T 为时间长度；所评估的 $X(t)$为时域函数；t 为时间。均

方根值又称为有效值，可以看作是对振动能量的一种评估。均方根值的大小与我们对实际振动大小的感知是成正比的，是对高速列车轴承振动质量评估的第一首选参数。

（6）振动加速度检测 dB 评估。

人们在轴承实际振动加速度检测中发现，检测的有效值和峰值的数值变化太大，给记录和识别带来很多麻烦，于是参考声学测量办法，对测量结果取对数，按《滚动轴承　振动（加速度）测量方法》（JB/T 5314—2013）规定，振动加速度级 L 由下式确定：

$$L = 20\lg\frac{a}{a_0} \tag{8.20}$$

式中，L 为振动加速度级，dB；a 为某一范围内的振动加速度均方根值或轴承振动加速度峰值，m/s^2；a_0 为参考加速度，其值为 9.81×10^{-3}m/s^2。显然，一个重力加速度级为 60dB。在实际工作中，当使用一个峰值为一个重力加速度的正弦波校准振台时，测量系统输出的有效值为

$$20\lg\frac{a_0}{a_0\sqrt{2}} = 56.99 \approx 57(\text{dB})$$

而不是 60dB。

4. 其他辅助评定参数

1）峰值

在简谐振动中，振动位移的峰值是式（8.14）中的 A，振动速度峰值是 $A\omega$；在振动加速度中，振动加速度峰值是 $A\omega^2$。峰值是对振动瞬态最大幅值的评估，该参数主要应用于对轴承振动异音进行评估。在《滚动轴承　深沟球轴承振动（加速度）技术条件》（JB/T 7047—2006）这个旧标准中，该参数作为控制轴承异音的参数得到应用。这里需要指出的是，在简谐振动中，峰值与有效值相差 $\sqrt{2}$ 倍。而在实际的轴承振动信号中，峰值与有效值相差远大于 $\sqrt{2}$ 倍。这要在轴承测量仪器电测系统中留有充分的空间，避免电路饱和导致峰值测量不准。

2）峰值计数

峰值计数是在一个采集样本中，对检测信号峰值按某一阈值取计数值。确切的说，就是在振动检测过程中（或者一个采集样本中），当峰值超过某一规定阈值时，系统就计数一次。峰值计数是在振动检测过程中，对振动异常脉冲信号的评估。通过这一参数的检测，可以作为我们判断轴承滚动表面异常缺陷的依据。

3）峰值因子

我们在 $X(t)$ 的测量样本 T 中，总能找到一个最大峰值 $X_{\max}$，$X_{\max}$ 与均方根值之比就是峰值因子 σ：

$$\sigma = \frac{X_{\max}}{\text{RMS}} \tag{8.21}$$

从式（8.21）中可以看出，峰值因子是一个相对量，也是一个无量纲量，它主要反映轴承振动的异音。

4）峭度

对时域函数 $X(t)$ 做如下评估，就得到峭度 K：

$$K = \frac{\frac{1}{T}\int_0^T [X(t)-\bar{X}]^4}{\left\{\frac{1}{T}\int_0 [X(t)-\bar{X}]^2\right\}^2} \tag{8.22}$$

峭度也是一个相对量。在式（8.22）中，分母可以看作 $X(t)$ 的均方值的平方；分子是 $X(t)$ 的 4 次方。很显然，分子对振动峰值的敏感度要大于分母。因此，它与峰值因子 σ 一样，也是常用作反映轴承异音的参数。

5）高峭度

对时域函数 $X(t)$ 做如下评估，就得到高峭度 SK：

$$\text{SK} = \frac{\frac{1}{T}\int_0^T (X(t)-\overline{X})^6}{\left[\frac{1}{T}\int_0^T (X(t)-\overline{X})^2\right]^3} \tag{8.23}$$

高峭度也是一个相对量。在式（8.23）中，分母可以看作 $X(t)$ 的均方值的 3 次方；分子是 $X(t)$ 的 6 次方。很显然，分子对振动峰值的敏感度要更大于分母。因此，它与峰值因子 σ 及峭度一样，也是常用作反映轴承异音的参数，只不过对异常峰值更敏感一些。这里值得一提的是，峰值因子、峭度和高峭度是相对振动能量的评估。当振动有效值减小时，同样的振动峰值就会导致峰值因子、峭度、高峭度的升高。换句话说，当检测低噪声轴承时，峰值因子、峭度和高峭度就不容易合格，而具有较大振动（或噪声）的轴承，峰值因子、峭度和高峭度反而容易保证。

除上述参数外，还有平均值和解调幅值等参数有时也被应用到轴承振动质量检测当中，但是其效果与上述五个参数相比没有显著特点，所以应用较少，这里就不一一论述了。

8.3.5　轴承振动质量评定方法

1. 振动检测多参数关联评估

对于一套高速列车轴承，可以采用三个频带同时测量的方法完成多参数质量评估。三个频带分别为低频带 50～300Hz，中频带 300～1800Hz，高频带 1800～10000Hz。

在实际检测中，三个频带的有效值、峰值因子、峭度均满足标准要求，可以视为该套轴承振动质量合格。三个频带检测的意义如下：

50～300Hz 为低频带振动检测，该频带主要反映轴承零件滚动表面的低波成分的复映振动。以内圈回转基频为例，当轴承内圈旋转速度为 1200r/min 时，基频为 20Hz。如果内圈滚道有 3 个波纹，则由旋转而产生的频率为 60Hz；如果内圈滚道有 15 个波纹，则会产生 300Hz 的振动，而内圈滚道上的 3～15 个波/周属于低波范畴。从图 8.20 中可以看出，轴承零件低波成分的幅值比较高，在轴承运行过程中始终导致轴承的低频振动，自始至终影响轴承振动质量。

300～1800Hz 为中频带振动检测，该频带主要反映轴承零件滚动表面的中波成分的复映振动。以内圈滚道为例，当内圈以 1200r/min 旋转时，内圈滚道 15～90 波/周就能产生 300～1800Hz 的振动频率。从图 8.20 中可以看出，轴承零件低波成分的幅值中等大小，在轴承运行过程中始终导致轴承的中频振动。该频率段所产生的振动加速度较大，对高速列车轴承运行可靠性所产生的影响比较深远，是不可忽视的一个评估参数。

1800～10000Hz 为高频带振动检测，该频带主要反映轴承零件滚动表面的高波成分的复映振动。当内圈以 1200r/min 旋转时，内圈滚道 90～500 波/周就可以产生 1800～10000Hz 的振动频率。从图 8.20 中可以看出、轴承零件高波成分的幅值较小，但是产生的振动加速度很大。直接反映是导致轴承运行温度快速升高，虽然通过一定时间的运行（磨合），会使这部分振动有所减小，但即使是运行初期所产生的温升过高，也有可能导致列车运行故障。因此，高速列车轴承高频带振动检测是必须的一个检测参数。

2. 批高速列车轴承振动质量评估方法

此前我们讨论的都是对单个轴承的质量评估。在实际工作中，通常需要了解一批轴承的振动质量，有时候需要通过批轴承振动质量的评估来作为采购轴承的依据。

在轴承生产过程中，产品的加工质量的波动是不可避免的，导致轴承振动幅值的波动也是必然的，它是由人、机器、材料、方法和环境等基本因素的波动影响所致。这种波动分为两种：正常波动和异常波动。正常波动是偶然性原因（不可避免因素）造成的，它对产品质量影响较小，在技术上难以消除，在经济上也不值得消除。异常波动是系统原因（异常因素）造成的，它对产品质量影响很大，但能够采取措施避免和消除。过程控制的目的就是消除、避免异常波动，使过程处于正常波动状态。

图 8.20 是 50 件 352226X2-2RS 轴承振动质量直方图，其分布形状接近高斯分布。

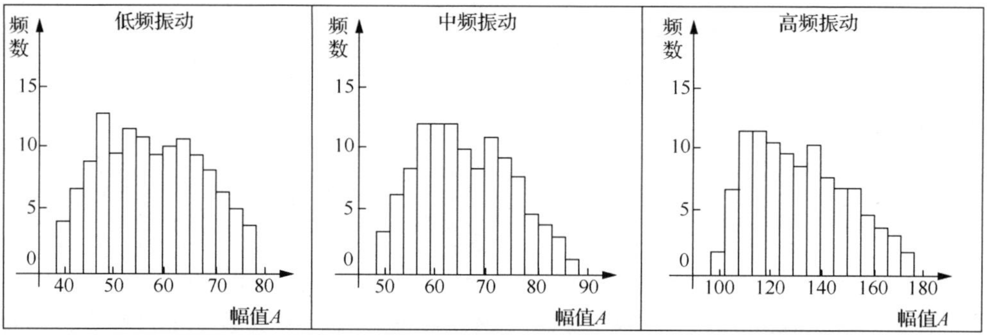

图 8.20 轴承振动质量直方图

因此，我们可以利用图 8.21 中的高斯分布来对该批轴承振动质量进行评估。

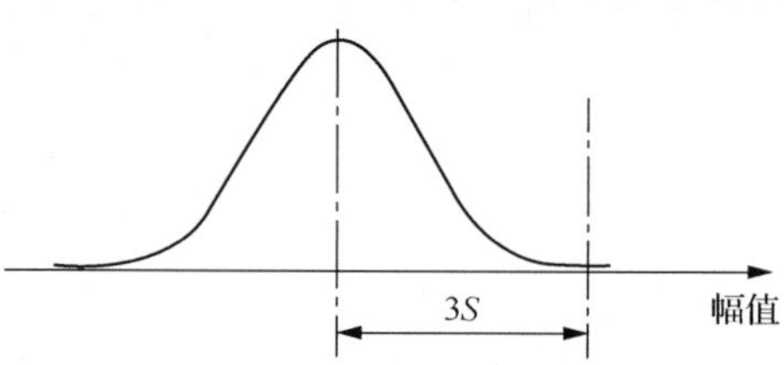

图 8.21 高斯分布图

我们按式（8.24）来计算标准差 S：

$$S=\sqrt{\frac{\sum_{i=1}^{N}\left(X_i-\overline{X}\right)^2}{N-1}} \tag{8.24}$$

式中，X_i 为单个振动幅值；$\overline{X}$ 为批平均值；N 为样本数量。轴承振动质量检测属于单侧公差，由此可以估算出 $\overline{X}+3S$ 代表 99.86%的产品质量水平。如果检测的该批轴承振动幅值的平均值加上 3S 后都小于标准阈值，这表明该批轴承振动幅值合格率达到 99.86%。

工序能力分析：通过工序能力指数 C_p 的计算，我们也能评估针对轴承振动质量的生产能力。C_p 计算可按式（8.25）进行：

$$C_p = \frac{T_U - \overline{X}_L}{3S} \tag{8.25}$$

当测得的 C_p 达到 1.33 时，批振动质量合格率达到 99.994%；当 C_p 达到 1.67 时，批振动质量合格率可以达到 99.9999%。我们的高速列车轴承工序能力至少应控制在 1.33。

3. 高速列车轴承使用过程振动质量评估

高速列车轴承在应用过程中，其振动质量与轴承失效是有较强的相关关系的。图 8.22 给出了高速列车轴承在应用过程中振动质量变化的一般规律。

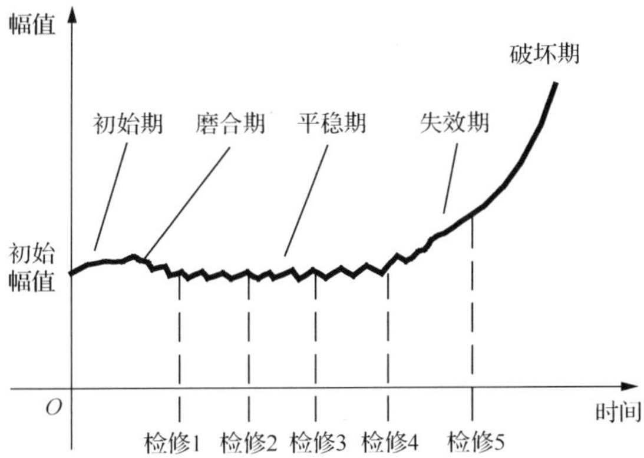

图 8.22　高速列车轴承在应用过程中振动质量变化的一般规律

在高速列车轴承整个寿命周期中，其振动质量经历初始期→磨合期→平稳期→失效期→破坏期→失效，共六个阶段，各阶段并未有很明确的界限。将高速列车轴承初始安装前的振动质量检测状态纳入高速列车系统大数据管理。在各个检修阶段，对轴承振动质量进行检测，将检测结果与初始状态加以计算和比较，对最后评估该套轴承的剩余寿命是非常有意义的。

8.3.6　高速列车轴承振动频谱分析

1. 时域→频域转换

在图 8.19 中，在杂乱无章的时域波形中很难分辨出轴承振动故障信号，换一个角度来考虑这个问题：轴承在旋转中各个零件所产生的频率是不相同的，如果能够将轴承振动的时域信号转换成频域信号，再通过理论计算出各零件的特征频率，就可以在频域信号中找出轴承的故障频率，从而分析出故障原因。这种通过将振动信号从时域转变到频域来分析故障原因的办法，就是通常所说的频谱分析。

比如单一正弦波，其数学表达式为

$$f(t)=\sin(\omega t) \tag{8.26}$$

对这个信号进行傅里叶变换：

$$f(\omega)=\frac{1}{T}\int_{-\infty}^{\infty} f(t)\mathrm{e}^{-\mathrm{j}\omega t}\mathrm{d}t \tag{8.27}$$

这时就完成了时域信号到频域信号的转换，而

$$G(\omega)=\frac{2}{T}|f(\omega)^2| \tag{8.28}$$

式中，$G(\omega)$ 就是功率谱。滚动轴承在旋转时产生的振动信号近似一个随机信号，其频率成分非常丰富。一个典型轴承振动故障频率的功率谱如图 8.23 所示。

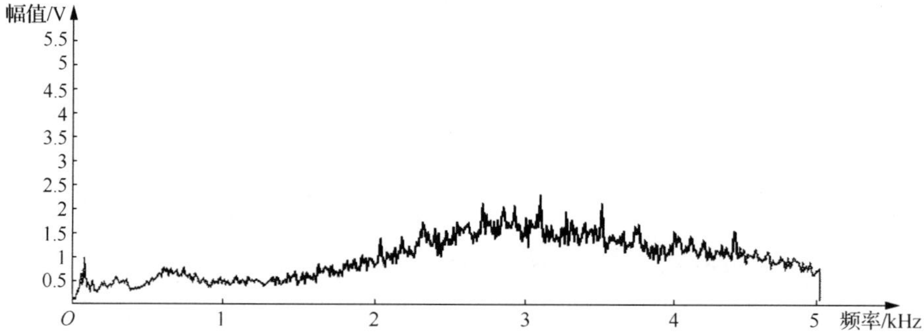

图 8.23 典型轴承振动故障频率的功率谱

2. 轴承故障频率计算

在频谱分析前，要对轴承零件特征频率进行计算。对于圆锥滚动体轴承，当内圈旋转时，保持架回转频率 f_c 用式（8.29）计算：

$$f_c=\frac{1}{2}N_i\left[\tan(\alpha-\beta)-\tan\beta\right]\cdot\cot(\alpha-\beta) \tag{8.29}$$

保持架相对内圈回转频率 f_i 用式（8.30）计算：

$$f_i=\frac{1}{2}N_i\left[\tan(\alpha-\beta)+\tan\beta\right]\cdot\cot(\alpha-\beta) \tag{8.30}$$

滚动体回转频率 f_r 用式（8.31）计算：

$$f_r=N_i\frac{2D_m}{D_b}\left[\tan(\alpha-\beta)-\tan\beta\right]\cdot\cot^2(\alpha-\beta)\cdot\left[\tan(\alpha-\beta)+\tan\beta\right] \tag{8.31}$$

式中，N_i 为内圈转速；D_m 为滚动体大端中心直径（节圆直径）；D_b 为滚动体大端直径（滚动体平均直径）；α 为圆锥滚动体轴承接触角；β 为圆锥滚动体半角。滚动体相对外圈的通过频率等于保持架旋转频率×滚动体个数；滚动体相对内圈的通过频率等于(内圈旋转频率−保持架旋转频率)×滚动体个数。以 32222 轴承为例，轴承参数为轴承节圆直径 D_m=155mm，滚动体平均直径 D_b=22.866mm，圆锥滚动体轴承接触角 α =15.66，圆锥滚动体半角 β=2，滚动体个数=20。

对上述 32222 轴承在 900r/min 下做频谱分析，测量时轴承加单一轴向载荷。按式（8.29）～式（8.31）计算：滚动体相对外圈滚道的通过频率为 128Hz；滚动体相对内圈滚道的通过频率为 171Hz；滚动体自转频率为 200.5Hz。

测量的频谱如图 8.24 所示。

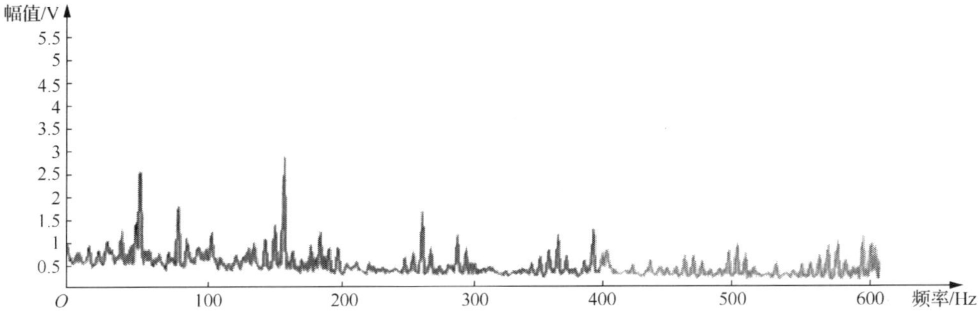

图 8.24　32222 轴承频谱分析图

在图 8.24 中，频率 171 附近有较大峰值，而其他几个峰值却很难说清楚，所以在对圆锥滚动体轴承做频谱分析时要注意对以下现象进行理解：

谱分析对滚动体工作表面的缺陷是十分敏感的，特别是对于既有滚动，又有滑动（滚动体大端面与内圈挡边是滑动）的工作形式的圆锥滚动体轴承，其工作表面哪怕有微小的缺陷（尽管这些缺陷有时是精度所允许的），也有可能在谱分析中有明显特征频率，所以谱分析有时误检率是很高的。

高速列车轴承采用的是双列圆锥滚动体轴承结构，其结构示意图见图 8.25。实际装配时，两个内圈向中间移动，将中隔圈挤压住，这时轴承还留有径向工作间隙，轴承外圈是可以上下窜动的。

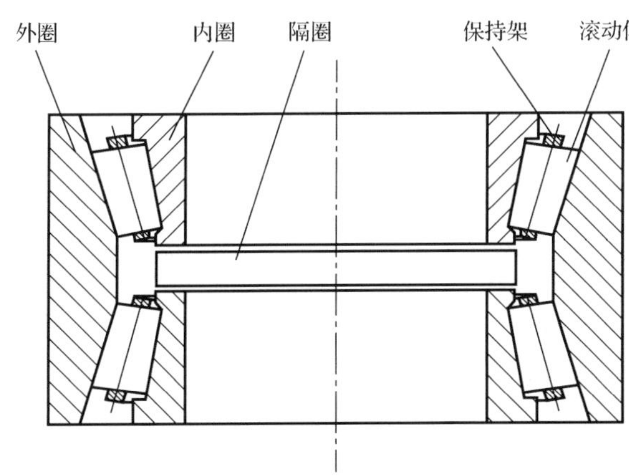

图 8.25　双列圆锥滚动体轴承结构示意图

轴承工作时，由于游隙的存在，在径向载荷 F 的作用下，轴承工作时滚动体如图 8.26 所示，轴承载荷区在图 8.26 的上端，载荷分布如虚线所示。

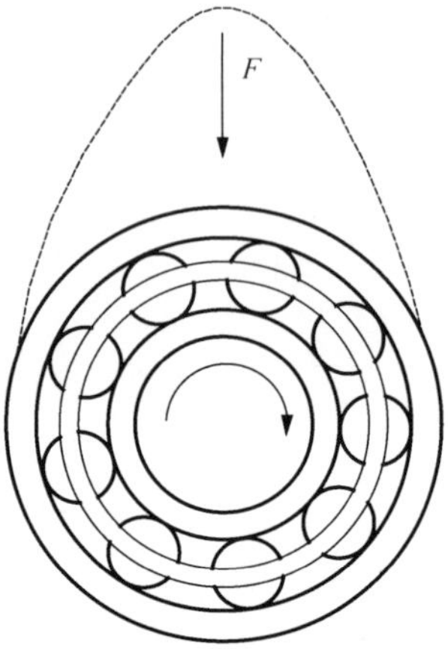

图 8.26 滚动体工作示意图

在载荷区内，滚动体带动保持架及非载荷区的滚动体向前滚动。载荷区滚动体基本上是纯滚动。非载荷区滚动体由于不承载，所以是凭惯性滚动+滑动。滚动体在进入载荷区时，是先滑动，逐步转为纯滚动。

通过上述分析，我们认为在轴承径向载荷的工作中，谱分析存在以下弊端：

（1）滚动体的特征频率是很难捕捉到的，即使是偶然捕捉到，其重复检测精度也是很低的。

（2）在径向载荷作用下，滚动体相对外圈的通过频率基本上都会出现。在频谱分析中如何区分正常的通过频率还是故障的通过频率，还需要通过试验予以甄别。

（3）由于存在非载荷区，滚动体通过内圈滚道故障点的通过频率也不是总存在的，在谱分析测量中难以每次都捕捉到。

（4）如果双列圆锥滚动体同时工作，上述三个诊断参数的判定将更加复杂。

（5）内圈的旋转基频对于判定内圈滚道缺陷是比较可靠的，因为内圈滚道缺陷点每次通过载荷区都会留下其表象特征，该参数应该是比较容易识别的。

8.4 本章小结

（1）振动质量对高速列车轴承运行可靠性是至关重要的。为提高高速列车运输的可靠性，就必须控制高速列车轴承的振动质量。现行铁路轴承零件圆周方向的微尺度几何精度控制手段已经不能满足高速列车振动质量的控制需要，需要采用新的控制方法。

（2）对于高速列车轴承振动质量检测参数，要选择振动速度或振动加速度，并以均方根值作为对振动质量的主要评估参数，同时还要增加峰值因子、峭度等参数的监测。

（3）对批高速列车轴承振动质量进行评估是从轴承振动质量的角度提高高速列车运输可靠性的重要手段。利用该手段也可以对高速列车轴承生产厂家振动质量进行监测与评估，从源头上控制高速列车轴承振动质量。将高速列车轴承振动质量纳入铁路运输系统的大数据管理，不但可以提高高速列车轴承的运输可靠性，还可以优化高速列车轴承检修质量，降低高速列车运输成本。

（4）频谱分析可以纳入高速列车轴承振动质量分析，但是要解决很多问题才能减小频谱分析的误检率。

第9章

高速列车轴承振动质量检测技术

众所周知，轴承的振动信号是通过固体传递的。固体不是刚体，振动信号在传递过程中会发生变化，这种变化会导致我们的测量结果产生误差或失真。针对这个问题的应对措施有两点：一是采取必要的措施，减少振动信号在传递过程中发生畸变；二是了解信号在传递过程中所发生的畸变特征，以便在分析这些信号时加以识别。

本章我们重点讨论第二个措施，探讨并研究轴承振动信号在传递过程中发生畸变的特征，并从理论到实验加以验证。

9.1 轴承振动传递特性

轴承旋转时，因受几何精度等影响，会产生大小不同的振动与噪声。人所感受或听到的这些振动与噪声都是经过轴承零件向外传递的。振动信号的传递过程中会发生什么样的变化？这就需要我们对外圈的传递函数有一个清晰的了解。本章利用丹麦 B&K 仪中的 2034 双通道信号分析仪并结合理论计算，对轴承外圈传递函数进行了大量的测量与分析。

9.1.1 外圈传递函数的影响

通常测量轴承振动时，都是通过传感器从轴承外圈拾取振动信号，而真正的轴承振动信号却是轴承零件滚动时产生的，原始振动发生在滚动的接触部位，这种振动通过外圈传递到传感器，所以说平常测量的振动信号实际上是经过外圈传递函数调制后测得的振动信号，如图 9.1 所示。

这就好比我们用锤子敲击外圈，听到的并不是简单的敲击声，而是经过外圈调制后的声音。很明显，不同结构的外圈在同样的敲击力下会产生不同的振动与声音。如果简单地通过检测轴承外圈的这种振动或声音去判定对外圈的原始激振力（敲击力）的大小，显然得到的有可能就不是原始激振力的大小。从另一个角度来看，在同等原始激振力的情况下，如果改进外圈结构，使传递函数发生改变，就有可能从结构设计角度降低轴承的振动噪声。这对于频谱分析是非常有意义的。

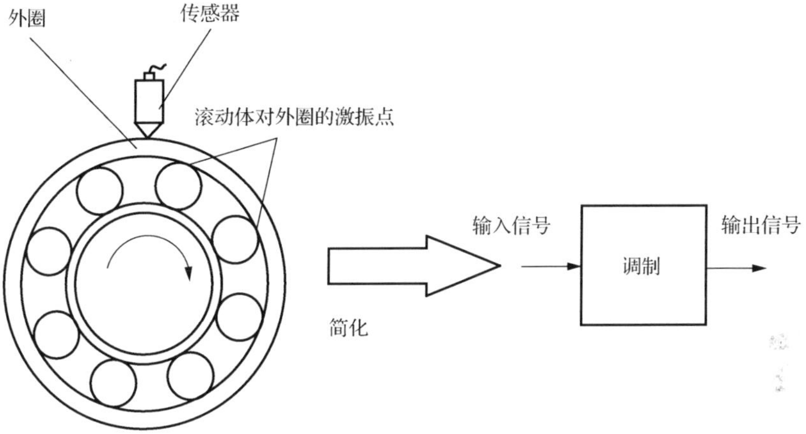

图 9.1　轴承振动信号测试与输出模型

频谱分析在轴承振动故障诊断中是一种行之有效的方法，为使轴承振动的频谱分析得到正确的结果，通常必须首先分析出被测轴承外圈的频率响应函数，这样才能在频谱分析中去伪存真，找出真正的故障原因。

9.1.2　理论分析

一般在测量轴承振动时，都是内圈旋转、外圈固定不动，并在轴承外圈上施加一定的轴向负荷，振动信号是从外圈上直接拾取的。为便于分析，我们将轴承外圈看成一个弹性刚体，几个滚动体相当于几个弹性支撑，如图 9.2 所示。这时，外圈有三种主要固有振动形式，如图 9.3 所示。

图 9.2　轴承弹性振动模型

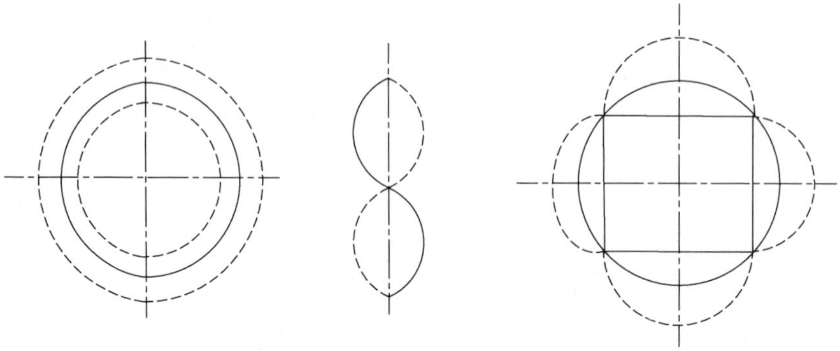

图 9.3 轴承外圈三种固有振动形式

根据弹性理论，外圈的轴向扭曲振动和径向延伸振动在所测轴承的直径方向上的谐振频率远远超过 10kHz，而径向弯曲振动的固有谐振频率却低于 10kHz，此谐振频率对轴承振动有较大影响，固有谐振频率可用式（9.1）计算：

$$f_n = \frac{1}{2\pi}\frac{\sqrt{\dfrac{(n^2-1)^2 E\pi}{R_m{}^3}+\dfrac{K_\sigma Z}{2}}}{m(1+\dfrac{1}{n^2})} \tag{9.1}$$

式中，E 为弹性模量；R_m 为轴承外圈中径；K_σ 为滚动体与外圈接触弹性系数；m 为外圈质量；Z 为滚动体个数；n 为整数。

以 6309 轴承的外圈为例，将其有关数据代入式（9.1）中，得出其固有谐振点如下：

$$f_1=30.6\text{Hz}，f_2=2.6\text{kHz}，f_3=7.2\text{kHz}，f_4=13.9\text{kHz}$$

这是从理论上得到的结果，虽然仅反映了外圈频率响应函数的四个点，但是，一旦证实了这四个点的正确性后，我们不但可以在频谱分析中予以识别，而且还可以利用式（9.1）进行以减少振动为目的的轴承优化设计。

9.1.3 实验测量

轴承外圈是一个刚性较强的刚性体，如果忽略检测点的接触刚度，则在物理学上可以把轴承外圈看成是一个常系数线性系统。这在数学上可以用一个权函数 $h(\tau)$ 来描述这一系统对单位输入的输出，对这个权函数进行傅里叶变换，即可求出该系统的频率响应函数 $H(f)$：

$$H(f)=\int_0^\infty h(\tau)\mathrm{e}^{-\mathrm{j}2\pi f\tau}\mathrm{d}\tau \tag{9.2}$$

经推导，$H(f)$ 的另一种表达形式为

$$H(f)=\frac{G_{xy}(f)}{G_x(f)} \tag{9.3}$$

式中，$G_{xy}(f)$ 为系统输入信号与输出信号的互相关函数经傅里叶变换后的互功率谱；$G_x(f)$ 为系统输入信号的自功率谱。根据式（9.3）来测量系统的频率响应函数时，系统的输入形式不受限制，几乎可以在任何输入信号下进行频率响应函数的测量，测量系统框图见图 9.4。

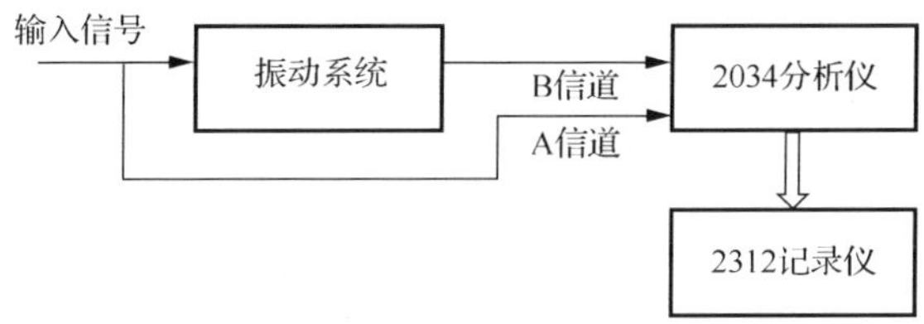

图 9.4 轴承外圈频率响应函数测试系统框图

测量原理为：将输入信号中的一路送到 2034 分析仪的 A 信道，另一路送给振动系统，再将系统输出接到 2034 分析仪的 B 信道。经 2034 分析仪运算后，将结果通过 IEC-625 接口总线送给数字式图表记录仪 2312 打印出测量结果。仍以 6309 轴承的外圈为例，测得其频率响应函数如图 9.5 所示。图 9.5（a）为频率响应函数，数学模型是输出频率函数/输入频率函数，无量纲量；图 9.5（b）为相干函数，纵坐标最大为 1，无量纲量。

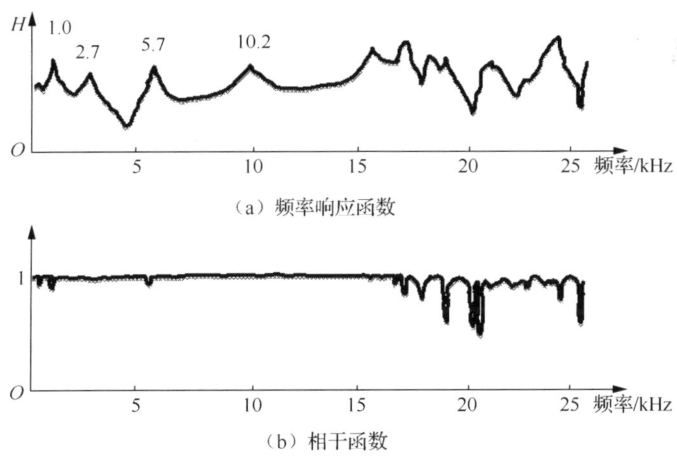

图 9.5 6309 轴承外圈频率响应函数和相干函数

为验证上述结果是否正确，我们还同时测量了该系统的相干函数 γ_{xy}^2，在理论上 γ_{xy}^2 可以由下式确定：

$$\gamma_{xy}^2 = \frac{(G_{xy}(f))^2}{G_x(f) \cdot G(f)} \tag{9.4}$$

相干函数 γ_{xy}^2 是一个大于 0、小于等于 1 的函数，其值越接近 1 时，说明该系统的输出受输入的影响越大。当相干函数等于 1 时，说明系统的输出完全是由输入引起的。相干函数是利用图 9.4 的测量系统在测量频率响应函数的同时测量的。从图 9.5 中可以看出，在 15kHz 以内相干函数等于 1，从而证明了图 9.5 的测量结果是可信的。

我们将图 9.5 所示的测量结果与式（9.1）的计算结果加以比较，可以看出，在 15kHz 以内，第 2～4 谐振点的频率与理论计算大体一致，第 1 谐振点由于频率分辨率原因很难在图 9.5 中看到。

实测中外圈频率响应的识别：在实验室测量的外圈传递函数是仅仅对单独外圈进行激励所得到的，而在轴承实际运转中的模型如图 9.2 所示，这时我们应该如何确定外圈谐振点呢？图 9.6 是测量的型号 6309 轴承功率谱图。测量时我们发现谱图中能量集中在以 3kHz 和 7kHz 为中心的凸起位置，还发现上述位置与转速相关性不明显，因此我们判定，图 9.6 中的形状就是外圈在实际中传递函数的体现。

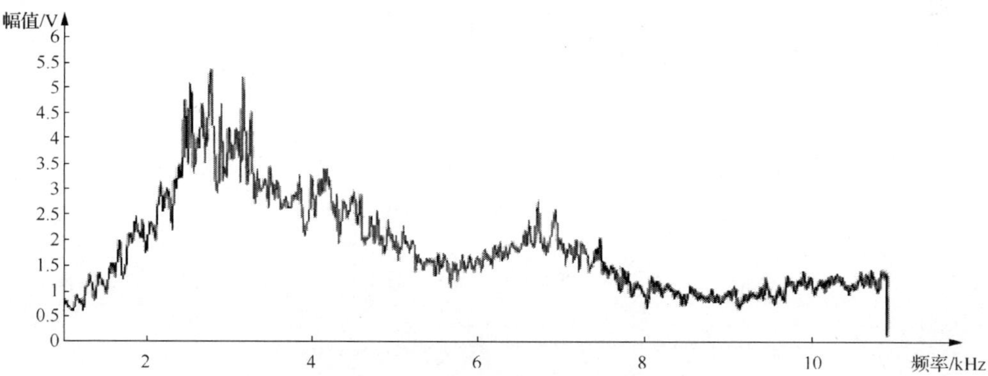

图 9.6　型号 6309 轴承功率谱图

理论上计算的第 1 谐振点频率为 30.6Hz，我们在试验现场 600Hz 细化频谱，见图 9.7。从图中可以清楚地看到，在 30Hz 左右有一个峰值，还有其高次谐振点。

理论上计算的 13.9kHz 谐振点超出了图 9.6 横轴的显示范围，但是在图 9.6 中已经可以看到该点的形成趋势。

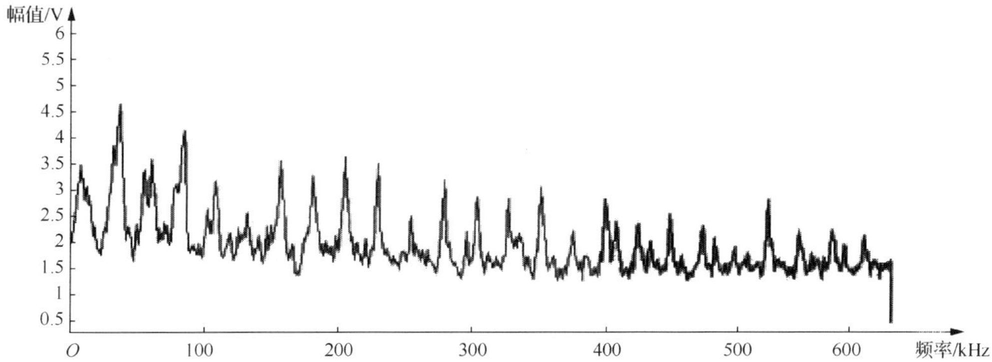

图 9.7　型号 6309 轴承细化频谱

综上所述，轴承外圈传递函数是确确实实存在的，它不但可以对原始振动信号进行调制，改变其频率特性，而且对轴承振动能量的分布也起到至关重要的作用，一旦我们掌握了外圈的传递函数，了解外圈系统的频率谐振点，对于我们的设计与分析工作无疑是非常有意义的。

9.2　高速列车轴承振动检测传感器及系统的选择

传感器及系统是轴承振动检测的关键零部件，了解并分析传感器的工作原理和工作特性，不仅对传感器的选择是必要的，对高速列车轴承振动检测仪器的设计也是必需的。

在轴承振动检测中，当前常用的是振动加速度传感器和振动速度传感器。本节从振动速度传感器和振动加速度结构原理及性能等方面加以探讨，并介绍适用于高速列车轴承振动检测的传感器。

9.2.1　振动速度传感器与振动加速度传感器

当前我们常用的振动速度传感器是电磁感应的动圈式传感器，其结构原理如图 9.8 所示。其工作原理：当被测轴承旋转产生振动后，通过连接在动圈上的测杆将振动传递给测杆+线圈系统，动圈的往复振动使得缠绕在动圈上的线圈切割磁力线，产生电动势 U，完成振动→电动势的转换。在上述磁场中，感应的电动势 U 可以用式（9.5）描述：

$$U = Blv \times 10^{-8} \tag{9.5}$$

式中，B 为磁感应强度；l 为导线有效长度；v 为振动速度。在图 9.8 所示的振动速度传感器中，B 和 l 都为常量，感应电动势只与振动速度成正比，所以此类传感器称为速度传感器。

为了提高频率响应，这种电磁感应（速度型）动圈式传感器的动圈系统都做得很轻，线圈缠绕得很少，所以感应电动势比较小，灵敏度较低。

振动加速度传感器有很多种形式，我们常用的加速度传感器大多为压电陶瓷传感器，在此做重点介绍。图 9.9 是压电陶瓷加速度振动传感器的结构示意图。

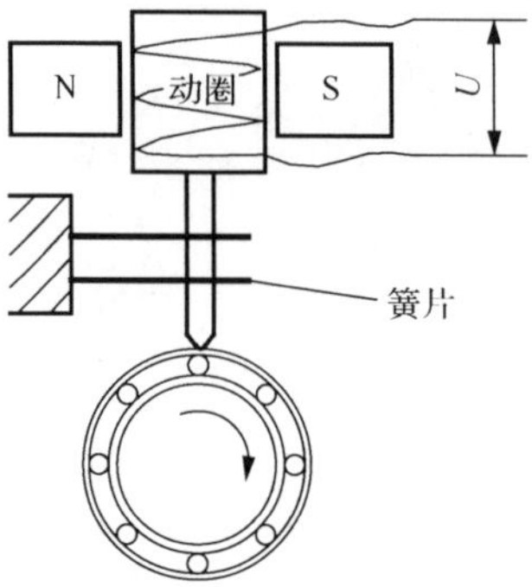

图 9.8 振动速度传感器结构原理图

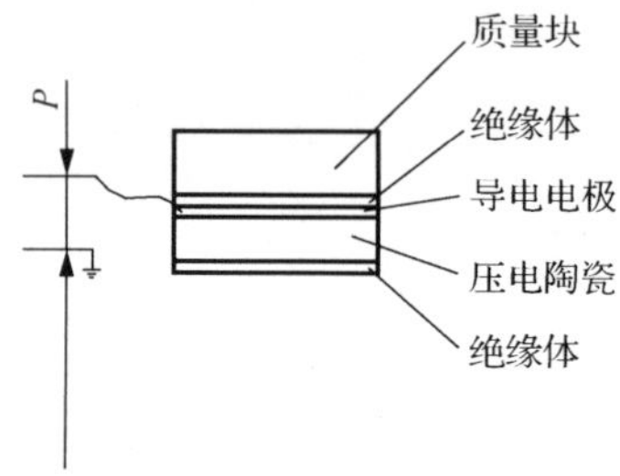

图 9.9 压电陶瓷加速度振动传感器结构示意图

压电陶瓷加速度振动传感器是一个惯性传感器，其工作原理：当被测轴承旋转产生振动传递给传感器后，质量块受惯性影响就要对压电陶瓷产生压力，压电陶瓷受到压力后就会产生出电荷，通过连接在陶瓷片上的电极，将产生的电荷 P 导出，完成振动→电动势的转换。压电陶瓷加速度振动传感器的特点是：

（1）压电陶瓷所产生的电荷与压力成正比，当质量块的质量一定时，根据牛顿第二定律，压电陶瓷上产生的电荷 P 与振动加速度成正比，因此称为加速度传感器。

（2）为提高灵敏度，质量块的质量都较大，因此此类传感器不能做得太小。

（3）压电陶瓷加速度传感器输出阻抗都很高，只有这样其感应的电荷才能被保存下来。这就要求与其连接的放大器也要具备很高的输入阻抗。

（4）在不考虑测量接触刚度的情况下，加速度传感器第 1 谐振点的频率可以达到 20kHz，速度传感器第 1 谐振点的频率在 12kHz 左右。

在此系统地比较上述两种传感器，看看哪一种传感器更适用于高速列车轴承振动检测。首先从外形比较，图 9.10 给出了两种传感器的外形图。

图 9.10 两种传感器的外形图

图 9.10 中，左侧是速度型动圈式传感器，右侧是压电陶瓷加速度振动传感器。从外形来看，加速度传感器比速度传感器要小很多。

其次从频率特性和使用可靠性两方面进行比较。

1）频率特性比较

在实际振动检测中，速度传感器自成系统，可以直接安装在测量仪器上使用，如图 9.11 所示。

加速度传感器的频率特性是在加速度传感器与被测物体的刚性连接后才能保证。在实际工作中，不可能将加速度传感器刚性地附着在被测轴承上，而是要将压电加速度传感器安装在测杆和弹性系统中才能使用，见图 9.12。

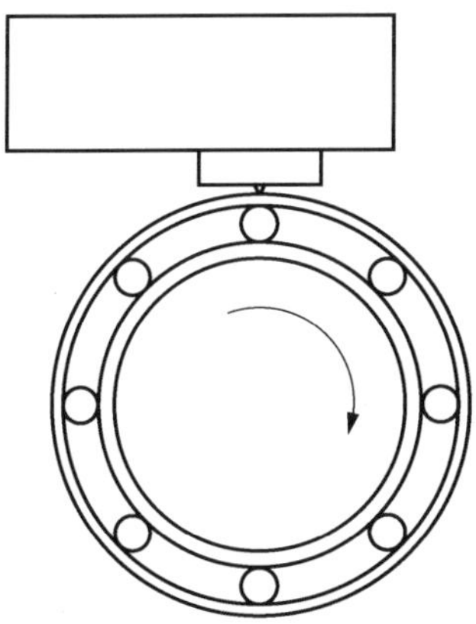

图 9.11　速度传感器的安装使用

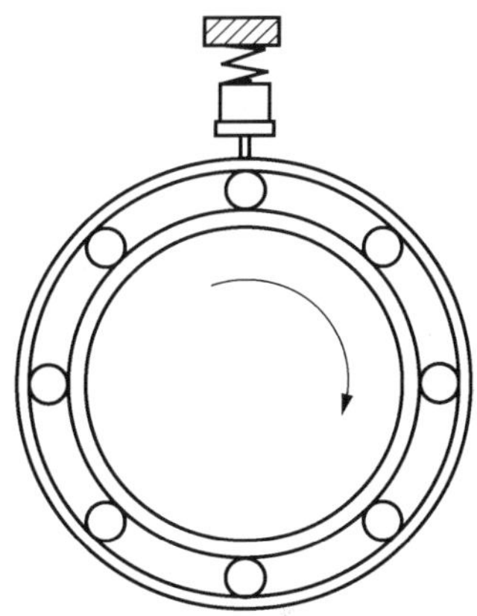

图 9.12　加速度传感器的安装使用

如此一来，速度传感器虽然外形较大，但是由于自成系统，其动圈系统的质量却比加速度传感器小得多，根据式（9.6）可以估算出两个传感器频率特性的差异：

$$f = \frac{1}{2\pi} = \sqrt{\frac{k}{m}} \tag{9.6}$$

式中，k 为刚度；m 为质量。

两种传感器在测量时，接触刚度基本一样。由于加速度传感器质量要比速度传感器质量大许多，所以在实际测量时，加速度传感器的频率特性不如速度传感器。图 9.13 和图 9.14 是两种传感器的频率特性。

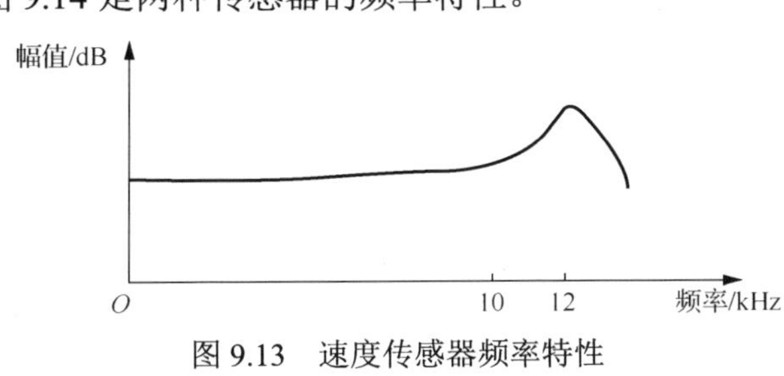

图 9.13　速度传感器频率特性

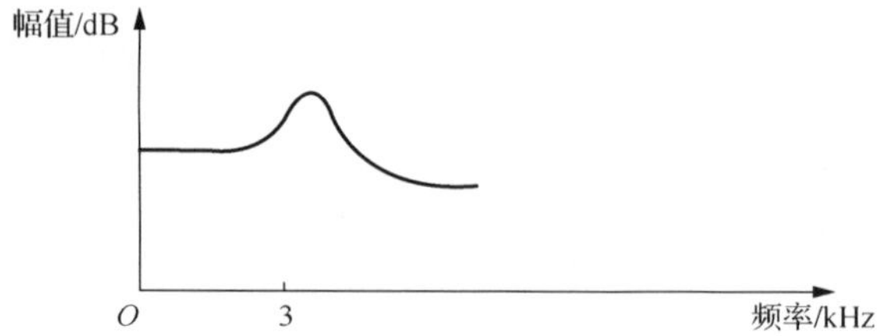

图 9.14　加速度传感器频率特性

速度传感器的第 1 谐振点频率在 12kHz 左右，而加速度传感器的第 1 谐振点频率仅仅为 3kHz。很明显，加速度传感器不能满足《滚动轴承　振动测量方法　第 1 部分：基础》（GB/T 24610.1—2019）中规定的对轴承振动检测的频率要求。

2）使用可靠性比较

压电陶瓷加速度传感器结构紧凑，实际使用中不易损坏，应用中可靠性高。

速度传感器中的动圈比较柔软，怕碰撞。再加上速度传感器内部的强磁场会将检测现场的微小铁磁物体吸附进传感器，导致传感器各项性能指标产生变化，致使测量不确定度增大。第 8 章提到的安德鲁测振仪就是采用速度传感器，其实际应用证明，这款传感器极容易损坏，而且造价也比加速度传感器高许多。从上述分析结果来看，加速度传感器除了频率特性外，各项指标都优越于速度传感器。下面我们系统探讨传感器的频率特性。

通常从轴承外圈测得的振动信号是已经被外圈频率特性调制后的信号，从频率的角度我们很难测到被测轴承的原始振动信号。因此，即使采用频率特性好的速度传感器，所测到的信号也是被外圈调制后的信号。既然很难测到最真实的轴承频率振动信号，只要在某一频带内，能比较出轴承振动质量好坏就可以满足对振动质量的判定。从这个角度来看，加速度传感器是一个不错的选择。

这就像我们通常都用秤来称物体的质量大小一样，同一物体在不同的纬度下，所称得的质量是不一样的，这是因为受地心引力的影响。为消除地心引力对质量的判定，人们就采用天平来作为评定物体质量的基准度量衡器。然而，就比较物体轻重这一问题，在同一纬度下，用秤也可以比较出物体的轻重，这已经满足我们的需要了。天平虽然准，但是从使用上却不如秤方便，所以在实际中很少应用。选用振动加速度传感器也是基于这一点考虑。

9.2.2　高速列车轴承振动检测仪硬件构成

本节以一个在线铁路双列圆锥滚动体轴承测振仪为例，介绍这一类轴承振动检测系统的构成，对我们研发高速列车轴承振动检测系统也是一个很好的借鉴。

本书所研制的系统测量量纲为安德鲁，测量方式为双工位在线自动测量，可以分别对两列圆锥滚动体轴承进行振动测量。仪器采用计算机虚拟显示形式，一个显示屏即可完成仪表、示波仪、趋势图、门限设置等多项功能的显示。

测量系统硬件构成基本原理图见图 9.15。

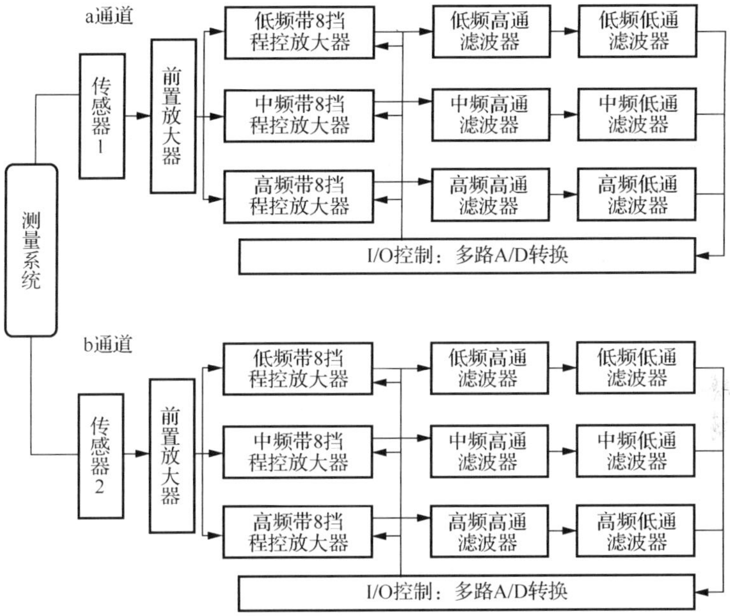

图 9.15　测量系统硬件构成基本原理图

该测量系统硬件可以同时完成两个通道的测量，即可同时对双列圆锥滚动体轴承各个单列组件进行测量，测量效率可以提高一倍。由于系统采用的是速度传感器，传感器的输出信号比较弱，为提高前级的抗干扰能力，前置放大器采用差动输入。8 挡程控放大器放大量为 20～27，用以扩大仪器动态量程，同时也提高了 A/D 采样精度。

各个通道滤波器满足《滚动轴承　振动测量方法　第 1 部分：基础》（GB/T 24610.1—2019）中的规定；A/D 转换精度为 12 位；转换频率大于 20kHz，满足最大测量频率为 10kHz 的需要；输入/输出（input/output，I/O）系统采用高速并行可编程芯片，可提供 24 路输入/输出接口；与 PLC 通信接口采用光电隔离技术；为减少电源波动的影响，模拟电路采用独立的直流稳压电源供电；内部程控信号发生器分别提供 200Hz、1kHz 和 3kHz 交流正弦信号，作为标准信号源对仪器进行自校准；所有硬件均装在一台工控机中，通过微机接口插槽完成与微机的通信联系。

9.2.3　软件的构成

测量总程序框图见图 9.16。

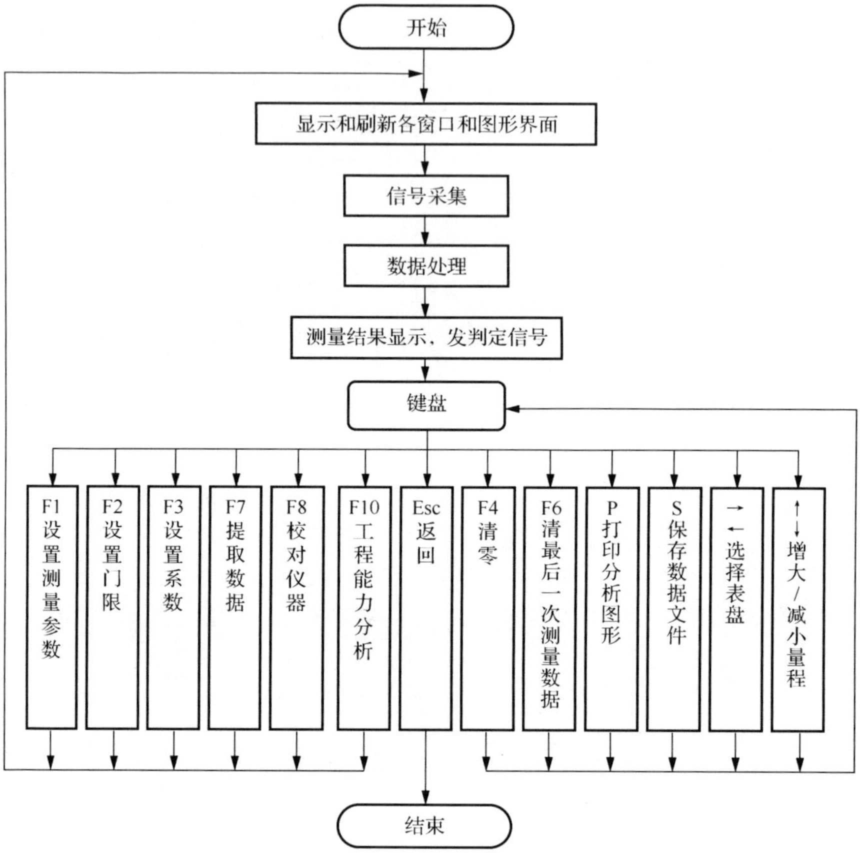

图 9.16　总程序框图

1. 硬件管理系统

该系统负责数据采集、放大倍数设定和 I/O 接口管理等工作。

在数据采集时，要根据分析频率范围设置采样频率和样本长度。例如，我们需要测量的最低频率为 50Hz，那么采集的一个样本长度不得低于 1/50=20ms；如果要测量的最高频率为 10kHz，根据采样定理，采样频率要大于 20kHz。

每一种 A/D 转换器在设计时都有一个电压转换范围。对于振动信号的 A/D 转换，如果送入转换器的模拟电压过低，A/D 转换的最佳转换精度就没有得到体现；如果送入 A/D 转换器的模拟电压过高，就会导致信号饱和，影响测量精度。本机放大倍数要通过人工设定，选取系统的最佳放大倍数，提供测量精度。

当系统完成一套轴承的测量后，要将测量结果与判定阈值进行比较，给出“合格”或“不合格”的判定，将判定结果送显示器显示的同时，还要通知机械系统执行“放行”还是“剔除”操作。

2. 数据处理系统

对采集的数据进行计算和判定，具体指均方根值计算、峰值选取、峰值因子和峭度计算等。

与传统的模拟仪器不同，虚拟仪器的上述参数都是通过软件计算得来的。这不仅大大简化了系统的硬件设计，还使得测量结果更加准确。以计算有效值为例，在模拟仪器中，由均方根值的测量是通过专用均方根电路实现的，在传统的均方根值电路中，最令人头痛的是在测量频率的两端，测量结果会大幅度失真；而在虚拟仪器中这一问题就得到了根本性解决。

3. 数据和示波仪显示系统

系统首先将 A/D 转换器采集的数据送至如图 9.17 所示的波形显示区显示振动波形，由于是两个独立的硬件系统，所以可以在一个界面下同时感受两个工位轴承的振动形式和大小。通过观测振动波形，我们还可以实时监视振动测量状态。

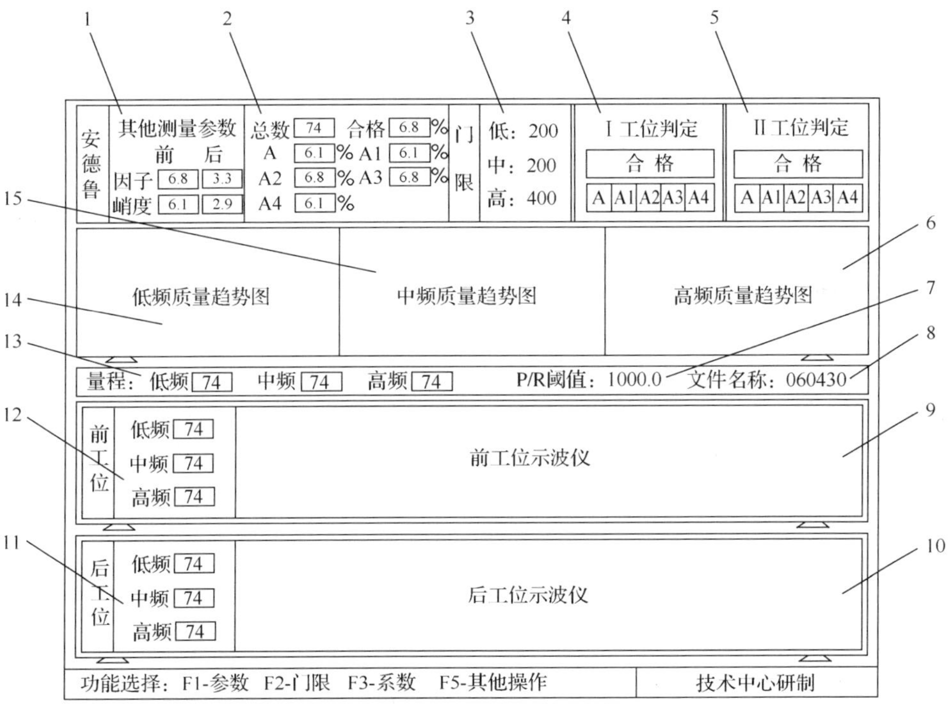

图 9.17　开机后主测量界面示意图

将测量结果输出至显示器，同时将振动波形输出至波形显示区。为提高测量精度，系统每测量 5 次，取平均值更新显示，更新时间间隔大约 1s。每次测量后，系统都将采集的样本送至示波显示区更新显示，显示实时振动波形。

4. 数据存储系统

对测量结果按用户要求进行存储，并对存储的测量结果进行调用。本系统动态保存最近的 50 个样本的数据，给出这 50 个样本的质量趋势图和直方图。因为随着系统的不断测量，最近的 50 个样本也在不断更新，所以系统给出的质量趋势图和直方图是实时的。此项功能使得本系统从一台普通的双工位振动检测仪提升为一台实时的轴承振动质量分析仪。

系统还能自动保存一天之内所有产品的检测结果。检测结果既可以通过网络共享，也可以拷贝保存。

5. 数据打印系统

系统可以随时打印最新 50 个样本的检测数据和质量趋势图、直方图。

6. 数据管理系统

系统可以根据需要设置如下参数：①产品型号；②测量日期；③检测参数的门限；④测量平均次数；⑤峰值计数阈值。

7. 质量分析系统

实时对测量结果进行质量分析，计算 C_p、最大值和最小值，实时输出质量趋势图和直方图。

8. 校对系统

对校对系统硬件进行调用，可以通过调用内部标准信号源完成自校准，也可以通过外部标准校准系统，完成外部校准。

全部软件采用 C 语言编制，总程序框图见图 9.16。

开机后，系统首先绘制和刷新主测量界面，如图 9.17 所示，该界面分为以下 15 个区域。

1：其他测量参数区：显示前后（Ⅰ、Ⅱ）工位所测量的峰值因子和峭度。

2：质量统计区：显示总测量个数、总合格率，以及 A1 组、A2 组、A3 组和 A4 组合格率。

3：门限区：显示低频、中频、高频门限值。

4：前（Ⅰ）工位质量水平判定区：根据前工位测量结果显示所达到的质量水平。

5：后（Ⅱ）工位质量水平判定区：根据后工位测量结果显示所达到的质量水平。

6：高频质量趋势图区：将最近 50 个样本的高频振动质量结果显示在该区域。

7：P/R 阈值区：显示预先设置的峰值（P）/有效值（R）超过设定阈值的计数值。

8：文件名称显示区：显示测量结果将要存储的文件名称。

9：前（Ⅰ）工位振动波形显示区：实时显示前工位振动波形。

10：后（Ⅱ）工位振动波形显示区：实时显示后工位振动波形。

11：后（Ⅱ）工位振动测量结果显示区：实时显示后工位低频、中频、高频测量结果。

12：前（Ⅰ）工位振动测量结果显示区：实时显示前工位低频、中频、高频测量结果。

13：量程指示区：指示低频、中频、高频满刻度量程。

14：低频质量趋势图区：将最近 50 个样本的低频振动质量结果显示在该区域。

15：中频质量趋势图区：将最近 50 个样本的中频振动质量结果显示在该区域。

系统完成主测量界面绘制后，程序从门限文件中调出门限、阈值，对图中的 3 区和 7 区进行更新显示；程序根据系统日期确定的文件名称对 8 区更新显示，同时根据该文件名调出历史测量数据，更新显示 6、14、15 区的三个频段质量趋势图；根据上一次关机前存储的量程状态设置量程。

9.2.4　仪器的标定

为了保证检测仪器的准确性，就必须对检测仪器进行校对。在实际应用中可以利用 B&K 仪组成以下校对系统，见图 9.18。

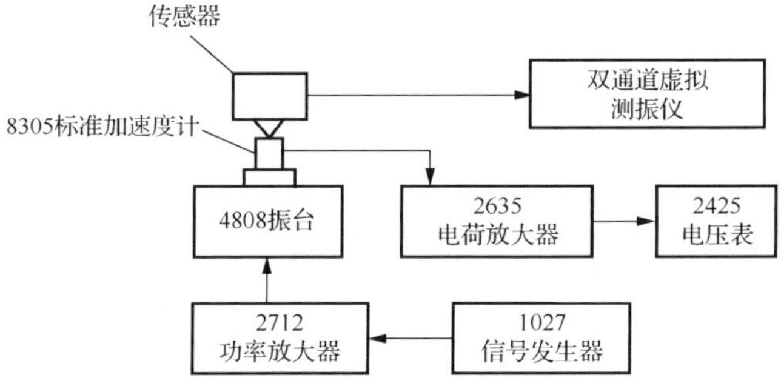

图 9.18　校对系统

1027 信号发生器发出 1000Hz 正弦信号，经 2712 功率放大器放大后驱动 4808 振台；由 8305 标准加速度计和 2635 电荷放大器及 2425 电压表组成振动信号监测系统。铁路轴承振动检测仪的传感器从 8305 标准加速度计上方拾取振动信号。校对时，调整铁路轴承振动检测仪测量结果与 2425 电压表测量结果相一致即可。

1. 线性度校对

4808 振台输入频率为 1kHz，幅值为 10～1000 安德鲁，校对结果见表 9.1 和表 9.2，对应的趋势图见图 9.19 和图 9.20。

表 9.1　1 通道线性度校对表

序号	标定值	实测值	序号	标定值	实测值
1	10	11	7	600	601
2	100	100	8	700	698
3	200	202	9	800	798
4	300	301	10	900	899
5	400	398	11	1000	990
6	500	499			

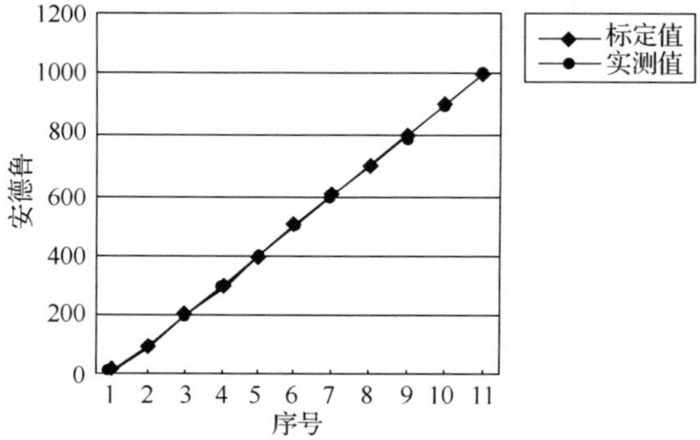

图 9.19　线性度校对趋势图（一）

表 9.2　2 通道线性度校对表

序号	标定值	实测值	序号	标定值	实测值
1	10	10	7	600	602
2	100	100	8	700	703
3	200	201	9	800	802
4	300	300	10	900	896
5	400	399	11	1000	993
6	500	501			

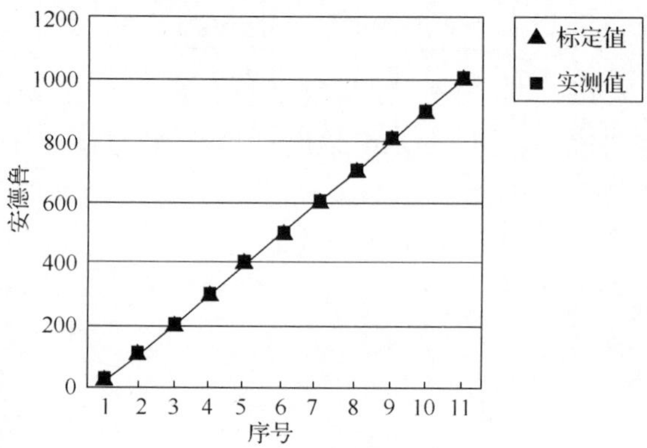

图 9.20　线性度校对趋势图（二）

2．频率响应验证

输入量值 100 安德鲁，频率从 30Hz～12kHz，虚拟仪器频率响应实验数据结果见表 9.3 和表 9.4，对应的趋势图分别见图 9.21 和图 9.22。

表 9.3　Ⅰ工位（输入量值 100 安德鲁）频率响应表

频率/Hz	低频（安德鲁）	中频（安德鲁）	高频（安德鲁）
30	1		
50	16.5		
110	110		
140	102		
180	104	0.8	
240	110	10	
280	84	50	
300	55	66	
400	18	99	
800		100	0.5
1200		95	1.2
1500		98	20
1700		75	46
1800		55	66
2000		20	95
3000		0.9	98
4000			105
5000			102
6000			100
7000			100
8000			101.4
8500			103.6
9000			103.1
9500			110
10000			85
12000			25

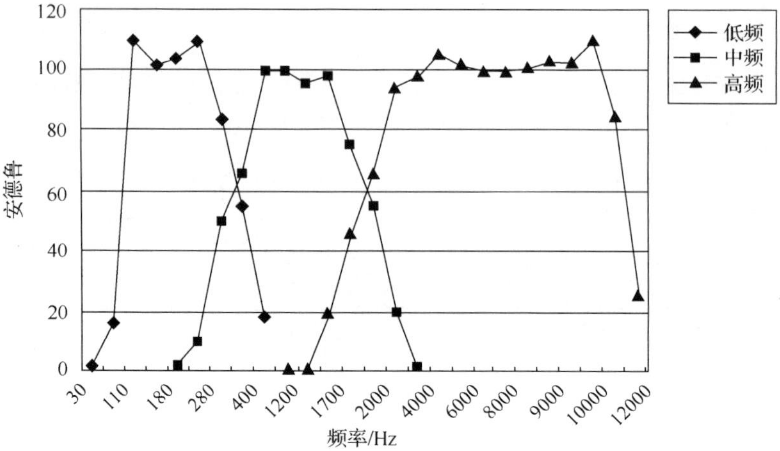

图 9.21　I 工位频率响应趋势图

表 9.4　II 工位（输入信号 100 安德鲁）频率响应表

频率/Hz	低频（安德鲁）	中频（安德鲁）	高频（安德鲁）
30	1		
50	15		
100	110		
140	105		
180	105	0.9	
210	106	10	
260	108	18	
280	85	30	
300	51	77	
400	15	86	
600		100	
800		100	0.6
1000		97	1
1200		95	8
1500		95	20
1700		77	48
1800		55	61
2000		15	91
3000		1	91

续表

频率/Hz	低频（安德鲁）	中频（安德鲁）	高频（安德鲁）
4000			95
5000			96
6000			90
7000			95
8000			105
9000			109
9500			99
10000			80
12000			25

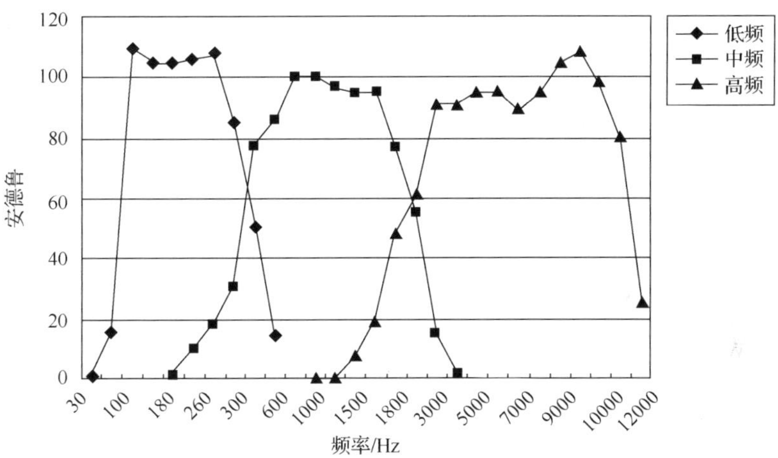

图 9.22　II 工位频率响应趋势图

按《滚动轴承　振动（速度）测量方法》（JB/T 5313—2001）规定，最大允许误差为 3dB（约 40%），上述标定结果满足该标准的规定。

9.3　高速列车轴承振动检测标准制定

9.3.1　振动安德鲁标准制定

在上述分析中我们知道，一批轴承的振动幅值分布接近高斯分布。因此，在制定验收标准时，也可以利用高斯模型完成标准的制定。但是在实际样本选择中，对于极大误差的剔除却是要慎重考虑的。

首先对选取的样本做直方图，检查质量分布有没有孤岛现象。所谓孤岛就是在主分布图形外出现的单个样本。如图 9.23 所示的高频直方图的最右端的直方就是一个孤岛。在右侧的孤岛称为上孤岛，在左侧的孤岛称为下孤岛。对于孤岛的处理可以按以下方法进行。

（1）上孤岛可以作为异常的样本代表予以剔除，剔除上孤岛后的样本，平均值和标准差都将减小，使得判定标准数值下降，会使制定标准更加严格。

（2）下孤岛是否剔除要慎重考虑。因为剔除下孤岛将会使平均值增大，标准差减小，有可能使标准放松。但是为了兼顾大多数产品质量水平，通常也要将下孤岛剔除，要注意的是剔除下孤岛后所制定的标准也会有所放松。这对于某些高端应用场合是有一定风险的。

我们按上述方法取 20 件轴承振动检测样本，见表 9.5，表中数据为振动信号。

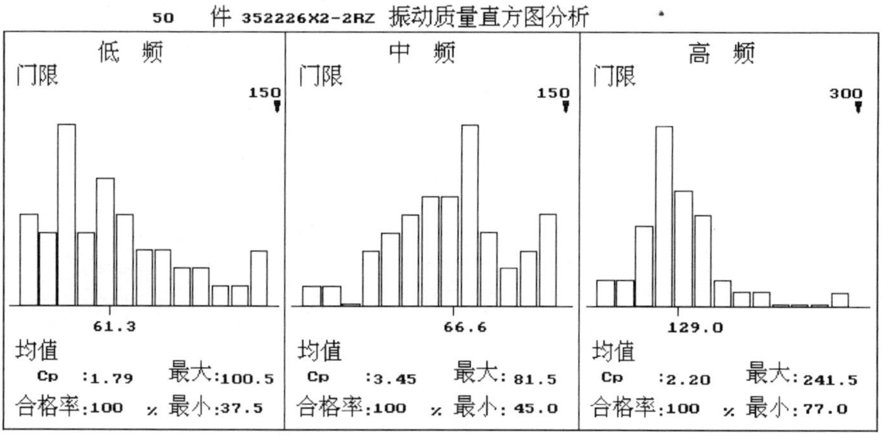

图 9.23　振动质量直方图分析

表 9.5　轴承振动检测样本　　单位：dB

	低频		中频		高频	
	1 通道	2 通道	1 通道	2 通道	1 通道	2 通道
1	20	25	60	60	140	80
2	20	20	50	55	130	70
3	25	25	55	40	140	80
4	25	20	40	65	140	90
5	20	25	45	50	120	90
6	30	25	55	45	160	90
7	40	25	60	35	160	90
8	20	30	55	60	160	90
9	20	25	40	35	160	90
10	35	20	40	40	160	90

续表

	低频		中频		高频	
	1 通道	2 通道	1 通道	2 通道	1 通道	2 通道
11	20	20	60	55	160	80
12	25	20	65	40	140	120
13	25	25	55	45	140	70
14	15	20	40	40	140	90
15	25	35	40	40	140	100
16	25	35	40	70	160	90
17	15	20	40	40	100	90
18	25	25	75	50	150	70
19	20	25	60	50	200	85
20	25	25	60	35	140	60
平均值	23.75	24.47	51.75	47.37	147	85.79
标准偏差	6.04	4.68	10.55	10.72	20.03	13.05

根据式（8.24）计算出标准差，若取置信度为 99.99%，我们取均值+3 倍方差作为铁路货车轴承振动测量的安德鲁标准。

9.3.2　检测流程

目前，我国高速列车轴承大多采用双列圆锥滚动作轴承，其结构示意图见图 8.25。

这种轴承从运动机构角度看主要有四部分：1 个双滚道外圈；2 个由滚动体、保持架和内圈组成的内组件；1 个浮动放置的隔圈。

在轴承行业，参照《滚动轴承　振动测量方法　第 1 部分：基础》（GB/T 24610.1—2019）中规定，圆锥滚动体轴承在振动测量时一般都遵循以下几个原则。

（1）振动检测不是破坏性检验，检验后的轴承还要使用，所以检验时载荷不能很大，要保证所有滚动体在载荷的作用下与滚道紧密接触。

（2）载荷方向为轴向均匀加载。

（3）测量时要有充分润滑。

（4）测量转速接近工作转速。

（5）测量前轴承要清洗干净。

将清洗干净的轴承通过机械装置传送到如图 9.24 所示的初始位置，开始振动检测程序。

（1）定位准确后将驱动心轴插入轴承内径，通过机械手提升隔圈和内组件，同时对外圈进行加载。启动驱动心轴进行低速磨合旋转，过一段时间后使转速逐渐达到测量转速。振动传感器运行到指定位置，对轴承振动有效值进行监测，待示值稳定后开始进行数据拾取，完成一列轴承的测量。

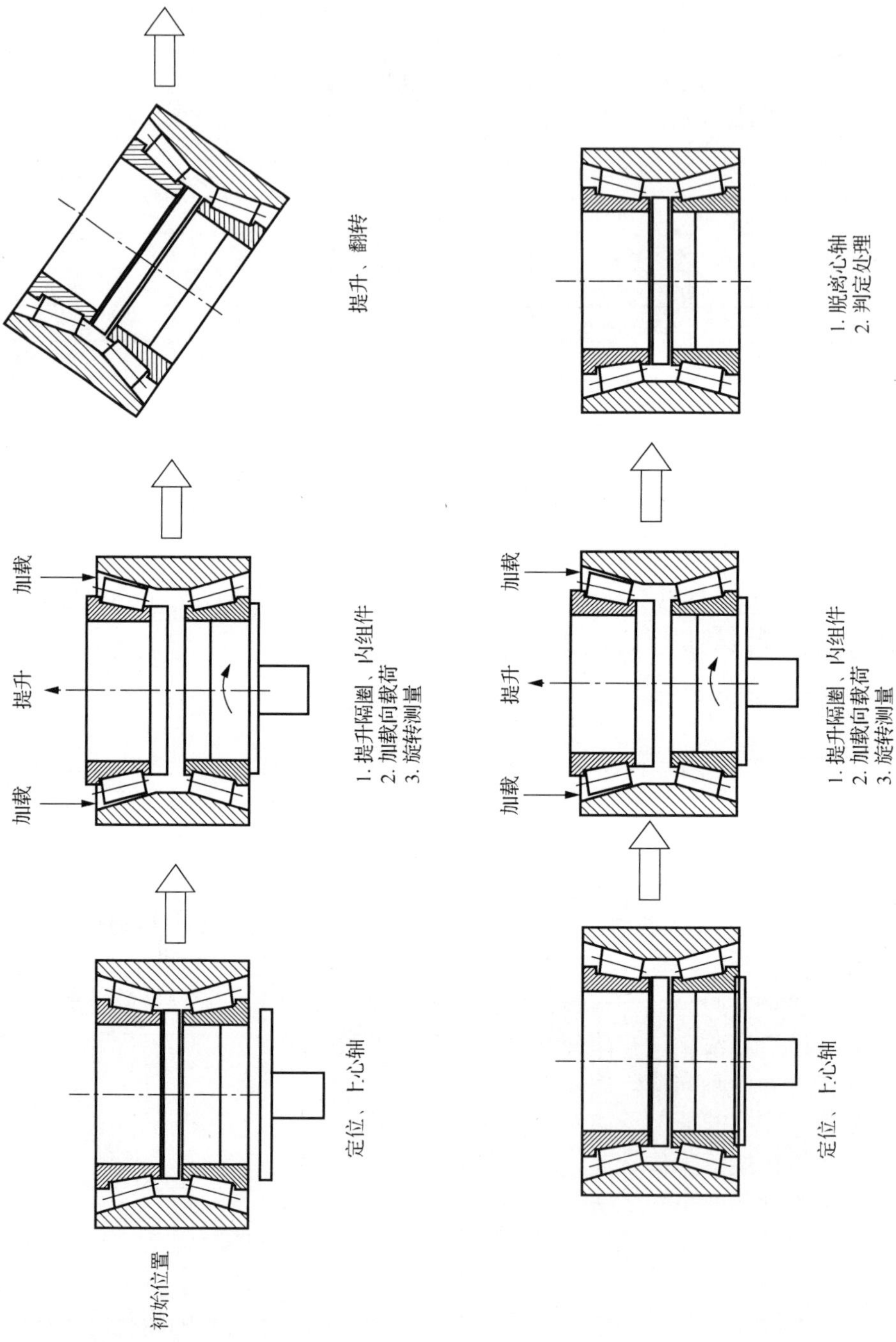

图 9.24　高速列车轴承振动检测流程

（2）卸掉载荷，将隔圈和内组件复位，将轴承运送到提升、旋转工位，将轴承翻转，然后将轴承下降，传送到下一工位。这时系统将判断刚检测的那一列轴承是否合格，如果不合格，则终止检测，执行剔除程序。

如果刚检测的一列轴承合格，则系统重复以上步骤，完成对另一列轴承的振动检测；两列轴承都检测完毕后，系统对检测结果进行判定，合格的进入下一工位，不合格的则执行剔除程序。

在实际工作中，如果振动检测的上工位或下工位连接其他（游隙检测等）自动检测工位，则还要考虑轴承振动检测的节拍问题，否则无法组成生产连线。

9.3.3　峰值计数检测结果

峰值计数就是对振动时域波形的峰值按一定规则进行计数，理论上利用该参数是可以评估轴承的异常振动，进而用以诊断轴承零件工作表面的异常变化。该参数的实际应用效果如何，我们通过以下试验进行验证。为避免轴承滚道磷化层对试验的影响，选用无磷化的轴承进行此次试验。

样本选取形式：①内外圈滚道缺陷各 2 套；②滚动体磕伤 4 套；③大滚动体 4 套；④小滚动体 4 套。大小滚动体的定义是：一组滚动体参入大于批平均直径 4μm 的滚动体和参入小于批平均直径 4μm 的滚动体。测量结果见表 9.6（注：测量电平 P/R 为测量峰值与有效值之比，其他数据为记录峰值的个数，故皆无单位）。

表 9.6　峰值计数测量结果

试验	缺陷说明	测量电平 P/R	一次测量	二次测量	三次测量	四次测量	五次测量	六次测量	效果
内圈滚道缺陷试验	Ⅰ工位：内圈滚道伤	1.5	44	41	37	34	37	7	显著
	Ⅰ工位：内圈滚道无伤	1.5	8	3	3	2	2	0	
	Ⅱ工位：内圈滚道伤	1.5	48	45	47	49	49	49	显著
	Ⅱ工位：内圈滚道无伤	1.5	10	5	4	1	0	0	
	Ⅰ工位：内圈滚道伤	1.5	34	27	38	30	35	30	显著
	Ⅰ工位：内圈滚道无伤	1.5	0	1	1	1	1	0	
	Ⅱ工位：内圈滚道伤	1.5	50	50	50	48	47	43	显著
	Ⅱ工位：内圈滚道无伤	1.5	0	0	0	0	0	0	
外圈滚道缺陷试验	Ⅰ工位：外圈滚道伤	1.5	5	2	5	1	2	1	一般
	Ⅰ工位：外圈滚道无伤	1.5	0	0	0	0	0	0	
	Ⅱ工位：外圈滚道伤	1.5	18	21	17	8	7	0	显著
	Ⅱ工位：外圈滚道无伤	1.5	0	0	0	0	0	0	
	Ⅰ工位：外圈滚道伤	1.5	6	3	3	0	1	0	一般
	Ⅰ工位：外圈滚道无伤	1.5	2	0	1	1	0	0	
	Ⅱ工位：外圈滚道伤	1.5	37	4	25	6	7	4	显著
	Ⅱ工位：外圈滚道无伤	1.5	8	3	1	0	0	0	

续表

试验	缺陷说明	测量电平 P/R	一次测量	二次测量	三次测量	四次测量	五次测量	六次测量	效果
滚动体缺陷试验	Ⅰ工位：一粒小滚动体	1.5	6	10	5	10	7	3	一般
	Ⅰ工位：正常滚动体	1.5	5	6	2	0	1	0	
	Ⅱ工位：一粒小滚动体	1.5	9	5	2	2	0	0	一般
	Ⅱ工位：正常滚动体	1.5	20	21	3	0	0	0	
	Ⅰ工位：一粒小滚动体	1.5	3	6	0	0	0	0	一般
	Ⅰ工位：正常滚动体	1.5	0	0	0	0	0	0	
	Ⅱ工位：一粒小滚动体	1.5	3	1	0	0	0	0	一般
	Ⅱ工位：正常滚动体	1.5	0	0	0	0	0	0	
	Ⅰ工位：一粒大滚动体（大于 6μm）	1.5	6	5	5	1	4	3	良
	Ⅰ工位：正常滚动体	1.5	0	0	0	0	0	0	
	Ⅱ工位：一粒大滚动体（大于 6μm）	1.5	11	10	9	6	7	2	显著
	Ⅱ工位：正常滚动体	1.5	0	0	0	0	0	0	
	Ⅰ工位：一粒大滚动体（大于 3μm）	1.5	1	3	0	0	0	0	一般
	Ⅰ工位：正常滚动体	1.5	0	0	0	0	0	0	
	Ⅱ工位：一粒大滚动体（大于 3μm）	1.5	0	0	0	0	0	0	不好
	Ⅱ工位：正常滚动体	1.5	0	0	0	0	0	0	
	Ⅰ工位：一粒滚动体大伤	1.5	0	0	0	0	0	0	不好
	Ⅰ工位：正常滚动体	1.5	0	0	0	0	0	0	
	Ⅱ工位：一粒滚动体大伤	1.5	1	1	0	0	0	0	不好
	Ⅱ工位：正常滚动体	1.5	0	0	0	0	0	0	
	Ⅰ工位：一粒滚动体伤	1.5	9	0	0	0	0	4	一般
	Ⅰ工位：正常滚动体	1.5	0	0	0	0	0	0	
	Ⅱ工位：一粒滚动体伤	1.5	19	13	13	6	1	0	显著
	Ⅱ工位：正常滚动体	1.5	0	0	0	0	0	0	
	Ⅰ工位：一粒滚动体多处伤	1.5	2	3	1	0	0	0	一般
	Ⅰ工位：正常滚动体	1.5	0	0	0	0	0	0	
	Ⅱ工位：一粒滚动体多处伤	1.5	11	4	7	0	0	0	一般
	Ⅱ工位：正常滚动体	1.5	0	0	0	0	0	0	

在表 9.6 中可以看出，①峰值计数对轴承工作表面磕碰伤还是比较敏感的；②随着测量次数的增加，峰值计数是下降的。这是因为人为制造的磕碰伤随着轴承的不断磨合，轴承振动幅值逐渐减小。这符合线接触的滚动体轴承对洼陷型伤痕反应不敏感的基本分析。

通过对缺陷部件进行多次振动检测分析，确定峰值计数标准为 10，就可以有效地剔除工作表面有缺陷轴承。

9.4　高速列车轴承振动质量控制在生产中的应用

9.4.1　SPC 质量控制

统计过程控制（statistical process control，SPC）是一种借助数理统计方法的过程控制工具。它对生产过程进行分析评价，根据反馈信息及时发现系统性因素出现的征兆，并采取措施消除其影响，使过程维持在仅受随机性因素影响的受控状态，以达到控制质量的目的。当过程仅受随机因素影响时，过程处于统计控制状态（简称受控状态）；当过程中存在系统因素的影响时，过程处于统计失控状态（简称失控状态）。由于过程波动具有统计规律性，当过程受控时，过程特性一般服从稳定的随机分布；而失控时，过程分布将发生改变。SPC 正是利用过程波动的统计规律性对过程进行分析控制的。因而，它强调过程在受控和有能力的状态下运行，从而使铁路轴承质量稳定地满足顾客的要求。

控制图是 SPC 中最重要的工具。图 9.25 中的质量趋势图就是一种控制图，它实时显示振动质量的波动情况。如果质量波动超出允许范围，就立即停止生产，查出原因，就地整改，使质量问题及时得到解决。

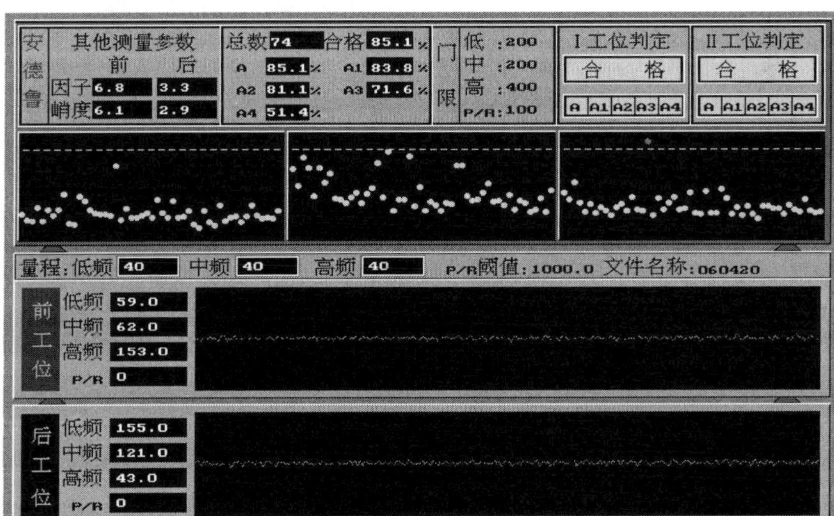

图 9.25　质量趋势图

工序能力分析：根据最后 50 件样本的质量水平，画出三个频段的直方图，计算并显示出各频段的平均值、最大值、最小值、50 件样本合格率、C_p、总合格率、A 组和 A1～A4 组合格率。

C_p是工序能力指数，是衡量工序能力的一个重要指标，其计算方法见式(8.25)。

图 9.26 中的直方图和 C_p 都是动态的实时值，可以利用式（8.25）进行计算，随时监视动态质量情况。

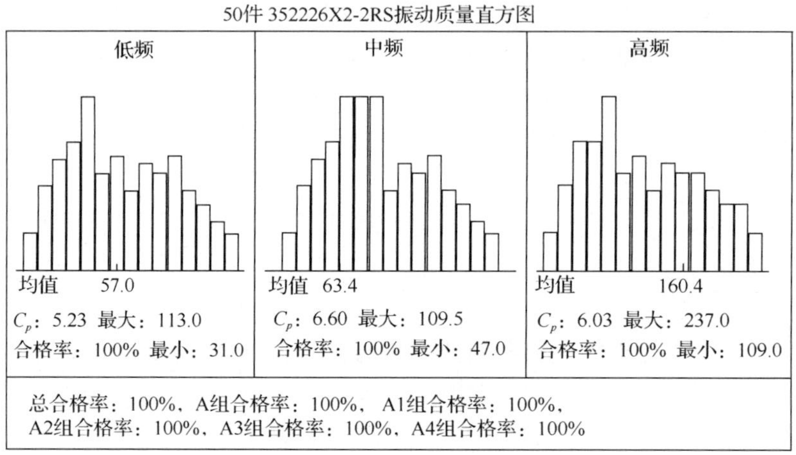

图 9.26　振动质量直方图

很显然，具有上述功能的轴承振动质量检测仪已经不是一般意义上的测量仪器，它可以实时监控一批轴承的质量水平，是一台具有 SPC 功能的铁路轴承振动质量检测仪。

9.4.2　效果检验

通过多年的生产实践证明，利用具有 SPC 功能的铁路轴承振动检测仪能够有效地保证轴承的振动质量，是提高高速列车轴承可靠性的一台设备。该系统在以下几个方面作用特别突出。

（1）从生产过程中控制高速列车轴承振动质量。

（2）随时剔除轴承工作表面缺陷导致的轴承振动异常，控制轴承振动质量，提高轴承可靠性。

（3）间接地监控轴承工作表面几何精度，提高轴承动态质量，降低轴承振动噪声。因为轴承的振动噪声与轴承零件工作表面几何精度相关性显著，因此，控制铁路轴承振动噪声质量，同时也就控制了轴承零件工作表面几何精度，使轴承的可靠性得以提高。特别是通过过程质量监控，可以有效地感知轴承振动质量的波动，为铁路轴承的质量改进提供依据。

（4）目前，我国使用的高速列车轴承内外圈滚道表面都要磷化处理。大量的试验表面，内外圈滚道的磷化质量对轴承的早期工作质量影响尤为重要。具体的表现就是温升，磷化好的轴承温升小，满足要求；磷化不好的轴承早期温升较高，不能满足用户要求。在实践中发现，轴承的振动质量对轴承内外圈滚道磷化质量也相当敏感，因此，通过对铁路货车轴承振动质量监控，也可有效地控制轴承磷化质量，保证轴承早期温升质量要求。

9.4.3 SPC 在高速列车运输系统的应用及效果预测

在铁路运输现场配置高速列车轴承动性能检测系统是非常有意义的，可以给高速列车运输带来如下保障：

（1）在轴承装机前对轴承动态质量做最后把关，提高高速列车运输可靠性；

（2）检测数据进入铁路运输大数据管理，为后续轴承的维修保养提供依据；

（3）检测数据进入高速列车运行质量过程监测系统，为系统报警阈值的确定提供原始依据。

鉴于以上，在高速列车轴承应用现场配置高速列车轴承动性能检测系统势在必行。读者在这里可能发现，我们将轴承振动检测仪改称轴承动性能检测系统，这是因为在铁路运输现场配置的仪器要具备以下功能：

（1）轴承振动检测功能；

（2）轴承温度检测功能；

（3）轴承密封检测功能；

（4）其他轴承动态异常。

我们上面所述的高速列车轴承振动检测系统是配置在轴承生产厂家的在线全自动检测系统。该系统机械结构复杂，测量节拍要求严格，更重要的是上述系统是轴承没有注脂和装配密封罩的情况下对轴承进行振动检测的，因此不适用于铁路系统实际使用。

我们需要一种能完成对成品高速列车轴承进行动性能检测的仪器。图 9.27 是一种适用于实际使用的高速列车轴承动态质量检测系统[107]。

图 9.27 所示的检测系统可以对成品高速列车轴承进行动态质量检测。检测系统配置实时温度传感器，在对轴承振动检测的同时，完成对轴承温升的检测。利用三个频率段对成品轴承进行振动加速度质量检测。测量过程分匀脂、磨合和检测三个进程，各个进程可根据预先设定的参数，由程序自动完成。首先在如图 9.28 所示界面中完成测量进程设定。

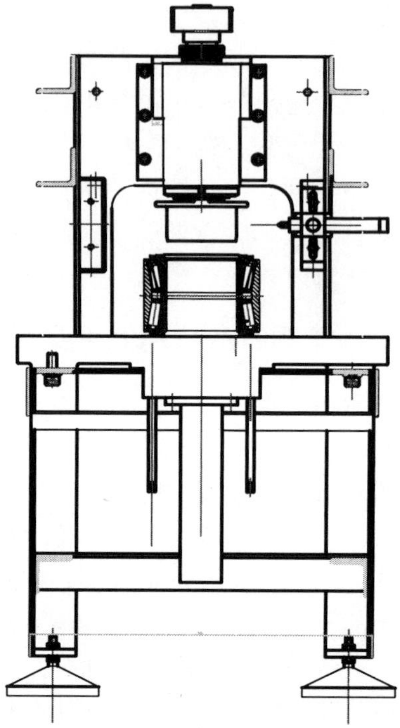

图 9.27　高速列车轴承动态质量检测系统示意图

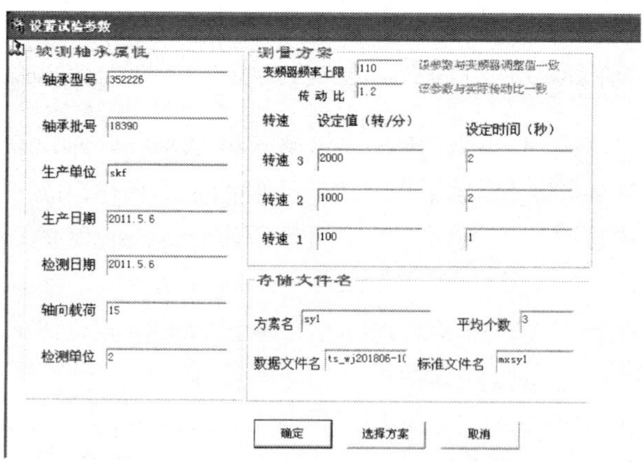

图 9.28　高速列车轴承动态质量检测系统程序设置

举例说明：在如图 9.28 所示界面中我们对测量进程做如下设置。第一进程：轴承低速磨合期，设置转速 100r/min；运行时间 1s。第二进程：轴承中速磨合期，设置转速 1000r/min，运行时间 2s；第三进程：轴承高速磨合阶段+检测，设置转速 2000r/min，运行时间 2s，然后系统返回到主界面，如图 9.29 所示。

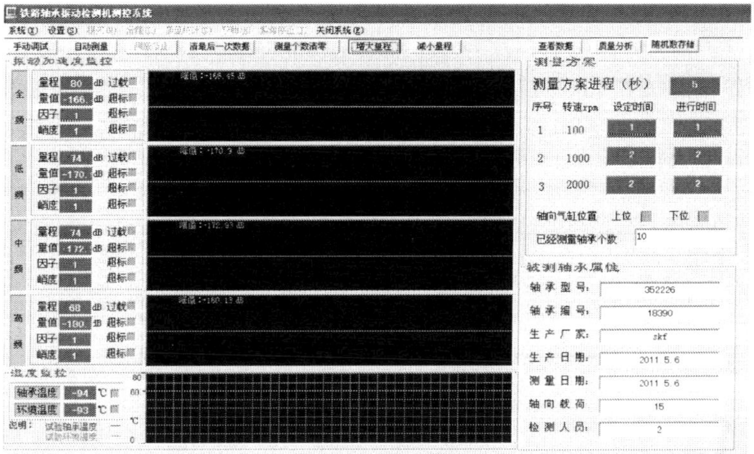

图 9.29　高速列车轴承动态质量检测系统监测主界面

在图 9.29 所示的主界面下，点击“自动测量”按钮后，系统将按照上述设置的测量进程自动完成整个测量过程。测量过程中，可以观察到振动测量参数的变化、振动波形的显示，以及轴承温升的变化。测量完成后，系统自动存储测量结果。测量结果可以在图 9.29 所示的主界面中点击“查看数据”按钮，系统自动转入如图 9.30 所示界面，显示测量结果。在这一界面下点击“打印数据”按钮，检测结果便可以从打印机上输出。

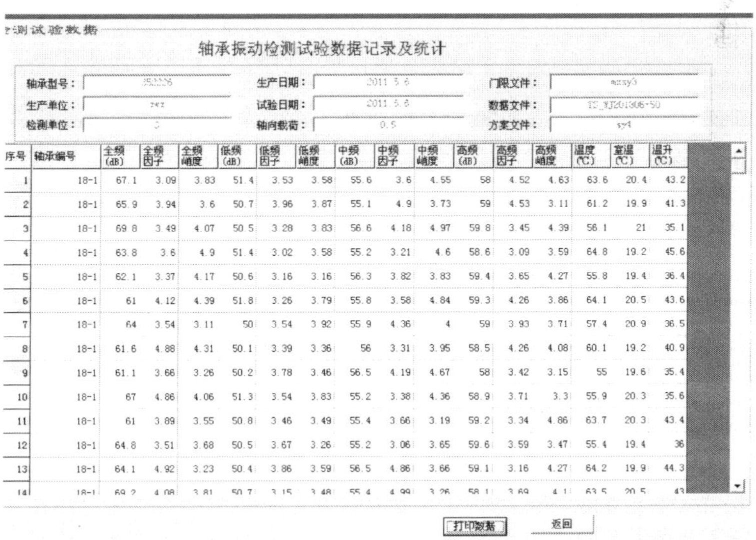

轴承振动检测试验数据记录及统计

轴承型号：	352226	生产日期：	2011 5 6	门限文件：	mxsy3
生产单位：	zwz	试验日期：	2011 5 6	数据文件：	TS_WJ201306-50
检测单位：	3	轴向载荷：	0.5	方案文件：	sy4

序号	轴承编号	全频(dB)	全频因子	全频峭度	低频(dB)	低频因子	低频峭度	中频(dB)	中频因子	中频峭度	高频(dB)	高频因子	高频峭度	温度(℃)	室温(℃)	温升(℃)
1	18-1	67.1	3.09	3.83	51.4	3.53	3.58	55.6	3.6	4.55	58	4.52	4.63	63.6	20.4	43.2
2	18-1	65.9	3.94	3.6	50.7	3.96	3.87	55.1	4.9	3.73	59	4.53	3.11	61.2	19.9	41.3
3	18-1	69.8	3.49	4.07	50.5	3.28	3.83	56.6	4.18	4.97	59.8	3.45	4.39	56.1	21	35.1
4	18-1	63.8	3.6	4.9	51.4	3.02	3.58	55.2	3.21	4.6	58.6	3.09	3.59	64.8	19.2	45.6
5	18-1	62.1	3.37	4.17	50.6	3.16	3.16	56.3	3.82	3.83	59.4	3.65	4.27	55.8	19.4	36.4
6	18-1	61	4.12	4.39	51.8	3.26	3.79	55.8	3.58	4.84	59.3	4.26	3.86	64.1	20.5	43.6
7	18-1	64	3.54	3.11	50	3.54	3.92	55.9	4.36	4	59	3.93	3.71	57.4	20.9	36.5
8	18-1	61.6	4.88	4.31	50.1	3.39	3.36	56	3.31	3.95	58.5	4.26	4.08	60.1	19.2	40.9
9	18-1	61.1	3.66	3.26	50.2	3.78	3.46	56.5	4.19	4.67	58	3.42	3.15	55	19.6	35.4
10	18-1	67	4.86	4.06	51.3	3.54	3.83	55.2	3.38	4.36	58.9	3.71	3.3	55.9	20.3	35.6
11	18-1	61	3.89	3.55	50.8	3.46	3.49	55.4	3.66	3.19	59.2	3.34	4.86	63.7	20.3	43.4
12	18-1	64.8	3.51	3.68	50.5	3.67	3.26	55.2	3.06	3.65	59.6	3.59	3.47	55.4	19.4	36
13	18-1	64.1	4.92	3.23	50.4	3.86	3.59	56.5	4.86	3.66	59.1	3.16	4.27	64.2	19.9	44.3
14	18-1	69.2	4.08	3.81	50.7	3.15	3.48	55.4	4.99	3.26	58.1	3.69	4.1	63.5	20.5	43

打印数据　返回

图 9.30　试验数据记录及统计界面

在图 9.29 所示的主界面中，点击“质量分析”按钮，系统自动转入如图 9.31 所示的界面。

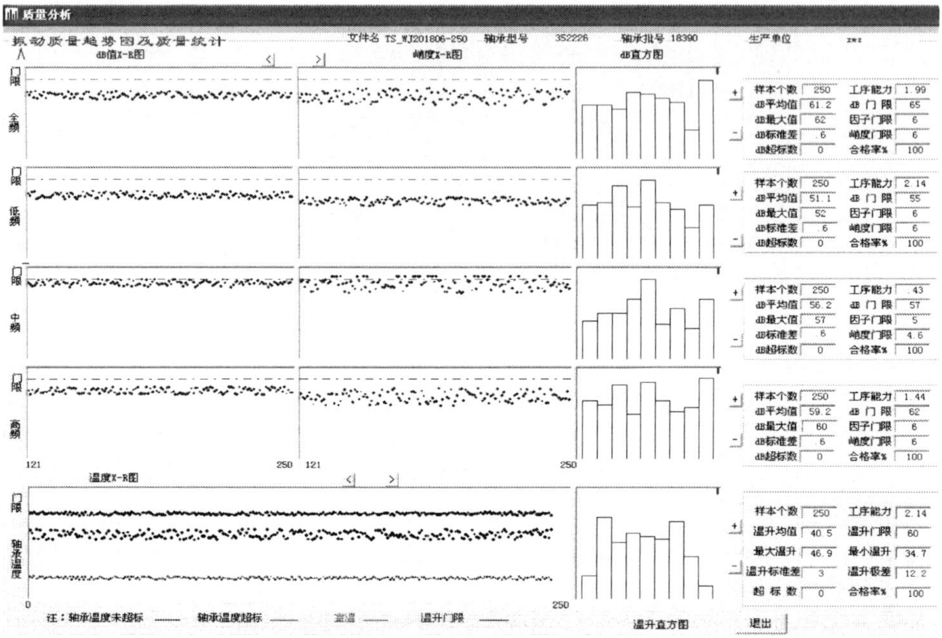

图 9.31　质量分析界面

在图 9.31 所示界面中，我们可观察到批轴承振动质量和温升质量趋势图，系统同时给出直方图、工序能力指数 C_p。由于该系统是自动完成各个检测进程的，所以检测过程中检测人员还可以观察轴的密封质量。上述系统操作简单，劳动强度低，非常适合在铁路轴承装配现场对高速列车轴承装机前最后一次质量检验。

9.5　本章小结

振动是由固体传递的，振动信号在传递过程中必然受所传递固体的调制，了解传递固体的信号传递函数，对于振动信号的分析是十分有意义的。

常用的振动检测传感器主要是速度传感器和加速度传感器。速度传感器自成体系，测量频率特性比加速度传感器好，但是使用可靠性比较低，而且造价也比加速度传感器高。加速度传感器虽然频率特性不如速度传感器好，但是造价低，使用可靠性高，对于判别高速列车轴承振动质量好坏，是一个不错的选择。

在高速列车轴承生产线上配置具有 SPC 功能的轴承振动检测系统可以有效地控制生产厂家所生产的高速列车轴承振动质量。在高速列车轴承使用现场，配置高速列车轴承动态质量检测系统，不但为高速列车运输可靠性提供保障，而且还为运输系统的轴承维修保养提供依据，也为估算高速列车轴承剩余寿命提供数据支撑。

未来，智能监测必将是高速列车安全运行的必要技术保障，而大数据管理必将是铁路运输的一个重要保障手段。高速列车轴承动态质量计算机虚拟仪器的采用就是为大数据管理提供基础数据采集，是提高铁路运输可靠性所必须采用的质量管理的重要手段。

参 考 文 献

[1] 胥军，胥祥. 中国高铁发展概述[J]. 硅谷, 2014(1): 8.

[2] 国家铁路局. 2017 年铁路安全情况公告[EB/OL]. (2018-03-30)[2020-02-01]. http://www.nra.gov.cn/jglz/apjc/jgxx/202202/t20220223_279093.shtml.

[3] 国家铁路局. 国家铁路局批准发布《高速铁路安全防护设计规范》[EB/OL]. (2019-11-07) [2020-02-01]. http://www.nra.gov.cn/xwzx/xwxx/xwlb/202204/t20220405_280288.shtml.

[4] 汪敏，袁润文. 铁路运输安全监管工作现状及建议[J]. 甘肃科技, 2018,34(11) : 10-11, 57.

[5] 叶军. 高速铁路轴承国产化现曙光[J]. 机械制造, 2014(6): 19.

[6] Magel E E. Rolling contact fatigue: a comprehensive review[Z]. U.S. Department of Transportation Federal Railroad Administration, Washington, D.C., 2011.

[7] Symonds N, Corni, I, Wasenczuk, A, et al. Observing early stage rail axle bearing damage[C]. Proceedings of the ICEFA VI, 2014.

[8] SKF 集团. SKF 铁路技术手册第一卷（轴箱、轮对轴承、传感器、状态监测、辅助系统及服务）[Z]. 哥德堡: SKF 集团, 2012.

[9] 杜永明，刘吉远，张斌. 铁路货车轴承失效机理及伤损图谱[M]. 北京: 中国铁道出版社, 2015.

[10] 罗晓红. 客车滚动轴承热轴原因分析及应采取的措施[J]. 内蒙古科技与经济, 2010(9) : 79-80.

[11] 张关震，丛韬，张弘，等. 铁路滚动轴承典型伤损形式及原因分析[J]. 铁道技术监督, 2016,44(1) : 22-25.

[12] 朱爱华，朱成九. 提速铁路货车轴承的失效形式分析及对策[J]. 轴承, 2011(11) : 62-65.

[13] 王灿. 基于虚拟仪器的列车轴承检测诊断系统研究[D]. 石家庄: 石家庄铁道大学, 2013.

[14] 赵长波，陈雷. 铁路货车安全监测与应用概论[M]. 北京: 中国铁道出版社, 2010.

[15] 于静. JL-601 机车走行部检测系统的应用与体会[J]. 铁道机车车辆, 2004,24(3) : 50-52.

[16] 王新伟，李文权. JL-601A 机车走行部诊断系统[J]. 铁道机车与动车, 2007(9) : 41-42.

[17] 张学毅. JK99429A 铁路机车故障智能诊断系统[J]. 电脑与信息技术, 2001(1) : 44-46.

[18] 李树雄，李魁英. JK00430 型机车走行部车载监测装置常见故障的原因分析及其处理[J]. 铁道机车与动车, 2006(2) : 43-45.

[19] 唐德尧. 机械故障微冲击的共振解调定量检测技术[J]. 铁道技术监督, 2009,37(9) : 26-29.

[20] 王绪滨，孙伟，王长喜. DF_(4D)型机车轮对空心轴驱动轴承的故障分析[J]. 铁道机车与动车, 2014(12): 30-32.

[21] 曹贤文，魏兵. 铁路列车轴承故障的检测方法: CN102607848A[P]. 2012-02-01.

[22] 郭涛，贾尚帅，赵明，等. 高速动车组列车转向架轴承故障监测方法、装置及系统: CN103018046A[P]. 2013-06-01.

[23] 周玉勤，朱海勇，邢宗义，等. 一种列车转向架轴承服役过程监测与故障诊断系统及方法: CN104236911[P]. 2014-08-01.

[24] 黄采伦，周华，张剑，等. 特征谱分析方法及其在列车轮对故障诊断中的应用[J]. 湖南科技大学学报（自然科学版）, 2008,23(1) : 71-75.

[25] 张兵. 列车关键部件安全监测理论与分析研究[D]. 西安: 西南交通大学, 2007.

[26] 王靖. 列车轮对故障振动特性及诊断关键技术研究[D]. 长沙: 中南大学, 2012.

[27] 姚德臣，杨建伟，殷玉枫，等. 基于多方法融合的铁路轴承故障诊断[J]. 机械设计与研究, 2010,26(3) : 70-73.

[28] 吴德华，刘春英，邓桂萍. 基于 DSP_MCU 的列车滚动轴承故障诊断系统设计与应用[J]. 现代电子技术, 2010(13): 187-190.

[29] 赵转哲，姜忠宇，何慧娟. 基于声发射技术的铁路货车滚动轴承故障诊断研究[J]. 新技术新工艺，2009(5): 64-66.

[30] 唐秋杭，符丽娜，朱善安. 基于 DSP 和 ARM 的滚动轴承自动监测和故障诊断系统[J]. 机电工程，2006,23(2): 1-5.

[31] 郭福平，段志宏，孙志伟. 基于包络谱分析的滚动轴承滚动体故障声发射诊断研究[J]. 组合机床与自动化加工技术, 2015(2) : 104-107.

[32] 柳亦兵，辛卫东，李宏，等. 滚动轴承故障的谱相关特征分析[J]. 中国机械工程, 2013,24(3) : 351-355.

[33] 徐亚军，于德介，孙云嵩，等. 滚动轴承故障诊断的阶比多尺度形态学解调方法[J]. 振动工程学报, 2013,26(2) : 252-259.

[34] 李刚. 关于研制货车滚动轴承故障检测系统的构想[J]. 京铁科技通讯:太原刊, 2004(3) : 13-15.

[35] 刘建强，赵治博，章国平，等. 地铁车辆转向架轴承故障诊断方法研究[J]. 铁道学报, 2015,37(1) : 30-36.

[36] 唐英，李应珍. 基于判别域界面几何法模式识别的铁路轴承故障诊断[J]. 北京科技大学学报，2011,33(10): 1293-1300.

[37] 李先武，鲁五一，杜妙. 基于盲源分离和支持向量机的铁路货车轴承故障诊断研究[J]. 南方职业教育学刊, 2012,2(2) : 1-5.

[38] 颜家森，朱龙泉，赵三星，等. 高速铁路轴箱轴承载荷分布分析[J]. 轴承, 2012(10) : 12-16.

[39] 李长健，向立明，刘永强，等. 基于 ADAMS 的高速机车双列圆锥滚子轴承典型故障仿真分析[J]. 轴承, 2018(6) : 55-59.

[40] 郝烨江，李强，郑静. 基于 ABAQUS 的列车轴箱轴承动力学分析[J]. 轴承, 2014(3) : 10-15.

[41] 张乐乐，高祥，谭南林，等. 基于 ANSYS/LS-DYNA 的滚动轴承仿真与分析[J]. 机械设计, 2007,24 (9) : 62-65.

[42] 汤武初，陈光东，孙玉超，等. 基于 ANSYS/LS-DYNA 高速列车轴箱轴承动力学分析与故障模拟[J]. 现代机械, 2015(5): 5-10.

[43] Ding J. Fault detection of a wheelset bearing in a high-speed train using the shock-response convolutional sparse-coding technique[J]. Measurement, 2018,117: 108-124.

[44] Wei Y G, Zhang G L, Xu K. Research on distribution of internal load of tapered roller bearing used in axle box of high speed train[J]. Applied Mechanics & Materials, 2017,868 : 260-264.

[45] Su Y T, Lin, S J. On initial fault detection of a tapered roller bearing: frequency domain analysis[J]. Journal of Sound & Vibration, 1992,155(1) : 75-84.

[46] Zhang Y Q, Zhang Z, Li D. Temperature analysis model of high-speed railway axlebox bearing based on thermal network method[J]. International Journal of Smart Engineering, 2017,1(3) : 289-298.

[47] 侯有忠，姜建东，宋东升. 动车组轴箱轴承典型故障自动诊断技术研究与应用[J]. 铁道机车与动车，2015(12): 27-30.

[48] 张中民，卢文祥，杨叔子，等. 滚动轴承故障振动模型及其应用研究[J]. 华中理工大学学报, 1997,25(3) : 50-53.

[49] 易彩. 高速列车轮对轴承状态表征与故障诊断方法研究[D]. 成都：西南交通大学, 2005.

[50] 葛慧敏. 车辆滚动轴承故障诊断建模及关键技术研究[D]. 镇江：江苏大学, 2017.

[51] Gustafsson O G, Tallian T. Detection of damage in assembled rolling element bearings[J]. Tribololgy Transactions, 1962,5(1) : 197-209.

[52] Böhm J P, 李德领. 德国 ICE 高速列车装备的欧洲列车控制系统(ETCS)[J]. 国外铁道车辆, 2017,54(2) : 16-24.

[53] Hasebe K, Miyauchi T, Sugaya M, et al. 1402 Train Information Systems for JR east E259[C]. The Japan Society of Mechanical Engineers, 2009.

[54] Yang R, Kang J, Zhao J, et al. A case study of bearing condition monitoring using SPM[C]. Proceedings of the Prognostics and System Health Management Conference, 2014.

[55] 唐德尧，王定晓，杨政明，等. 共振解调技术与机车车辆传动装置故障诊断[J]. 电力机车与城轨车辆，2002,25(5) : 1-5.

[56] 耿永强. 基于支持向量机的机车轴承故障诊断系统的研究[D]. 长沙：中南大学, 2008.

[57] Anderson F, 谢小海，宋忠明. SKF 公司研发带传感器的轴承组件[J]. 国外机车车辆工艺, 2009(5) : 30-33.

[58] Bonissone P P, Johnson Jr H E. DELTA: an expert system for diesel electric locomotive repair[J]. Information Processing, 1984,1(1): 397-413.

[59] 乔保栋. 转子-滚动轴承耦合系统的滚动轴承故障分析与智能诊断[D]. 南京：南京航空航天大学, 2011.

[60] 丁子全，张国兴，陈辉. 结合进口机车先进技术，扩展国产机车车载信息平台，加强青藏线机车状态监测、智能诊断与维护支持[C]. 青藏铁路运营管理及相关技术研讨会, 2005.

[61] Kaewkongka T. A train bearing fault detection and diagnosis using acoustic emission[J]. Engineering Solid Mechanics, 2016: 63-68.

[62] 清水昭，彭惠民. 内置传感器的轴颈轴承组件[J]. 国外机车车辆工艺, 2013(2) : 21-24.

[63] Goodman D L H J, Wagoner R. Advanced diagnostics and anomaly detection for railroad safety applications using a wireless, loT-enabled measurement system[C]. IEEE Autotestcon, 2015: 273-279.

[64] Alvarado I L. Defect detection in railroad tapered-roller bearings using vibration analysis technique[D]. Texas: University of Texas-Pan American, 2012.

[65] Aye S A, Heyns P S, Thiart C J. Fault detection of slow speed bearings using an integrated approach[J]. IFAC-PapersOnLine, 2015, 48(3) : 1779-1784.

[66] Israel E A, Loskiewicz-Buczak A, Uhrig R E. Monitoring and diagnosis of rolling element bearings using artificial neural networks[J]. IIEEE Transactions on Industrial Electronics, 1993,40(2) : 209-217.

[67] Corni I, Symonds N, Wood R, et al. Real-time on-board condition monitoring of train axle bearings[C]. The Stephenson Conference: Research for Railways, 2015.

[68] Hemmati F, Alqaradawi M, Gadala M S. Rolling element bearing fault diagnostics using acoustic emission technique and advanced signal processing[C]. Proceedings of the Institution of Mechanical Engineers, Part J: Journal of Engineering Tribology, 2015.

[69] Cockerill A, Clarke, A, Pullin R, et al. Determination of rolling element bearing condition via acoustic emission[C]. Proceedings of the Institution of Mechanical Engineers, Part J: Journal of Engineering Tribology, 2016.

[70] 徐四宁. 振动测量两个物理量的差异[J]. 瓦轴科技, 1997(1): 57-58.

[71] 赵小辉. CRH2 型动车组四级修轴承检修工艺探讨[J]. 无线互联科技, 2015(3) : 80-83.

[72] 翟婉明. 车辆-轨道耦合动力学[M]. 北京：科学出版社, 2007.

[73] 张莉，李景贤. 国外高速动力车轴箱轴承关键技术及研究[J]. 铁道机车与动车, 1997(5) : 17-24.

[74] 高春良. 滚动轴承故障的显式动力学仿真与振动特征分析[D]. 成都：电子科技大学, 2010.

[75] 刘秀海. 高速滚动轴承动力学分析模型与保持架动态性能研究[D]. 大连：大连理工大学, 2011.

[76] Harris T A, Korzalas M N. 滚动轴承分析：第 1 卷　轴承技术的基本概念[M]. 罗继伟，马伟，等，译. 北京：机械工业出版社, 2011.

[77] Harris T A, Korzalas M N. 滚动轴承分析：第 2 卷　轴承技术的高等概念[M]. 罗继伟，马伟，等，译. 北京：机械工业出版社, 2015.

[78] 侯运丰，魏鹏，郭俊锋. 基于 ANSYS/LS-DYNA 的高速电主轴轴承动力学分析与仿真[J]. 机械制造，2012,50(8) : 17-20.

[79] 刘江山，宋丽，陆超. 基于 LS-DYNA 的深沟球轴承动态仿真分析[J]. 轴承, 2015(2) : 35-38.

[80] 张志伟. 基于显式动力学的圆柱滚子轴承的动力学仿真与故障模拟[D]. 太原：太原理工大学, 2013.

[81] Smith W A, Randall R B. Rolling element bearing diagnostics using the Case Western Reserve University data: a benchmark study[J]. Mechanical Systems & Signal Processing, 2015, 64-65:100-131.

[82] 周素霞，杨月，谢基龙．高速列车制动盘瞬态温度和热应力分布仿真分析[J]．机械工程学报，2011,47(22): 126-131.

[83] 汤武初，王敏杰，陈光东，等．高速列车故障轴箱轴承的温度分布研究[J]．铁道学报, 2016,38(7) : 50-56.

[84] 刘志全，张鹏顺，沈允文．高速圆柱滚子轴承的热分析模型[J]．机械科学与技术, 1997(4) : 607-611.

[85] 黄飞，马希直．基于热网络法的行星减速器温度场研究[J]．机械传动, 2011,35(4) : 19-22.

[86] 王振华．实用轴承手册[M]. 2 版．上海：上海科学技术文献出版社, 1996.

[87] 李娟娟，贾森，马小芳．基于振动的减速机轴承故障诊断试验台研制[J]．河南科技, 2019(22):82-85.

[88] 阳建宏，黎敏，丁福焰．滚动轴承诊断现场实用技术[M]．北京：机械工业出版社, 2015.

[89] 张长青，宋增明，宋峰．CRH380A 型动车组实时温度监控系统应用简介[J]．内蒙古科技与经济，2018(9): 67-68.

[90] Zhang Y, Zhang C, Wang T, et al. Fault diagnosis method for bearing based on improved intrinsic time-scale decomposition and spectrum kurtosis[J]. Acta Energiae Solaris Sinica, 2017,38(3) : 699-706.

[91] 王金福，李富才．机械故障诊断技术中的信号处理方法:时频分析[J]．噪声与振动控制, 2013,33(3) : 198-202.

[92] Huang N E, Shen, Z, Long, S R, et al. The empirical mode decomposition method and the Hilbert spectrum for non-stationary time series analysis[J]. Proceedings of The Royal Society a Mathematical Physical and Engineering Sciences, 1998, 454(1971): 903-995.

[93] Li P, Kong F R, Dang L. A new fault diagnosis system for train bearings based on PCA and ACO[C]. Proceedings of the International Conference on Logistics Systems and Intelligent Management, 2010.

[94] Zhang A, Hu F, Liu F, et al. Intelligent fault diagnosis of train bearings acoustic signals with Doppler shift based on the EMD and BPN[C]. Proceedings of the International Conference on Intelligent Control & Information Processing, 2013.

[95] Hemmati F, Alqaradawi M, Gadala M S. Optimized statistical parameters of acoustic emission signals for monitoring of rolling element bearings[C]. Proceedings of the Institution of Mechanical Engineers, Part J: Journal of Engineering Tribology, 2015.

[96] Cheng J S, Yu D J, Yang Y. A fault diagnosis approach for roller bearings based on EMD method and AR model[J]. Mechanical Systems and Signal Processing, 2006, 20(2) : 350-362.

[97] Li J, Cheng J H, Shi J Y, et al. Brief introduction of back propagation(BP) neural network algorithm and its improvement[J]. Advances in Computer Science and Information Engineering, 2012,169: 553-558.

[98] Specht D F. Enhancements to probabilistic neural networks[C]. Proceedings of the IEEE International Joint Conference on Neural Networks, 1992.

[99] Specht D F, Shapiro P D. Generalization accuracy of probabilistic neural networks compared with backpropagation networks[J]. Journal of Vector Ecology, 2011,36(2) : 426-436.

[100] Broomhead D S, Lowe D. Multivariable functional interpolation and adaptive networks[J]. Complex Systems, 1988,2(3) : 321-355.

[101] 中华人民共和国铁道部．机车车辆轴箱滚动轴承在轴箱试验机上的热试验方法：TB/T 3000—2000[S]．北京：中国铁道出版社, 2000.

[102] 中华人民共和国铁道部．机车车辆轴箱滚动轴承在轴箱试验机上的耐久试验方法：TB/T 3017—2001[S]．北京：中国铁道出版社, 2001.

[103] Institution B S. Railway applications-Axleboxes-Rolling bearings: BS EN 12080:2007[S]. 2007.

[104] 余文航．基于振动信号数据采集与无线传输的列车轴承在线监测系统设计[D]．合肥：中国科学技术大学, 2015.

[105] 徐四宁，吕新仁．深沟球轴承振动质量的诊断（一）[J]．轴承, 1992(4) : 43-46.

[106] 杨国凯．振动载荷对滚动轴承失效行为与寿命影响的研究[D]．哈尔滨：哈尔滨工业大学, 2015.

[107] 徐四宁．轴承振动过程的外圈固有频谱传递特征与影响机理[J]．轴承, 2014(6) : 28-31.

附录 A

高速列车圆锥滚动体轴承外观判定参考表

表 A.1 高速列车圆锥滚动体轴承外观判定参考表

缺陷名称	套圈（轴承内外圈）				转动体（滚子）			保持架	
	滚道面	滚子导向面、保持架导向面	配合面、轴承内径面及外径面	其他	转动面	端面的滑动摩擦面	其他	套面及导向面	其他
麻点	⊙	—	—	—	⊙	—	—	—	—
表面剥落	×	—	—	—	×	—	—	—	—
缺口	×	×	—	⊙	×	×	⊙	—	—
裂纹、龟裂	×	×	×	×	×	×	×	×	×
划伤	⊙	⊙	⊙	⊙	⊙	⊙	⊙	⊙	⊙
黏附	×	×	⊙	⊙	×	×	—	×	×
压痕、打痕	⊙	⊙	⊙	⊙	⊙	⊙	⊙	—	—
磨耗	⊙	⊙	⊙	⊙	⊙	⊙	—	⊙	—
摩擦	⊙	—	⊙	⊙	⊙	—	—	—	—
蠕变	—	—	⊙	⊙	—	—	—	—	—
变色	⊙	⊙	⊙	⊙	⊙	⊙	⊙	⊙	⊙
锈蚀	⊙	⊙	⊙	⊙	⊙	⊙	⊙	⊙	⊙
电蚀、梨皮	⊙	—	—	—	⊙	—	—	—	—
蹭伤擦伤	⊙	⊙	—	—	⊙	⊙	—	—	—
发热胶着	×	×	×	×	×	×	×	—	—

注：⊙表示修复后可以继续使用，但缺陷严重者不能再使用；

×表示不可修复，直接报废处理；

一表示不存在这种情况。

附录 B 本书所用的轴承样本数据

表 B.1 小波包分解所得的训练样本

轴承状态	小波包分解故障特征值							
正常	52.4848	21.0982	5.0394	14.0148	0.8187	2.5496	1.3816	2.6129
	50.9911	24.3151	5.2906	12.7489	0.8393	2.1878	1.0831	2.5440
	49.7884	23.7835	5.8413	13.4686	0.8901	2.1929	1.3662	2.6690
	51.0246	22.8788	6.0743	13.0332	0.9784	2.4003	1.1628	2.4476
	49.0875	24.4457	5.6903	13.1949	0.8848	2.3868	1.3151	2.9949
	41.4196	26.1674	6.9624	16.5812	0.9774	2.4184	1.7573	3.7163
	43.9733	24.1850	6.4533	16.1772	0.9190	2.5798	1.7727	3.9396
	52.7111	21.6362	5.6573	12.6643	0.8719	2.1617	1.3948	2.9028
	43.8022	25.6713	6.8326	14.7534	1.0161	2.4840	1.6513	3.7891
	46.4611	23.3341	6.2379	15.6137	0.9618	2.5675	1.6406	3.1833
外圈故障	11.0863	8.5836	34.3688	5.5364	0.8045	1.2151	32.5274	2.8779
	5.1066	7.2738	31.8733	7.2149	1.0418	2.0521	39.9420	5.4954
	14.1041	8.3190	29.7850	5.5816	0.6516	1.0570	36.9115	3.5903
	5.1317	9.6288	28.6879	6.5022	0.7882	0.9857	45.3341	2.9683
	6.6096	10.3341	38.7033	6.2067	0.8302	1.4478	32.4440	3.4243
	13.8167	16.2600	25.2376	7.9349	1.1903	2.0225	29.4671	4.0709
	11.4020	32.5537	19.8817	13.9704	0.9866	3.0471	15.5573	2.6011
	16.7049	21.9634	18.7303	9.8609	0.9783	3.2030	24.4838	4.0753
	10.7720	19.8821	30.1890	8.1614	1.0638	1.8258	25.6984	2.4074
	12.4609	19.9339	24.3262	9.5102	0.8957	2.3229	27.2682	3.2821
内圈故障	7.2888	14.2053	36.7594	8.1491	1.1883	2.3775	26.5855	3.4460
	5.4565	11.4544	40.1953	7.2503	1.1074	2.7006	27.4719	4.3636
	8.3898	11.4963	28.4027	8.3012	1.4806	2.3959	34.3778	5.1555
	7.4632	14.0615	33.3914	8.7205	1.4825	2.9564	27.4325	4.4892
	7.1800	11.8319	34.7802	8.0893	1.2993	1.7988	30.1788	4.8416
	4.0690	17.6189	17.9123	17.0358	3.2125	5.5457	23.4913	11.1146
	5.6328	19.1512	16.4198	10.8546	2.3563	4.2639	26.3306	14.9907

续表

轴承状态	小波包分解故障特征值							
内圈故障	5.9267	20.4456	17.0540	12.4628	2.8867	5.2923	21.2744	14.6575
	6.3148	15.1650	19.4652	12.6721	2.4525	4.6779	26.8913	12.3612
	7.8574	19.0995	17.9094	13.4630	2.5243	4.3803	20.2657	14.5003
滚动体故障	19.3701	26.7242	12.4062	13.6290	1.5531	2.7300	17.6946	5.8928
	24.2197	17.3477	21.6398	9.4886	1.4410	3.1079	17.0166	5.7387
	21.2187	25.7072	16.6395	11.5160	1.5057	3.3384	15.0510	5.0235
	17.1282	27.3568	14.3645	12.2832	1.7701	2.3805	18.9254	5.7913
	27.7321	20.4513	14.9304	12.7519	1.3150	3.2187	14.8208	4.7798
	27.2840	17.0714	9.9439	13.2069	2.0350	4.8704	15.2114	10.3771
	24.2809	20.4091	15.8078	10.8869	2.2676	4.0469	10.5805	11.7503
	28.9319	18.2529	13.8743	10.9196	2.2165	3.5636	12.3811	9.8600
	25.0154	20.0635	12.6440	9.2399	2.1450	4.4532	16.1525	10.2865
	24.6308	15.0035	14.2178	10.9223	2.0156	5.0466	47.0140	11.1493

表 B.2　小波包分解所得的测试样本

轴承状态	小波包分解故障特征值							
正常	48.2310	27.4121	4.5030	13.1053	0.6997	2.2041	1.1454	2.6994
	54.1542	22.1274	5.4940	11.5094	0.8798	1.9420	1.3604	2.5327
	52.1586	24.4397	5.1112	11.6803	0.8487	2.1089	1.1600	2.4926
	47.2394	24.7709	5.2406	15.5739	0.7951	2.5097	1.2186	2.6518
	49.4295	24.2999	5.5156	13.9565	0.8238	2.2531	1.2636	2.4580
	49.7449	20.2280	7.2531	14.2891	0.9765	2.1598	1.7485	3.6000
	54.6085	19.3381	5.5801	12.9501	0.7814	1.9603	1.6735	3.1080
	52.3263	17.5978	5.5821	12.8853	0.7686	1.9723	1.6859	3.1816
	48.1767	23.2375	6.0551	14.0939	0.8950	2.2453	1.7779	3.5186
	48.1904	21.1568	5.9155	16.1458	0.7508	2.2836	1.1845	3.7115
外圈故障	6.3276	4.2278	27.8454	3.2954	0.7931	0.8666	53.5070	3.1371
	6.9659	4.7161	24.2361	3.6487	0.7368	0.7445	55.7176	3.2342
	6.6538	7.9084	36.6660	4.5120	0.7865	0.9603	39.0360	3.4771
	16.6054	7.7768	22.2934	9.1860	0.6570	2.1653	37.5521	3.7640
	8.0022	6.7722	33.0167	4.4684	0.8608	1.1697	42.3081	3.4019
	11.1233	36.7036	13.5412	16.3415	1.2218	3.3933	15.6264	2.0489
	15.1717	17.5587	31.5170	8.8444	1.0568	2.0854	20.6930	3.0730
	14.0575	21.4325	29.2510	9.5304	1.0160	2.1945	19.6097	2.9084
	10.1217	26.7102	23.0407	11.4107	1.1066	2.8265	21.7720	3.0117
	11.8069	35.8586	18.0951	14.1212	0.9626	3.6646	12.2730	3.2181

续表

轴承状态	小波包分解故障特征值							
内圈故障	8.2167	14.8128	33.8660	9.7102	1.2129	2.0724	24.8657	5.2433
	6.5848	16.1590	36.8928	9.4957	1.3449	1.9837	22.8143	4.7248
	7.3449	15.4327	33.3168	8.6681	1.1954	2.5094	26.7501	4.7826
	9.2419	14.5622	27.2519	7.3924	1.1157	2.5102	33.6648	4.2609
	7.5213	12.6819	27.0010	8.0868	1.5286	2.6065	35.9179	4.6560
	5.3069	14.7284	20.0973	12.8929	2.6148	5.6405	25.7668	12.9525
	5.2598	17.1004	19.7817	14.8895	2.0428	4.9979	23.5672	12.3606
	6.2942	15.0471	19.3563	11.4088	2.8917	7.7495	24.8348	12.4177
	5.9660	16.0562	18.6140	13.3585	3.2745	5.5848	24.7391	12.4069
	6.7584	15.1200	23.4727	10.2121	2.8568	5.8262	26.1728	9.5810
滚动体故障	23.4921	17.5704	20.0485	7.6721	1.8516	2.1480	20.9865	6.2307
	20.1685	28.6849	12.1544	15.2827	1.6624	3.0112	14.4516	4.5843
	21.0511	21.7276	15.5626	11.6184	1.9547	2.6407	20.5082	4.9367
	24.1746	18.9109	18.5351	11.2731	1.5678	3.2707	16.4177	5.8500
	24.3324	20.2127	17.1851	9.1669	2.1339	2.9565	18.0026	6.0099
	24.7221	19.1763	11.6694	12.0764	1.9775	4.2799	13.8701	12.2283
	22.0763	20.0683	12.6845	11.2135	1.7134	4.6087	16.8267	10.8087
	24.9374	19.9283	13.9268	12.2816	1.7599	4.8850	12.3323	9.9487
	25.0479	12.4787	15.7285	11.4850	2.2736	3.3593	15.0173	14.6097
	23.7881	22.4053	7.4746	13.0654	2.1448	5.0581	15.3432	10.7205

表 B.3 EMD 所得的训练样本

轴承状态	EMD 分解故障特征值									
正常	8.9929	17.5917	2.7250	5.3324	10.9742	2.1184	0.3485	0.0398	0.0437	0.0096
	8.3898	16.0203	2.8409	7.0503	11.6569	2.6263	0.4881	0.1427	0.0305	0.0177
	11.2654	16.5444	2.8284	4.7520	10.4602	3.2903	0.6396	0.1694	0.0629	0.0117
	8.5024	18.3007	2.6174	7.4688	12.1007	2.2082	0.4725	0.0574	0.0445	0.0020
	8.5622	16.4115	2.9822	6.7652	11.6910	3.6077	0.6083	0.1141	0.0756	0.0566
	13.9904	16.3272	3.8056	7.2447	8.6677	1.3702	0.2010	0.0654	0.0058	0.0319
	12.4384	17.4263	3.2406	5.0689	10.7723	3.8196	0.5413	0.1292	0.0540	0.0316
	13.5450	16.6982	3.3938	6.2156	8.9092	1.8889	0.5761	0.0680	0.0643	0.0643
	14.0123	15.6174	3.6856	6.4029	9.7606	1.8930	0.5081	0.1107	0.0590	0.0249
	13.7655	15.7994	3.9871	6.3389	8.8966	1.5385	0.1856	0.0970	0.0528	0.0259
外圈故障	220.8703	31.2061	12.5715	6.4262	1.1998	0.2724	0.0864	0.0496	0.0313	0.0209
	208.7048	31.6373	12.6559	7.0001	1.4701	0.4960	0.1272	0.0643	0.0368	0.0069
	209.6094	32.2220	13.0098	7.7428	1.8911	0.4096	0.2180	0.1039	0.0510	0.0207
	218.6056	30.1738	16.1021	9.4961	2.1262	0.5726	0.2115	0.0794	0.0323	0.0105
	204.4114	34.0093	13.0209	8.1720	1.1849	0.3351	0.1219	0.0792	0.0188	0.0159

续表

轴承状态	EMD 分解故障特征值									
外圈故障	1455.7016	107.5165	50.1130	10.4849	5.5056	2.7859	0.5054	0.2301	0.1142	0.0853
	1322.0587	92.2474	61.0299	11.3779	6.2953	3.6189	0.5629	0.4397	0.1642	0.1687
	1442.8336	102.0895	57.1013	13.3996	6.5028	3.0214	0.6311	0.4122	0.2436	0.1596
	1290.4759	103.0283	52.7114	13.5104	8.7429	3.7060	0.7139	0.4901	0.2582	0.0499
	1297.6598	101.9744	52.2434	13.5264	6.5699	3.3339	0.6046	0.3326	0.1747	0.0604
内圈故障	129.4612	30.1128	16.1590	8.6553	2.7232	1.3477	0.1998	0.0796	0.0388	0.0130
	149.7510	37.0036	11.6922	5.1434	1.7374	0.7425	0.1486	0.1076	0.0308	0.0176
	136.2813	31.2063	17.3386	6.9901	2.3685	0.7937	0.2000	0.0961	0.0543	0.0184
	137.6953	31.6153	12.9210	7.5443	1.5619	0.8854	0.1503	0.0946	0.0304	0.0265
	133.0619	32.6802	13.4005	5.9561	2.6505	0.7886	0.1583	0.0856	0.0273	0.0223
	429.0084	185.9327	32.6868	7.1877	8.4757	3.7238	1.3638	1.2831	0.4029	0.0307
	480.8105	187.8467	36.9746	9.2533	6.5948	4.4183	0.9546	0.5968	0.2247	0.2521
	432.4938	176.5265	40.5846	10.1701	6.3004	4.6264	1.3143	0.9210	0.3440	0.0777
	444.4970	181.4613	39.6740	7.7009	7.0184	4.0352	0.7836	0.5985	0.3730	0.2247
	431.7510	189.8577	27.6814	7.1120	6.6710	3.9646	0.8185	0.5352	0.0987	0.2177
滚动体故障	33.1284	26.9663	10.5120	8.4974	1.9471	0.3270	0.1391	0.1195	0.0241	0.0499
	34.3567	27.4659	10.6931	6.8256	1.7717	0.3114	0.0938	0.0549	0.0234	0.0179
	34.6588	27.5169	11.0019	8.3810	2.0597	0.2668	0.1063	0.0812	0.0153	0.0249
	44.1364	27.1826	11.1961	8.4859	2.1461	0.3887	0.0772	0.1082	0.0321	0.0164
	90.5549	26.4804	10.5960	12.5025	2.8102	0.5517	0.1757	0.0889	0.0297	0.0127
	89.7106	23.0308	24.0197	14.2643	7.6371	3.8731	0.5128	0.2787	0.0872	0.0255
	54.9260	24.0915	21.3590	10.0146	7.9501	4.7220	0.3804	0.1602	0.0559	0.0457
	60.6052	26.4465	19.7723	12.8790	8.7890	2.3112	0.4304	0.0884	0.1173	0.0150
	56.3043	28.8504	20.1041	12.2982	8.1617	1.8722	0.4024	0.1370	0.1508	0.0617
	120.8408	25.6702	21.3639	13.1975	9.5345	5.0808	0.4732	0.1745	0.1293	0.0416

表 B.4 EMD 所得的测试样本

轴承状态	EMD 分解故障特征值									
正常	10.6648	15.8315	2.5675	7.2489	8.9762	3.0098	0.9397	0.1036	0.0282	0.0207
	9.5643	17.4155	3.4565	6.7744	11.2888	2.8111	0.7648	0.1179	0.0378	0.0411
	10.1467	16.1403	3.1145	5.2368	11.0541	2.8048	0.5293	0.1076	0.0270	0.0141
	10.0458	15.8252	3.3707	4.7812	12.9524	4.3609	0.7350	0.1174	0.0486	0.0105
	9.4668	17.9814	3.3257	6.3566	10.4069	1.7768	0.2267	0.1421	0.0211	0.0122
	14.2172	16.1545	2.7505	6.3413	9.4706	2.1002	0.5229	0.0563	0.0327	0.0155
	13.0373	14.3365	3.4133	7.6137	9.6918	2.6231	0.4502	0.0600	0.0462	0.0352
	12.8239	16.7617	3.6590	6.1513	8.4494	2.1962	0.3589	0.0323	0.0370	0.0125
	13.8222	16.2423	4.4170	5.0845	9.4283	1.3307	0.2693	0.0603	0.0314	0.0075
	13.2864	16.3045	3.1380	5.7235	9.5460	2.0605	0.3056	0.0915	0.0388	0.0135

续表

轴承状态	EMD 分解故障特征值									
外圈故障	230.3068	29.5115	15.7448	7.9869	1.4321	0.4526	0.1342	0.0598	0.0497	0.0244
	221.8113	32.7909	13.9759	7.2148	1.2873	0.2122	0.0912	0.0552	0.0228	0.0146
	229.3262	27.9289	18.0786	11.8715	2.4412	0.6572	0.1962	0.1324	0.0468	0.0313
	216.9308	29.2493	16.9180	8.2974	1.6756	0.3703	0.1535	0.0755	0.0413	0.0238
	216.0793	28.3347	15.0150	7.9641	1.8186	0.4630	0.1742	0.0371	0.0278	0.0090
	1297.6598	101.9744	52.2434	13.5264	6.5699	3.3339	0.6046	0.3326	0.1747	0.0604
	1454.9821	83.2423	75.4099	18.1406	8.8381	5.3495	0.9349	0.3277	0.2419	0.0851
	1409.1194	98.0152	59.2415	12.3872	6.6266	3.2179	0.7146	0.5707	0.2331	0.0799
	1266.6790	121.5873	47.1097	13.3194	6.8827	2.3346	0.7684	0.4533	0.0830	0.1618
	1329.1811	129.0716	28.2628	14.1351	6.4895	3.3598	0.8964	0.6087	0.2115	0.0687
内圈故障	137.2158	33.2280	15.7200	6.8128	2.6212	0.8997	0.1347	0.1027	0.0547	0.0135
	138.3056	34.2196	14.8004	6.2663	2.2019	0.8034	0.2062	0.0809	0.0643	0.0098
	138.5789	33.6824	13.8738	5.7200	1.5301	0.4600	0.1694	0.0844	0.0237	0.0127
	134.8549	32.2560	15.0880	6.1342	1.1577	0.4439	0.1994	0.0803	0.0365	0.0108
	140.8814	32.6869	14.5437	6.9279	1.6682	1.0868	0.1470	0.1133	0.0716	0.0104
	426.5616	179.7308	43.0472	7.2716	9.1499	4.7331	1.5623	1.1108	0.3086	0.1551
	406.2938	195.9271	31.1010	7.0303	7.7426	2.6238	0.6751	0.5430	0.1398	0.3743
	429.7789	190.7632	32.3832	9.0203	6.3671	4.3168	1.3323	0.5485	0.3441	0.0939
	438.0823	187.5900	31.7524	6.9885	4.5476	3.5306	1.1440	0.7140	0.1965	0.0964
	424.2478	181.6691	44.3960	7.0396	3.1686	5.5719	1.2237	1.2761	0.5931	0.2247
滚动体故障	52.3417	26.0884	9.3993	10.5186	3.2895	0.7469	0.1548	0.1034	0.0360	0.0219
	37.9827	25.7396	10.2458	9.5483	2.0923	0.4724	0.1103	0.0756	0.0270	0.0117
	35.0824	27.7193	11.0350	9.5155	1.6020	0.3805	0.0721	0.0498	0.0306	0.0168
	35.3467	26.5782	9.3108	9.2412	2.9017	0.4386	0.1746	0.0623	0.0210	0.0413
	38.6243	28.0431	9.0682	8.1330	2.0444	0.3541	0.0835	0.0446	0.0207	0.0070
	375.0638	37.5943	32.9450	17.3258	9.8230	6.1383	0.4554	0.2214	0.0741	0.0266
	157.2500	25.6969	26.0077	12.9402	8.2006	3.3554	0.3577	0.1220	0.0568	0.0260
	73.5930	22.3408	24.3045	13.9693	8.8758	2.4047	0.2540	0.1509	0.0654	0.0260
	55.3580	23.9842	20.2824	13.1258	9.0434	3.8568	0.4209	0.1704	0.0731	0.0257
	55.9204	24.4792	21.5306	12.7181	8.2110	2.7974	0.4446	0.1798	0.0955	0.0695